TABLEAU DE LA NATURE

OUVRAGE ILLUSTRÉ A L'USAGE DE LA JEUNESSE

———

L'HOMME PRIMITIF

3

10813 — IMPRIMERIE GÉNÉRALE DE CH. LAHURE
Rue de Fleurus, 9, à Paris

UNE FAMILLE A L'AGE DE PIERRE

L'HOMME PRIMITIF

PAR

LOUIS FIGUIER

OUVRAGE ILLUSTRÉ

DE 30 SCÈNES DE LA VIE DE L'HOMME PRIMITIF

COMPOSÉES PAR ÉMILE BAYARD

ET DE 232 FIGURES REPRÉSENTANT LES OBJETS USUELS
DES PREMIERS AGES DE L'HUMANITÉ

DESSINÉES PAR DELAHAYE

Arma antiqua manus, ungues, dentesque fuerunt,
Et lapides, et item silvarum fragmenta rami,
Et flammæ atque ignes, postquam sunt cognita primum.
Posterius ferri vis est ærisque reperta ;
Et prior æris erat quam ferri cognitus usus.

LUCRÈCE, *de Natura rerum*, lib. V.

PARIS

LIBRAIRIE DE L. HACHETTE ET Cⁱᵉ

BOULEVARD SAINT-GERMAIN, Nᵒ 77

1870

PRÉFACE.

J'entreprends d'exposer ici une science qui n'existe pas
encore. Les recherches concernant l'origine de l'homme sont
déjà en nombre immense, mais elles n'ont pas été coor-
données avec suite et méthode. Les mémoires dans les
quels ces recherches sont consignées, appartenant aux
sciences les plus diverses, à la géologie, à la paléontologie,
à l'ethnologie, à l'archéologie, à l'histoire, forment, on
peut le dire, une sorte de chaos. Personne jusqu'ici n'a
entrepris de le débrouiller, et d'écrire un ouvrage *lié*, comme
on le disait au dix-huitième siècle, sur tous les faits qui
concernent l'homme aux premiers temps de son apparition
sur la terre. L'auteur d'un ouvrage récent sur l'*Origine de
l'Homme et des Sociétés*, Mme Clémence Royer, dit en parlant de ces faits : « Ils sont en si grand nombre, que dès

aujourd'hui une mémoire d'homme ne pourrait les contenir, une vie entière les décrire et les étudier. »

Nous n'avons pas la prétention, dans ce modeste essai, de
résumer toute la science des temps antéhistoriques; seulement nous espérons donner l'*ébauche du plan* de cette science.

La question des origines positives de l'homme excite de
vives préoccupations dans le monde des penseurs et des éru-
dits, qui voudraient être exactement renseignés sur ce qui
touche à l'humanité antérieurement à l'histoire. Le public
étranger aux sciences s'y intéresse également, et l'on voit
même la conscience publique attristée par l'idée, que certains naturalistes ont propagée, de la prétendue filiation de
l'homme et du singe. Enfin cette thèse malencontreuse, qui
n'a fait qu'apparaître un moment dans la science, pour s'é-
vanouir presque aussitôt, préoccupe péniblement la jeunesse.
Il est donc temps qu'une voix impartiale s'élève, et que les
partisans de cette affligeante doctrine trouvent enfin un con-
tradicteur.

- Nous nous proposons dans le présent ouvrage :

1° De rassembler les faits aujourd'hui connus concernant
les mœurs et les usages de l'homme pendant les temps
antérieurs à la tradition et à l'histoire;

2° De démontrer le peu de fondement de la théorie qui
fait dériver l'homme du singe.

Pour répondre à ce double objet, nous faisons connaître
les résultats de la plupart des travaux scientifiques par lesquels les naturalistes modernes ont réussi à découvrir les
us et coutumes de l'homme qui a vécu avant et après le
déluge européen, mais toujours antérieurement à l'histoire. Afin de mieux préciser les faits, nous retraçons, au

moyen de nombreux dessins intercalés dans le texte, presque tous les instruments, outils, armes, vêtements, etc.,
qui ont été reconnus propres à l'homme pendant cette période. Nous donnons également des spécimens du type du
crâne humain pendant les diverses époques qu'embrassent
les temps quaternaires.

Le musée *gallo-romain* fondé à Saint-Germain, en 1863,
par ordre de l'Empereur, pour recevoir tous les documents
et monuments relatifs à l'histoire des Gaules, s'est enrichi
de plusieurs salles spécialement consacrées à l'homme antéhistorique, et qui sont admirablement disposées pour l'é-
tude. Nous avons beaucoup puisé à cette précieuse source
de renseignements, pour les figures de détail contenues dans
ce volume.

En outre, nous souvenant de l'accueil si favorable qu'ont
reçu du public et des savants les *Vues idéales des paysages de
l'ancien monde* qui accompagnaient notre ouvrage *la Terre
avant le déluge*, et qui sont passées, grâce aux nombreuses
traductions, dans toutes les littératures de l'Europe, nous
avons demandé au crayon fin et précis de M. Émile Bayard
trente *Scènes de la vie de l'Homme primitif*, qui traduisent
d'une façon matérielle et en même temps artistique les
mœurs et usages de nos arrière-ancêtres.

En mettant sous les yeux du lecteur les produits authentiques de l'industrie primitive de l'homme, en montrant les
bases de la civilisation, bases grossières sans doute, mais
incontestables, jetées presque dès l'apparition de l'espèce
humaine sur la terre, nous faisons une critique frappante
et directe de la théorie qui fait dériver l'homme du singe.
Dans les ouvrages de MM. Carl Vogt, Huxley, Buchner,
Schaffausen, etc., on ne trouve guère en effet que des con-

sidérations d'anatomie. C'est par des lignes et surfaces osseuses, par des apophyses et des sutures, qu'on prétend établir la basse origine de l'humanité. Nous plaçons ici la question sur un terrain nouveau. Nous montrons l'homme, dès son apparition sur le globe, faisant sortir de ses industrieuses mains des œuvres qui dénotent une grande intelligence, et nous demandons à la bonne foi de tous si l'on peut attribuer la moindre parenté organique et morale entre l'auteur de ces ouvrages et une brute grossière. En relevant ainsi, non par de simples raisonnements, mais par des faits et des témoignages matériels irrécusables, l'origine de l'homme, que certains savants avaient tant abaissée, nous croyons servir à la fois la science et la philosophie.

Ce livre aura, avant tout, l'avantage d'instruire, ce qui est l'objet constant de nos publications; il épargnera la recherche d'innombrables documents et mémoires relatifs aux mœurs et coutumes de l'homme antéhistorique, qui sont épars dans mille sources, plus ou moins accessibles. Mais il aura une autre utilité : il dissipera un préjugé qui a trop longtemps écarté de ce genre d'études beaucoup d'esprits sérieux. Comme la plupart des savants qui ont écrit sur l'homme primitif appartiennent à la secte matérialiste, il semble que traiter un tel sujet ce soit partager leurs doctrines : s'occuper de l'homme primitif paraît équivaloir à professer le matérialisme.

Comment une question d'histoire naturelle, un simple problème de paléontologie, peut-il se rattacher aux spéculations de la philosophie? Pourquoi le matérialisme chanterait-il victoire à cette démonstration que l'homme, au lieu de compter six à sept mille ans d'existence, en compte quinze ou vingt mille? Nous avouons ne pas le comprendre. Quoi qu'il en soit, la lecture de cet ouvrage fera, nous l'espérons, disparaître le préjugé dont il s'agit. La science de l'homme primitif a besoin du concours et des lumières de tous, et son plus grand malheur serait de revêtir une couleur antireligieuse, ou de représenter telle ou telle secte de philosophie.

Nous réclamons l'indulgence du public et celle des savants pour cet essai, qu'entouraient tant de difficultés. Nous n'avons pu prendre pour guide aucun livre écrit sur cette matière. Il existe deux ouvrages anglais qui se rapportent à l'homme primitif, mais aucun ne répondait au but que l'on se proposait ici. Le traité de M. Ch. Lyell sur *l'Ancienneté de l'homme*, dont la traduction française a paru en 1864, n'est qu'une série de descriptions techniques des couches de terrain dans lesquelles on a trouvé des vestiges de la présence de l'homme à l'époque quaternaire. Aucun ordre ne règne dans toutes ces notes, bizarrement assemblées. On y trouve une interminable dissertation sur la théorie de Darwin, — lequel, par parenthèse, n'a jamais fait rentrer l'homme dans ses théories transformistes.[1] — L'ouvrage est suivi d'un petit volume à part, qui contient la reproduction pure et simple des mémoires originaux les plus importants sur l'homme antéhistorique, c'est-à-dire les mémoires de MM. Lartet, Christy, Édouard Dupont, Garrigou et Filhol, de Vibraye, Pruner-Bey, etc., etc. Tel est ce traité sur *l'Ancienneté de l'homme*, qui donne une assez singulière idée de la manière dont le géologue anglais compose ses ouvrages.

L'Homme avant l'histoire de M. Lubbock (traduit de l'anglais en 1867) est la réunion de quatre ou cinq articles sur des

[1] Depuis la publication du présent ouvrage, M. Darwin a publié un livre intitulé « The descent of man », dans lequel il applique ses théories antérieures exposés. (V. notice du Daily Telegraph, 2 janvier 1871).

sujets très-divers, qui ont paru dans des revues anglaises.
Près de la moitié de l'ouvrage est occupée par un article sur
les *Mœurs des sauvages modernes;* et l'on conviendra que les
« sauvages modernes » font une assez étrange figure dans
un livre ayant pour titre *l'Homme avant l'histoire.* Dans ce
recueil, qui s'annonce comme devant traiter de l'homme antéhistorique, il n'est pas dit un mot de l'homme à l'époque
du renne, ni à l'époque du fer. Les trouvailles faites dans
les tombeaux et les amas coquilliers du Danemark, en objets
de pierre ou de bronze, sont seules étudiées.

Deux autres ouvrages, d'origine étrangère, les *Leçons sur*
l'homme, par M. Carl Vogt (1865), et *De la place de l'homme*
dans la nature, par M. Huxley (traduit de l'anglais en 1868),
ne sont que de longs plaidoyers en faveur de l'origine simienne de l'homme, en prenant pour base unique l'anatomie comparée. Leur lecture est fatigante pour d'autres que
des anatomistes. Leurs auteurs paraissent ignorer la maxime
fondamentale de l'art : *Scribitur ad narrandum, non ad do-*
cendum.

Nous serions pourtant injuste envers M. Lubbock si nous
ne reconnaissions les services que nous a rendus son ouvrage
pour les questions spéciales qui s'y trouvent traitées. Mais
les véritables bases de cet essai sont les mémoires originaux
des naturalistes, tels que MM. Boucher de Perthes, Lartet,
Christy, Garrigou et Filhol, G. de Mortillet, Troyon, Desor,
Fontan, Nilsson, Leguay, V. Brun, Quiquerez, etc., et surtout les trois volumes publiés en 1864 et 1867 par M. G. de
Mortillet et ses collaborateurs, sous ce titre : *Matériaux pour*
l'histoire positive et philosophique de l'homme, ainsi que le volume paru en 1868, qui résume les travaux du *Congrès in-*
ternational d'anthropologie et d'archéologie préhistoriques.

Ce sont tous ces documents et mémoires, formant une très-respectable masse, qu'il nous a fallu réunir, classer, coordonner et analyser, pour écrire le présent ouvrage. Nous ne revendiquons d'autre mérite que celui d'avoir mis en ordre tous ces matériaux disparates, et d'avoir facilité la tâche à ceux qui viendront après nous, en nous efforçant d'exposer avec méthode et clarté une question qui était pleine d'obscurités et de complications, et qui figure pourtant au premier rang de celles qui s'imposent aux méditations des hommes éclairés.

L'HOMME PRIMITIF.

INTRODUCTION.

Il y a quarante ans à peine que l'on a commencé d'attribuer à l'homme une antiquité plus haute que celle que lui
assignaient l'histoire et la tradition. Jusqu'à ces derniers
temps, on ne faisait pas remonter l'apparition de l'humanité
primitive au delà de six à sept mille ans. Cette chronologie
historique avait été un peu ébranlée par les études sur les
peuples orientaux, les Chinois, les Égyptiens, les Indiens. Les
savants qui avaient interrogé les vieilles civilisations n'avaient
pu les renfermer dans les six mille ans de la chronologie
classique, et ils avaient reculé de quelques milliers d'années
l'antiquité des races orientales.

Cependant cette idée n'était pas sortie du cercle étroit des
savants orientalistes, et elle n'avait rien changé à l'opinion
générale, qui fixe à six mille années seulement la création de
l'espèce humaine.

Cette opinion était confirmée, consacrée par une interprétation erronée des Livres saints. On croyait lire dans l'Ancien Testament que l'homme a été créé il y a six mille ans.

1

Or rien de semblable ne se trouve dans la Genèse. Ce sont les commentateurs, les faiseurs de systèmes chronologiques qui ont mis en avant cette date, comme celle de la première apparition de l'humanité. M. Édouard Lartet, qui a été appelé, en 1869, à la chaire de paléontologie du Muséum d'histoire naturelle de Paris, rappelle, dans le passage suivant de l'un de ses beaux mémoires, que les chronologistes seuls ont mis en avant cette idée, et qu'ils ont fort mal interprété, sous ce rapport, les dires de la Bible.

« On ne trouve dans la *Genèse*, dit M. Lartet, aucune date limitative des temps où a pu commencer l'humanité primitive. Ce sont des chronologistes qui, depuis quinze siècles, s'efforcent de faire rentrer les faits bibliques dans les coordinations de leurs systèmes. Aussi voyons-nous qu'il s'est produit plus de cent quarante opinions sur la seule date de la création, et qu'entre les variantes extrêmes il y a un désaccord de 3194 ans, seulement pour la période entre le commencement du monde et la naissance de Jésus-Christ. Cette différence porte principalement sur les parties de l'intervalle les plus proches de la création.

« Du moment donc qu'il est reconnu que la question des origines humaines se dégage de toute subordination au dogme, elle restera ce qu'elle doit être, une thèse scientifique, accessible à toutes les discussions, et susceptible, à tous les points de vue, de recevoir la solution la plus conforme aux faits et aux démonstrations expérimentales [1]. »

Ainsi l'autorité des Livres saints n'est nullement mise en question par les travaux qui ont pour but de chercher l'époque réelle de l'apparition de l'homme sur la terre.

A l'appui de ce qu'affirme M. Lartet, nous rappellerons que l'Église catholique, qui a érigé en dogme tant de faits sans importance, n'a jamais voulu faire un dogme de la création de l'homme à la date de six mille ans.

Aussi ne sera-t-on pas surpris d'apprendre que des membres du clergé catholique s'adonnent eux-mêmes avec ardeur aux études de l'homme antéhistorique. Mgr Meignan, évêque de Châlons-sur-Marne, est un des hommes de France les plus versés dans cette science nouvelle ; il la cultive avec le

---

1. *Nouvelles recherches sur la coexistence de l'homme et des grands mammifères fossiles réputés caractéristiques de la dernière période géologique*, par Éd. Lartet, *Annales des sciences naturelles*, 4ᵉ série, t. XV, p. 256.

plus grand zèle, et ses recherches personnelles ont ajouté au tribut de nos connaissances sur cette question. Le savant évêque de Châlons-sur-Marne a publié, en 1869, sous ce titre : *Le monde et l'homme primitif selon la Bible*[1], un long ouvrage dans lequel, reprenant la thèse déjà développée par Marcel de Serres dans sa *Cosmogonie de Moïse comparée aux faits géologiques*[2], et développant les faits récemment acquis à la science concernant l'homme primitif, l'auteur cherche à établir la coïncidence de toutes ces données avec la Révélation.

M. l'abbé Lambert a publié récemment une étude sur *l'Homme primitif et la Bible*[3], dans laquelle il établit que les découvertes de la science moderne concernant l'antiquité de l'homme ne sont nullement opposées à la Révélation et au livre de Moïse.

Enfin, c'est un membre du clergé, M. l'abbé Bourgeois, qui, plus royaliste que le roi, c'est-à-dire plus avancé que la plupart des géologues contemporains, entend reporter jusqu'à l'époque tertiaire la date de l'existence de l'homme. Nous aurons à combattre cette opinion excessive, que nous rappelons seulement ici pour bien prouver que les scrupules théologiques, qui ont si longtemps arrêté les progrès de l'étude de l'homme primitif, ont aujourd'hui disparu, par suite de la démonstration de la parfaite indépendance de cette question avec le dogme catholique.

Grâce au mutuel appui que se sont prêté trois sciences sœurs, — la géologie, la paléontologie et l'archéologie; — grâce à l'heureuse combinaison qu'ont su faire de ces trois sciences des hommes animés d'un zèle ardent pour la recherche de la vérité; — grâce enfin à l'intérêt hors ligne qui l'attache à un tel sujet, il a fallu reculer extraordinairement les limites que l'on avait longtemps attribuées à l'existence de l'espèce humaine, et reporter dans la nuit des âges les plus ténébreux sa première apparition. L'esprit, on peut le

---

1. Un vol. in-8°. Paris, 1869, chez V. Palmé.
2. Deux vol. in-12, 3ᵉ édition. Paris, 1859, chez Lagny frères.
3. Brochure in-8°, chez Savy. Paris, 1869.

dire, recule effrayé lorsqu'il entreprend de supputer les milliers d'années qui se sont écoulés depuis la création de l'homme.

Mais, dira-t-on, sur quels fondements basez-vous cette assertion? Quels témoignages pouvez-vous invoquer? Où sont les éléments de votre démonstration? Voici les moyens principaux d'examen et d'étude qui ont dirigé les savants dans ce genre de recherches, et qui ont permis de créer la science de l'antiquité de l'espèce humaine.

Si l'homme a existé à une époque très-reculée, il a dû laisser des traces de son passage dans les lieux qu'il habita, sur le sol que foulèrent ses pieds. Aussi sauvage qu'on le suppose, l'homme primitif a possédé quelques instruments de pêche ou de chasse, quelques armes pour terrasser une proie, plus forte ou plus agile que lui. Tous les êtres humains ont eu quelque lambeau de vêtement. Ils ont eu à leur disposition quelques outils, plus ou moins grossiers, ne fût-ce qu'une coquille pour puiser de l'eau, un instrument pour fendre le bois et se créer un abri, un couteau pour découper les viandes, une masse pierreuse pour briser les os des animaux qui servaient à leur nourriture. Jamais homme n'a vécu sans posséder une arme défensive. Ces instruments, ces armes, on les a recherchés avec patience, et on les a retrouvés. On les a retrouvés dans des couches de terrain dont les géologues connaissent l'âge précis, et qui sont les unes antérieures, les autres postérieures au cataclysme du déluge européen de l'époque quaternaire.

Ainsi a été acquise la preuve qu'une race d'hommes a vécu sur la terre à l'époque fixée par l'ancienneté géologique de ces couches, c'est-à-dire pendant l'époque quaternaire.

Quand ce genre de témoignages de la présence de l'homme, c'est-à-dire les vestiges de son industrie primitive, vient à manquer, ce qui est rare, on peut déceler son existence par les ossements humains enfouis dans le sol, et qui se sont conservés à travers les siècles, grâce au dépôt de sels calcaires qui les ont pétrifiés, ou *fossilisés*. On trouve quelquefois, en effet, des débris d'ossements humains dans les terrains quaternaires, bien antérieurs par conséquent à ceux de l'époque géologique contemporaine.

Cependant ce moyen de démonstration est plus difficile à produire que les précédents, parce que les ossements humains, très-altérables quand ils sont enfouis à de faibles profondeurs, exigent, pour se conserver longtemps, un concours de circonstances qui ne se rencontre que rarement : parce que les peuplades primitives brûlaient souvent les morts, enfin parce que la race humaine ne formait alors qu'une très-faible population.

Une autre preuve excellente pour démontrer l'existence de l'homme à une époque géologique antérieure à l'ère contemporaine, c'est le mélange, que l'on trouve souvent, des os de l'homme avec ceux d'animaux antédiluviens. Il est évident que si l'on rencontre avec les ossements du mammouth, de l'ours des cavernes, du tigre des cavernes, etc., animaux qui ne vivaient qu'à l'époque quaternaire, et qui ont aujourd'hui disparu, les ossements de l'homme, ou des vestiges de son industrie, tels que des armes, des instruments, des ustensiles, etc., on pourra affirmer, avec certitude, que notre espèce a été contemporaine de ces mêmes animaux. Or ce mélange a été rencontré bien des fois sous le sol des cavernes, ou dans des terrains profonds.

Tels sont les divers genres de preuves qui ont servi à établir le fait de la présence de l'homme sur la terre à l'époque quaternaire. Nous allons maintenant donner un historique rapide des principaux travaux qui ont contribué à fonder la science, toute récente, des origines positives de l'humanité.

La paléontologie ne compte pas plus d'un demi-siècle d'existence. C'est à peine si nous avons soulevé un coin du voile qui couvre les débris d'un monde éteint; et par exemple, nous ne connaissons rien encore de ce qui dort enseveli dans les profondeurs de la terre placées au-dessous du bassin des mers. Il ne faut donc pas trop s'étonner qu'un long espace de temps se soit écoulé sans qu'on eût découvert dans les terrains quaternaires des ossements humains, ou des vestiges de l'industrie primitive des hommes : résultat négatif qui a toujours fait l'objection principale contre l'origine anté-diluvienne de notre espèce.

Les erreurs et les déceptions que l'on avait d'abord rencontrées avaient peut-être aussi refroidi le zèle des naturalistes, et retardé ainsi la solution du problème. On connaît l'histoire de cette salamandre fossile des carrières d'OEningen, qui, sur la foi de Scheuchzer, fut baptisée, en 1726, d'*homme témoin du déluge* (*homo diluvii testis*). Pierre Camper reconnut, en 1787, que le prétendu *préadamite* était un reptile, et cette déconvenue, dont toute l'Europe savante s'amusa, fit beaucoup de tort à l'homme antédiluvien. Son existence fut dès lors reléguée, de par le souverain empire du ridicule, dans le domaine de la fable.

Cependant un premier pas en avant fut fait en 1774. Des ossements humains, mêlés à des débris de grand ours et d'autres mammifères appartenant à des espèces alors inconnues, furent découverts par J. F. Esper, dans la célèbre caverne de Gailenreuth, en Bavière.

Déjà même avant cette époque, c'est-à-dire dès les premières années du dix-huitième siècle, un Anglais, Kemp, avait recueilli dans Londres même, à côté de dents d'éléphants, une hache de pierre, semblable à celles qui furent trouvées plus tard, en nombre prodigieux, sur divers points du monde entier. Cette hache fut dessinée grossièrement et le dessin publié en 1715. La pièce originale existe encore dans les collections du Musée britannique.

En 1797, John Frère, archéologue anglais, découvrit, à Hoxne, dans le comté de Suffolk, sous des couches de terrains quaternaires, des armes en silex, mêlées à des ossements d'animaux appartenant à des espèces éteintes. Esper conclut que ces dernières armes et les hommes qui les avaient fabriquées étaient antérieurs à la formation du terrain d'où on les avait retirées.

D'après M. Lartet, c'est à un géologue français, résidant en Allemagne, Aimé Boué, qu'appartient l'honneur d'avoir proclamé le premier l'ancienneté de l'espèce humaine. En 1823, ce géologue retira du terrain quaternaire (*lehm*) de la vallée du Rhin des ossements humains, qu'il présenta à Cuvier et à Brongniart comme ceux de l'homme qui aurait vécu à l'époque quaternaire.

En 1823, le géologue anglais Buckland publia ses *Reliquiæ diluvianæ*, ouvrage consacré surtout à la description de la caverne de Kinklake, et dans lequel l'auteur a réuni tous les faits alors connus qui militaient en faveur de la coexistence de l'homme et des animaux antédiluviens.

Cuvier n'était point aussi éloigné qu'on l'a dit, d'admettre l'existence de l'homme à l'époque quaternaire. Dans son ouvrage sur les *Ossements fossiles,* et dans son *Discours sur les révolutions du globe*, qui sert de préambule à ce même ouvrage, notre immortel naturaliste discute le pour et le contre de cette question, et malgré l'insuffisance des documents qu'on possédait alors, il se trouve amené à dire :

« Je ne veux point conclure que l'homme n'existait point du tout avant l'époque des grandes révolutions.... Il pouvait habiter quelques contrées peu étendues, d'où il a repeuplé la terre après ces événements terribles; peut-être aussi les lieux où il se tenait ont-ils été abîmés, et ses os ensevelis au fond des mers actuelles. »

On a donc eu tort d'invoquer avec assurance l'autorité de Cuvier contre l'ancienneté de l'espèce humaine.

Un second pas, plus décisif, fut fait par la découverte dans les terrains diluviens de silex taillés et autres outils de l'homme primitif.

En 1826, un géologue et archéologue français, M. Tournal, de Narbonne, publia les découvertes qu'il venait de faire dans une caverne du département de l'Aude, où il avait trouvé des ossements d'aurochs et de renne travaillés de main d'homme, à côté de coquilles comestibles, qui devaient avoir été transportées là par les hommes qui avaient vécu dans cette caverne.

Trois ans après, M. de Christol, de Montpellier, plus tard professeur à la Faculté des sciences de Grenoble, trouva des ossements humains intimement mélangés à des débris de grand ours, d'hyène, de rhinocéros, etc., dans les cavernes de Pondres et de Souvignargues (Hérault). Dans la dernière de ces cavernes, des fragments de poterie accompagnaient ces restes.

Tous ces faits, si frappants, furent réunis et discutés par
Marcel de Serres, professeur à la Faculté des sciences de
Montpellier, dans son *Essai sur les cavernes*.

Les deux cavernes à ossements d'Engis et d'Enghihoul
(Belgique) ont fourni des preuves du même genre. En 1833,
Schmerling, savant géologue belge, découvrit dans ces cavernes deux crânes humains, mêlés à des dents de rhinocéros, d'éléphant, d'ours, d'hyène, etc. Les ossements humains étaient roulés et altérés comme ceux des animaux.
Ces derniers ossements présentaient, en outre, les traces du
travail humain. Enfin, pour que rien n'y manquât, on trouva,
dans le même gisement, des silex taillés en forme de couteaux et de pointes de flèche.

A la suite de ses laborieuses recherches, Schmerling publia un ouvrage, aujourd'hui très-admiré, et qui prouve que
le géologue belge mérite le titre de fondateur de la science
de l'antiquité de l'homme. Dans cet ouvrage, Schmerling décrit et figure une quantité innombrable d'objets découverts
dans les cavernes de la Belgique, et il fait connaître ce crâne
humain qui est devenu depuis si célèbre sous le nom de
crâne d'Engis. Mais alors les savants de tous les pays étaient
opposés à ces sortes d'idées. Aussi les découvertes du géologue belge n'attirèrent-elles pas plus l'attention que celles
des géologues français qui avaient fait connaître des faits du
même genre.

En 1835, M. Joly, alors professeur au lycée de Montpellier —
·où je suivais ses cours d'histoire naturelle — aujourd'hui professeur à la Faculté des sciences de Toulouse, avait trouvé
dans la caverne de Nabrigas (Lozère) un crâne d'*ours des
cavernes*, sur lequel une flèche avait laissé sa trace manifeste.
A peu de distance était un tesson de poterie, portant l'empreinte des doigts de l'homme qui l'avait façonné.

On peut s'étonner qu'en présence de ces découvertes antérieures, Boucher de Perthes, l'ardent apôtre de l'ancienneté de notre espèce, ait rencontré tant de résistance et
d'incrédulité, ou qu'il ait eu à lutter contre tant d'indiffé-

rence, lorsque, à partir de l'année 1836, il commença à défendre cette idée dans une série de communications faites à
la Société d'émulation d'Abbeville.

Les couches horizontales du terrain quaternaire connu sous
le nom de *diluvium* forment des bancs, de nuances et de
matières différentes, qui nous montrent, en caractères indé-
lébiles, l'histoire ancienne de notre globe. Les débris organisés qu'on y découvre appartiennent à des êtres qui ont été
témoins du cataclysme diluvien, et qui l'ont peut-être précédé
de beaucoup de siècles.

« C'était donc bien dans ces ruines du vieux monde, disait le prophète d'Abbeville, c'est dans ces dépôts devenus ses archives, qu'il fallait en chercher les traditions et, faute de médailles et d'inscriptions,
s'en tenir à ces pierres grossières, qui, dans leur imperfection, n'en
prouvent pas moins l'existence de l'homme aussi sûrement que l'eût
fait tout un Louvre. »

Fort de cette conviction, M. Boucher de Perthes s'occupa
activement de chercher dans les terrains diluviens les restes
osseux de l'homme, ou tout au moins les témoignages matériels de son industrie primitive. Dès l'année 1838 il eut le
bonheur de soumettre à la Société d'émulation d'Abbeville ses
premières haches antédiluviennes.

Dans le cours de l'année 1839, Boucher de Perthes porta
ces haches à Paris, et il les fit voir à quelques membres de
l'Institut. MM. Alexandre Brongniart, Flourens, Élie de Beaumont, Cordier, Jomard encouragèrent d'abord des recherches qui promettaient d'être fécondes; mais ce moment de
bienveillance ne devait pas durer longtemps.

Ces premiers et grossiers silex, dans lesquels Boucher
de Perthes voyait déjà des haches, offraient une coupe vague
et des angles émoussés; leur forme aplatie différait de celle
des haches polies, les seules que l'on connût alors. Pour y
discerner les traces du travail de l'homme, il fallait avoir les
yeux de la foi. « Je les avais, a dit l'archéologue d'Abbeville;
mais je les avais seul. » Il résolut alors de chercher des
aides pour ses travaux. Il dressa des ouvriers à fouiller des
terrains diluviens, et bientôt il put recueillir dans les ter-

rains quaternaires d'Abbeville une vingtaine de silex, manifestement travaillés par la main de l'homme.

En 1842, la Société géologique de Londres reçut une communication de M. Godwin Austen, qui venait de trouver
dans le Kent-Hole différents objets travaillés, à côté de
débris d'animaux qui devaient y séjourner depuis le déluge.
En 1844 parurent les observations de M. Lund sur les cavernes du Brésil.

M. Lund avait exploré jusqu'à huit cents cavernes. Dans
l'une de ces cavernes, située non loin du lac de Semidouro,
il avait trouvé des ossements d'au moins trente individus
de l'espèce humaine, offrant le même état de décomposition
que les ossements d'animaux fossiles qui les accompagnaient.
Ces animaux étaient un singe, des carnassiers, des rongeurs,
des pachydermes, des tardigrades, etc. M. Lund en tira la
conclusion que l'homme avait dû être contemporain du mé-
gathérium, du mylodon, etc., qui caractérisent l'époque quaternaire.

Néanmoins M. Desnoyers, bibliothécaire du Muséum d'histoire naturelle de Paris, dans un très-savant article sur les
Grottes et cavernes, qu'il publia en 1845 dans le *Dictionnaire
universel d'histoire naturelle*, se prononçait énergiquement encore contre l'hypothèse de l'ancienneté de l'homme. Mais les
découvertes marchaient toujours. Aujourd'hui M. Desnoyers
lui-même figure dans le camp des partisans de l'homme antédiluvien. Il a même dépassé leur opinion, puisqu'il est de
ceux qui veulent reporter jusqu'à l'époque tertiaire la date de
l'apparition de notre espèce.

En 1847, M. Henry trouva dans la caverne de Kent, en Angleterre, sous une couche de stalactites, des débris d'animaux antédiluviens, mêlés à des restes humains.

L'année 1847 est encore marquée par l'apparition du premier volume des *Antiquités celtiques et antédiluviennes*, de Boucher de Perthes, renfermant environ seize cents figures
d'objets découverts dans les fouilles que l'auteur avait fait
pratiquer depuis 1836.

Le terrain d'Abbeville, où Boucher de Perthes a effectué
toutes ses recherches, appartient à l'époque quaternaire.

Le docteur Rigollot, qui pendant dix ans avait été l'un des adversaires les plus décidés de l'opinion de Boucher de Perthes, découvrit, de son côté, en 1854, des silex travaillés dans les dépôts quaternaires de Saint-Acheul, près d'Amiens, et il ne tarda pas dès lors à se ranger sous la bannière de l'archéologue d'Abbeville.

La faune des dépôts d'Amiens est la même que celle d'Abbeville. Les dépôts inférieurs de gravier où se rencontrent les silex taillés ont été formés par les eaux douces. Ces couches n'ont jamais été remaniées ni dérangées : les silex travaillés de main d'homme qu'on y a découverts s'y trouvent, selon toute probabilité, depuis l'époque de la formation de ces dépôts, époque un peu postérieure à la période diluvienne.

Le nombre des silex travaillés qui ont été retirés des bancs d'Abbeville est immense. A Menchecourt, on a recueilli, en vingt ans, environ une centaine de haches bien caractérisées ; à Saint-Gilles, une vingtaine de très-grossières et autant de bien faites ; à Moulin-Quignon, cent cinquante à deux cents haches bien taillées.

Ces mêmes restes de l'industrie primitive ont été retrouvés encore dans d'autres localités. En 1853, M. Noulet en découvrit dans le vallon de l'Infernat (Haute-Garonne); en 1858, les géologues anglais MM. Prestwich, Falconer, Penquelly, etc., en trouvèrent dans les couches inférieures de la caverne de Baumann, dans le Harz.

C'est aux géologues anglais dont nous venons de citer les noms que revient le mérite d'avoir les premiers fait comprendre au monde savant la valeur des travaux de Boucher de Perthes, qui n'avait pu réussir encore à faire accepter ses idées en France. Le docteur Falconer, vice-président de la Société géologique de Londres, se rendit dans le département de la Somme, pour y étudier le terrain et les produits qu'il renferme. Après lui, MM. Prestwich et Evans vinrent trois fois à Abbeville, dans l'année 1859. Tous rapportèrent en Angleterre la conviction de l'ancienneté et de l'état vierge des couches explorées, ainsi que de l'existence de l'homme avant le déluge de l'époque quaternaire.

Dans un autre voyage, fait avec MM. Flover, Mylne et Godwin

Austen, MM. Prestwich, Falconer et Evans retirèrent eux-
mêmes des carrières de Saint-Acheul, des ossements. humains et des haches de silex. Enfin, M. Charles Lyell se rendit sur les lieux, et le géologue anglais, qui jusque-là s'était
montré hostile à l'idée de l'homme antédiluvien, put dire :
Veni, vidi, victus fui! Devant l'Association britannique, ras-
semblée à Aberdeen le 15 septembre 1855, M. Lyell se déclara partisan de l'homme quaternaire, et cette déclaration
du président de la Société géologique de Londres ajouta un
grand poids aux idées nouvelles.

M. Hébert, professeur de géologie à la Sorbonne, se ran-
gea alors sous la même bannière.

M. Albert Gaudry, autre géologue français, vint déclarer à
l'Académie des sciences qu'il avait trouvé, lui aussi, des
haches en silex, avec des dents de cheval et de bœuf fossiles,
dans les couches du diluvium parisien.

M. Gosse fils explora, pendant la même année, les sablières
de Grenelle et de l'avenue de la Mothe-Piquet, à Paris, et il
en retira des instruments en silex, mêlés à des os de mammouth, de bœuf fossile, etc.

Des faits analogues furent constatés à Précy-sur-Oise et
dans le dépôt diluvien de Givry.

M. le marquis de Vibraye trouva dans la caverne d'Arcy
des ossements humains, et notamment un fragment de
mâchoire, avec des os d'animaux d'espèces éteintes.

En 1859, M. A. Fontan trouvait dans la grotte de Massat
(département de l'Ariége) non-seulement des ustensiles accusant la présence de l'homme, mais encore des dents humaines mêlées aux restes du grand ours (*ursus spelæus*), de
l'hyène fossile (*hyena spelæa*) et du grand tigre (*felis spelæa*).

M. Alphonse Milne Edwards découvrit, en 1861, dans la
grotte de Lourdes (Tarn), des débris de l'industrie humaine,
à côté d'ossements d'animaux fossiles.

Les vallées de l'Oise et de la Seine ont aussi fourni leur
contingent de débris antédiluviens. Dans les sablières des
environs de Paris, à Grenelle, à Levallois-Perret, à Neuilly,
plusieurs naturalistes, entre autres MM. Gosse, Martin et
Reboux, ont trouvé de nombreux instruments de silex, as-

sociés, dans certains cas, avec des ossements d'éléphant et d'hippopotame. Dans la vallée de l'Oise, à Précy, près de Creil, MM. Peigné Delacour et Robert ont également recueilli quelques hachettes.

Enfin un grand nombre de nos départements, particulièrement dans le nord et dans le centre de la France, ont été exploités avec succès. Nous citerons les départements du Pas-de-Calais, de l'Aisne, de Loir-et-Cher, d'Indre-et-Loire, de la Vienne, de l'Allier, de l'Yonne, de Saône-et-Loire, de l'Hérault, de Tarn-et-Garonne, etc.

En Angleterre on fit des découvertes tout aussi précieuses. Le mouvement commencé en France par Boucher de Perthes se propagea chez nos voisins d'outre-Manche avec une rapidité remarquable. De tous côtés on pratiqua des fouilles qui amenèrent d'excellents résultats.

Dans le gravier qui existe auprès de Bedford, M. Wyatt a rencontré des silex analogues aux types principaux d'Amiens et d'Abbeville, à côté de restes du mammouth, du rhinocéros, de l'hippopotame, du bœuf, du cheval et du daim. Des trouvailles semblables ont été faites dans le Suffolk, dans le Kent, le Hertfordshire, le Hampshire, le Wiltshire, etc.

En parcourant le Musée de la Société des antiquaires à Londres, peu après son retour d'Abbeville, M. Evans trouva dans cette galerie quelques spécimens absolument semblables à ceux de la collection Boucher de Perthes. Il s'enquit de leur origine, et il apprit qu'ils avaient été extraits du gravier de Hoxne, par M. Frère, lequel les y avait recueillis avec des ossements d'animaux éteints, et en avait fait don au Musée, après les avoir décrits dans les *Archæologia* de 1800.

Comme nous le rappelions dans les premières lignes de ce tableau historique, cette arme de pierre est indiquée sur le catalogue comme ayant été trouvée avec une dent d'éléphant fossile dans les premières années du dix-huitième siècle. Elle est en silex noir et a la forme d'une pointe de lance.

Ainsi, dès le commencement du siècle, on avait déjà, en Angleterre, la preuve de la coexistence de l'homme et des grands pachydermes disparus; mais on avait négligé d'y donner attention.

Nous arrivons à la plus remarquable et à la plus carac-
téristique des découvertes de ce genre. Nous voulons parler
des observations faites en 1860 par M. Édouard Lartet, dans
la curieuse sépulture humaine antéhistorique d'Aurignac
(Haute-Garonne).

En descendant la pente de la route d'Aurignac on arrive,
après un parcours d'un kilomètre et demi, à un point où, de
l'autre côté du vallon, la croupe de la montagne dite de *Fajoles* ne s'élève plus qu'à une vingtaine de mètres au-dessus
d'un ruisseau. On aperçoit alors, sur le versant nord de cette
éminence, un escarpement de la roche, à côté duquel se dessine une sorte de niche, profonde de deux mètres environ,
et dont l'ouverture cintrée fait face au nord-ouest. Cette petite
grotte est située à treize mètres au-dessus du ruisseau. En
dehors, le sol calcaire se continue en une plate-forme inclinée
vers le ruisseau.

La découverte de cette cavité, aujourd'hui déblayée, fut
le résultat du hasard. Elle était masquée par un talus de débris de roches et de terre végétale éboulée, et l'on y connaissait seulement un trou à lapins. En 1842, un ouvrier terrassier, nommé Bonnemaison, s'avisa un jour d'y enfoncer
son bras, et il en retira un os volumineux. Curieux d'approfondir ce mystère, il entama par une tranchée le talus
en contre-bas du trou, et il se trouva, après un travail de
quelques heures, en présence d'une dalle de grès, qui fermait une ouverture cintrée. Derrière la dalle, il découvrit une
cavité dans laquelle étaient entassés des ossements humains.

Cette trouvaille ne tarda pas à s'ébruiter. Les curieux af-
fluèrent, et chacun chercha à expliquer l'origine de ces restes
humains, dont la fragilité excessive attestait la prodigieuse
vétusté. Les anciens du lieu imaginèrent alors d'évoquer le
souvenir, à demi effacé, d'une bande de faux monnayeurs
qui avait exploité le pays, un demi-siècle auparavant. Cette
enquête populaire fut jugée suffisante, et l'on s'accorda à pro-
clamer que la caverne qui venait d'être mise au jour n'était
que l'asile de ces malfaiteurs, qui faisaient disparaître les
traces de leurs crimes en cachant les cadavres de leurs victimes dans cette grotte, connue d'eux seuls.

Le docteur Amiel, maire d'Aurignac, fit réunir tous ces ossements, qui furent ensevelis dans le cimetière de la paroisse. Toutefois, avant de procéder à l'inhumation, il constata que les squelettes appartenaient à dix-sept individus des deux sexes. Outre ces squelettes, on avait encore retiré de la grotte un certain nombre de petits disques, ou rondelles percées, formées au moyen de la coquille d'une espèce de buccarde (*cardium*). Des rondelles percées, toutes semblables, ne sont pas rares dans les colliers et autres ornements d'antiquité assyrienne trouvés à Ninive.

Dix-huit ans après cet événement, c'est-à-dire en 1860, M. Édouard Lartet passait à Aurignac. On lui raconta les détails du fait. Après un si long intervalle, personne, pas même le fossoyeur, n'avait conservé le souvenir de l'endroit précis où ces restes humains avaient été jetés dans le cimetière du village. Ces précieuses reliques étaient donc perdues pour la science.

Cependant M. Lartet résolut de faire exécuter des fouilles dans la grotte même, et il se trouva bientôt en possession de trésors inespérés. Le sol de la caverne était resté intact; il était recouvert d'une couche de terre meuble, mélangée de fragments de roches. En dehors de la même caverne, M. Lartet découvrit une couche de cendres et de charbon, qui ne pénétrait pas dans l'intérieur. Cette couche était surmontée de terre meuble ossifère et de terre végétale. Le sol de l'intérieur de la grotte renfermait des ossements d'ours, de renard, de renne, d'aurochs, de cheval, etc., le tout mêlé à de nombreux débris de l'industrie humaine, tels que des instruments en bois de cerf ou de renne, soigneusement apointés à un bout et taillés en biseau à l'autre; — un manche percé en bois de renne; — des silex bien taillés, figurant des couteaux, des poinçons, des armes de différentes sortes; — enfin une dent canine d'ours, grossièrement sculptée en forme de tête d'oiseau et percée d'un trou, etc.

Les fouilles, ayant été poussées plus bas, mirent à découvert des débris d'ours, de chat sauvage, d'hyène des cavernes, de loup, de mammouth, de cheval, de cerf, de renne, de bœuf, de rhinocéros, etc., etc. C'était une véritable arche de

Noé. Ces ossements étaient cassés en long, et quelques-uns carbonisés. On y voyait des stries et des entailles produites par les instruments tranchants.

M. Lartet, à la suite de ses longues· et patientes observations, déclara que la caverne d'Aurignac était une sépulture humaine, contemporaine du mammouth, du *rhinoceros tychorhinus* et des autres grands mammifères de l'époque quaternaire.

Le mode de fragmentation des os longs montre qu'ils ont été cassés pour en extraire la moelle; les entailles qu'ils portent prouvent que les chairs en ont été détachées avec des instruments tranchants. Les cendres indiquent l'existence d'un ancien foyer, dans lequel on avait brûlé en partie quelques-uns de ces os. L'homme devait se rendre dans cette caverne pour accomplir certains rites funèbres. Les armes et les ossements d'animaux ont dû y être déposés à titre de consécration funéraire, comme on en trouve des exemples dans les monuments druidiques ou celtiques et dans les tombes gauloises.

Telles sont les belles découvertes, tels sont les faits nouveaux qui résultèrent de l'étude que fit M. Édouard Lartet de la caverne d'Aurignac. Elles ne laissaient aucun doute sur la coexistence de l'homme et des grands animaux antédiluviens.

En 1862, M. le docteur Félix Garrigou, de Tarascon, géologue distingué, fit connaître le résultat des recherches qu'il avait entreprises, avec MM. Rames et Filhol, dans les cavernes de l'Ariége. Ces explorateurs avaient trouvé des mâchoires inférieures de grand ours, avec leur canine aiguë et saillante, qui avaient servi à l'homme comme arme offensive, à peu près comme Samson se servit d'une mâchoire d'âne pour combattre les Philistins.

« C'est surtout dans les cavernes de Lombrives, de Lherm, de Bouicheta et du Maz-d'Azil, dit M. Garrigou, que nous avons retrouvé des mâchoires du grand ours et du grand chat des cavernes, reconnues taillées de main d'homme, non-seulement par nous, mais par les nombreux savants français et anglais qui les ont examinées, et qui nous en ont demandé pour leurs collections. Le nombre de ces mâchoires s'élève aujourd'hui à plus de cent. Armées d'une canine formidable et taillées de manière à être plus facilement saisies, elles formaient, à l'état frais, une arme redoutable dans les mains de l'homme primitif....

Ces animaux appartenant à des espèces aujourd'hui perdues, il a bien fallu, pour apprêter en guise d'armes leurs os encore frais (puisqu'ils étaient rongés par les hyènes), que l'homme vécût avec eux. »

Dans la caverne de Bruniquel (Tarn-et-Garonne), qui fut visitée, en 1862, par MM. Garrigou, Filhol et autres savants, on trouva, sous une brèche osseuse très-dure, un ancien foyer, avec des cendres et du charbon, — des ossements brisés et calcinés de ruminants de différentes espèces perdues, — des silex taillés en couteaux, en rognons à facettes, en pointes de flèches triangulaires ou quadrangulaires d'une grande netteté, — des outils en bois de cerf et en os; enfin tout ce qui révèle la présence de l'homme primitif.

A un kilomètre en aval de la caverne, on a découvert plus tard, à six mètres de profondeur, une brèche osseuse pareille à la première, contenant les mêmes os brisés, et une série d'anciens foyers remplis de cendres et d'objets de l'industrie antédiluvienne. Ossements, dents et silex s'y trouvent par boisseaux.

Au commencement de 1863, M. Garrigou présentait à la Société géologique de France les trouvailles faites dans les cavernes de Lherm et de Bouicheta, et M. l'abbé Bourgeois lisait une note sur les silex taillés du diluvium de Pontlevoy.

Voilà où en était la question de l'homme fossile, lorsque, au mois d'avril 1863, le monde savant reçut la nouvelle de la découverte d'une mâchoire humaine dans le terrain diluvien de Moulin-Quignon, près d'Abbeville. Rappelons les circonstances de cette découverte mémorable.

Le 23 mars 1863, un terrassier qui travaillait à la carrière de sable de Moulin-Quignon apporta à Abbeville, à Boucher de Perthes, une hache en silex et un petit fragment d'os, qu'il venait de recueillir. L'ayant débarrassé de la gangue terreuse qui l'enveloppait, Boucher de Perthes reconnut dans cet os une molaire humaine. Il se rendit aussitôt sur les lieux, et s'assura que le gisement où ces objets avaient été trouvés était une veine argilo-ferrugineuse,

2

imprégnée d'une matière colorante, qui semblait renfermer des débris organiques. Cette couche faisait partie d'un terrain *vierge*, comme le disent les géologues, c'est-à-dire sans aucune infiltration ni introduction secondaire.

Le 28 mars, un autre terrassier vint apporter à Boucher de Perthes une nouvelle dent humaine, en ajoutant qu'il apparaissait en ce moment dans le sable « quelque chose qui ressemblait à un os ». Boucher de Perthes se transporta immédiatement sur les lieux, et en présence de MM. Dimpré père et fils, et de quelques membres de la Société d'émulation d'Abbeville, il retira lui-même du terrain une demi-mâchoire inférieure humaine, entourée d'une gangue terreuse. A quelques centimètres de cet os, on rencontra une hache en silex, recouverte de la même patine noire que la mâchoire. Le gisement était situé à quatre mètres et demi au-dessous du niveau du sol.

Sur l'annonce de cet événement, un grand nombre de géologues accoururent à Abbeville, vers le milieu du mois d'avril. M. l'abbé Bourgeois, MM. Brady-Buteux, Carpenter, Falconer, etc., vinrent, l'un après l'autre, vérifier le gisement d'où avait été retirée la mâchoire humaine. Tous furent convaincus de l'état vierge du terrain et de l'ancienneté de la mâchoire humaine.

Boucher de Perthes découvrit encore dans le même lit de gravier deux dents de mammouth et un certain nombre de haches taillées. Enfin il trouva parmi les os qu'il avait retirés de la carrière de Menchecourt, dans les premiers jours d'avril, un fragment d'une nouvelle mâchoire et six dents séparées, que M. Falconer reconnut aussi pour des dents humaines.

La mâchoire trouvée à Moulin-Quignon est très-bien conservée. Plutôt petite que grande, elle semble avoir appartenu à un individu âgé et de petite taille. Elle n'a point cet aspect féroce que la mâchoire offre dans certaines races humaines actuelles. Quant à l'inclinaison de la dent molaire, elle peut s'expliquer par un accident, car la molaire placée en avant de celle-ci était tombée du vivant de l'individu, en laissant un vide qui favorisait l'inclinaison de la molaire qui restait.

Cette particularité se retrouve d'ailleurs sur plusieurs têtes humaines de la collection du Muséum d'histoire naturelle de Paris.

La mâchoire de l'homme de Moulin-Quignon, que nous représentons ici, de grandeur naturelle, d'après l'objet même qui est conservé dans la galerie d'anthropologie du Muséum d'histoire naturelle de Paris (fig. 1), n'offre pas de

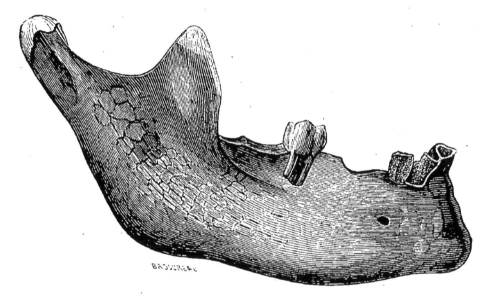

Fig. 1. Mâchoire humaine trouvée à Moulin-Quignon, près d'Abbeville, en 1863.

différences marquées avec celles des individus des races actuelles. La même conclusion est résultée de l'examen comparatif des mâchoires trouvées par MM. Lartet et de Vibraye dans les grottes d'Aurignac et d'Arcy, et que M. de Quatrefages a étudiées avec Pruner-Bey, ancien médecin du vice-roi d'Égypte, et l'un de nos anthropologistes les plus distingués.

Le 20 avril 1863, M. de Quatrefages annonçait à l'Institut la découverte de Boucher de Perthes, et il présentait à ce corps savant l'intéressante pièce envoyée d'Abbeville.

Parvenue en Angleterre, cette nouvelle y produisit une émotion considérable.

Les savants anglais qui s'étaient plus spécialement occupés

de cette question, MM. Christy, Falconer, Carpenter, Busq, se rendirent en France, examinèrent, avec Boucher de Perthes, et avec plusieurs membres de l'Académie des sciences de Paris, le gisement d'où l'on avait extrait les haches, ainsi que la mâchoire humaine, et ils reconnurent unanimement l'exactitude des conclusions tirées par l'infatigable archéologue d'Abbeville.

La découverte des haches et de la mâchoire humaine dans le terrain quaternaire de Moulin-Quignon complétait la démonstration d'une doctrine qui comptait déjà en sa faveur un nombre immense de témoignages. Outre sa valeur propre, cette découverte venant s'ajouter à tant d'autres acheva de porter la conviction dans les esprits. A partir de ce moment, la doctrine de la prodigieuse antiquité de l'espèce humaine fut donc définitivement acquise à la science.

Pour terminer cet historique, nous nous demanderons à quelle époque géologique précise il faut rapporter la date de l'apparition de l'homme sur la terre.

Les terrains antérieurs à la période actuelle, et dont la succession forme la croûte solide de notre globe, ont été partagés, on le sait, en cinq groupes, correspondant à autant de périodes de son évolution physique. Ce sont, dans leur ordre d'ancienneté : les *terrains primitifs*, les *terrains de transition*, les *terrains secondaires*, les *terrains tertiaires* et les *terrains quaternaires*. Chacune de ces époques a embrassé un laps de temps immense, puisqu'elle a radicalement usé la génération d'animaux et de plantes qui lui était propre. On peut d'ailleurs se faire une idée de la lenteur avec laquelle les créations organiques se modifient, en considérant que la faune contemporaine, c'est-à-dire la collection d'animaux de tous pays propre à la période géologique que nous traversons, n'a subi presque aucune altération depuis des milliers d'années qu'elle existe.

Peut-on fixer l'apparition de l'espèce humaine aux époques, si prodigieusement reculées, qui répondent aux terrains primitifs, de transition, ou aux terrains secondaires? Évidemment non. Peut-on la fixer à l'époque des terrains tertiaires?

Quelques géologues ont voulu trouver des traces de la présence de l'homme dans les terrains tertiaires (miocène et pliocène). Mais c'est là une opinion à laquelle nous ne saurions nous ranger.

En 1863, M. Desnoyers trouva dans les couches supérieures du terrain tertiaire (pliocène) de Saint-Prest, département de l'Eure, des ossements appartenant à diverses espèces animales disparues, entre autres à un éléphant (*Elephas meridionalis*) qui n'a pas fait partie de la faune quaternaire. Sur la plupart de ces ossements il constata des entailles, qui, selon lui, ont dû être produites par des outils en silex. Ce sont là, d'après M. Desnoyers des indices de l'existence de l'homme à l'époque tertiaire.

Cette opinion fut combattue par M. Lyell, qui prouva que les entailles observées par M. Desnoyers ne sont point le résultat d'une action intelligente, mais le résultat de quelque effet mécanique. On ne saurait d'ailleurs s'étayer d'un accident aussi insignifiant que celui d'entailles pratiquées sur un os, pour établir un fait comme celui de l'antiquité de l'homme. Ajoutons que l'on a contesté que les terrains qui recèlent ces ossements entaillés, appartiennent réellement au groupe tertiaire.

C'est dans les terrains correspondant à l'époque quaternaire que l'on trouve des témoignages irrécusables, à l'abri de toute contestation, de l'existence de l'homme. C'est donc à l'époque quaternaire, qui a précédé l'époque géologique contemporaine, qu'il faut fixer la date de l'apparition de l'humanité sur la terre.

Si l'on veut se diriger avec quelque sûreté dans l'histoire, si difficile encore, des premiers temps de l'humanité, il faut diviser ce long intervalle en un certain nombre de périodes. La science de l'homme primitif est tellement récente, que c'est à peine si les auteurs qui ont écrit sur cette matière se sont occupés de débattre et d'adopter une classification rationnelle. Nous adopterons la classification proposée par M. Édouard Lartet et qui est adoptée dans la partie du Musée de Saint-Germain consacrée aux antiquités antéhistoriques.

Nous diviserons l'histoire de l'humanité primitive en deux grandes périodes :

1° L'âge de la pierre ;

2° L'âge des métaux.

Ces deux grandes périodes seront elles-mêmes subdivisées comme il suit. L'âge de la pierre comprendra trois époques :

1° L'époque des animaux d'espèces éteintes (ou époque du grand ours et du mammouth);

2° L'époque des animaux contemporains émigrés (ou époque du renne);

3° L'époque des animaux contemporains asservis (ou époque de la pierre polie).

L'âge des métaux se divisera en deux périodes :

1° L'époque du bronze ;

2° L'époque du fer.

Le tableau synoptique suivant mettra plus nettement sous les yeux du lecteur cette classification, qui a le mérite de permettre un exposé simple et clair des faits, très-disparates, qui composent l'histoire de l'homme primitif.

AGE DE LA PIERRE.
  1° Époque des animaux d'espèces éteintes, ou époque du grand ours et du mammouth ;
  2° Époque des animaux contemporains émigrés, ou époque du renne;
  3° Époque des animaux contemporains asservis, ou époque de la pierre polie.

AGE DES MÉTAUX.
  1° Époque du bronze ;
  2° Époque du fer.

AGE DE LA PIERRE

ÉPOQUE DES ANIMAUX D'ESPÈCES ÉTEINTES.

ou

ÉPOQUE DU GRAND OURS ET DU MAMMOUTH

CHAPITRE PREMIER.

Les premiers hommes. — Types de l'homme à l'Époque des animaux d'espèces éteintes. — Origine de l'homme. — Réfutation de la théorie qui fait dériver l'espèce humaine du singe.

L'homme a vécu pendant que les derniers représentants des anciennes créations animales, le mammouth, le grand ours, l'hyène des cavernes, le rhinocéros tychorinus, etc., existaient encore. C'est cette première période de son histoire que nous allons aborder.

Nous ne savons rien de précis sur l'homme aux premiers temps de son apparition sur le globe. Comment est-il apparu sur la terre? En quel lieu peut-on signaler ses premières traces? Est-il né en Europe, ou bien n'est-il arrivé dans cette partie de notre hémisphère qu'après avoir vu le jour sur les grands plateaux de l'Asie centrale?

Cette dernière opinion est généralement reçue. Nous verrons, en parlant des races humaines, dans le volume qui suivra celui-ci, que la majorité des naturalistes admet aujourd'hui un seul centre de création pour l'homme. L'homme a·pris sans doute naissance sur les plateaux de l'Asie centrale, et il se répandit de là dans les différentes parties habitables de notre globe. L'action du climat et du milieu qu'il habitait détermina ensuite la formation des différentes races, blanche, noire, jaune et rouge, qui existent aujourd'hui, avec leurs infinies subdivisions.

Mais il est une autre question à laquelle il faut répondre tout de suite, car elle a été et elle est sans cesse agitée, avec une passion qu'explique la nature d'un débat qui nous est si profondément personnel. L'homme a-t-il été créé par Dieu de toutes pièces, et le type humain est-il indépendant du type des animaux qui existaient avant lui? Ou bien, au contraire, faut-il admettre que l'homme dérive, par des transformations insensibles, par des perfectionnements graduels, d'une autre espèce animale, et particulièrement du singe?

Cette dernière opinion fut soutenue, au commencement de notre siècle, par le naturaliste français de Lamarck, qui la formula très-nettement dans sa *Philosophie zoologique*. La même théorie a été reprise de nos jours, et développée avec une grande abondance apparente de faits à l'appui, par un certain nombre de savants, tels que MM. Carl Vogt en Suisse et Huxley en Angleterre.

Nous répudions hautement une pareille doctrine. Pour établir que l'homme n'est qu'un singe perfectionné, un orangoutang ou un gorille élevé en dignité, on se borne à invoquer des considérations anatomiques. On compare le crâne du singe à celui de l'homme primitif, et trouvant des caractères d'analogie, plus ou moins réels, entre l'une et l'autre boîte osseuse, on en conclut la fusion graduelle du type du singe dans le type humain.

Ces analogies, disons-le d'abord, sont fort exagérées, et elles disparaissent devant l'examen approfondi des choses. Jetez les yeux sur les crânes trouvés dans les tombeaux appartenant à l'âge de pierre, par exemple sur le crâne dit de Borreby, examinez la mâchoire humaine de Moulin-Quignon, le crâne de Meilen, etc., et vous serez surpris de voir qu'ils diffèrent très-peu, par l'aspect, des crânes de l'homme actuel. On croirait, à entendre les partisans de la théorie de Lamarck, que l'homme primitif présente la mâchoire saillante du singe, ou, tout au moins, celle du nègre. C'est donc avec surprise que l'on constate, au contraire, que le crâne de l homme de l'âge de pierre est presque en tout semblable par l'aspect aux crânes de l'espèce caucasique actuelle. Il faut des études spéciales pour distinguer l'une de l'autre ces boîtes osseuses.

Si l'on met en présence, comme nous le faisons ici, le crâne d'un homme de l'âge de pierre et les crânes des principaux singes de grande taille, ces dissemblances sautent aux yeux. Il ne faut pas d'autres éléments de comparaison que la simple vue pour réfuter la doctrine de la basse origine de l'humanité.

La figure ci-jointe représente le crâne d'un homme de l'âge de pierre, trouvé en Danemark, sur lequel nous aurons

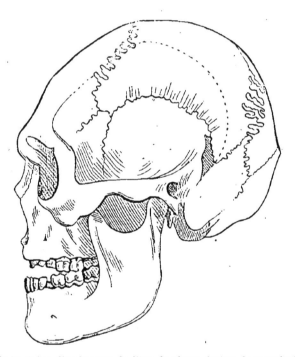

Fig. 2. Crâne d'un homme de l'âge de pierre. (Crâne de Borreby.)

à revenir dans le cours de cet ouvrage, et qui est connu sous le nom de *crâne de Borreby;* la figure 3 représente le crâne du gorille; la figure 4 celui de l'orang-outang; la figure 5 celui du singe cynocéphale; la figure 6 celui du singe macaque. Mettez l'image du crâne de l'homme de l'âge de pierre, trouvé dans le Danemark, en regard de ces masques d'ani-

maux, et tirez vous-même, lecteur, la conséquence, sans
vous préoccuper des dires de quelques anatomistes imbus
d'idées contraires.

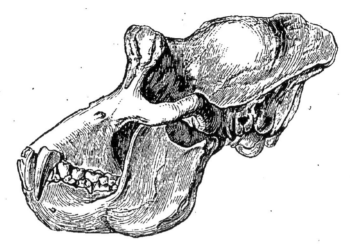

Fig. 3. Crâne de gorille.

Battus sur la question du crâne, les transformistes se rejet-
tent sur les os. Dans ce but, ils nous montrent quelques dispositions analogues entre le squelette du singe et celui de

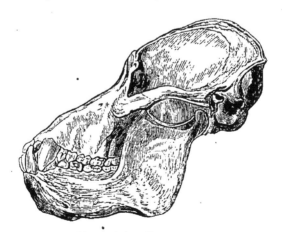

Fig. 4. Crâne d'orang-outang.

l'homme primitif. Telle est, par exemple, la saillie longitudinale qui existe sur l'os du fémur, *la ligne âpre*, comme on
l'appelle, qui est aussi considérable chez l'homme primitif
que chez le singe. Tel est encore le péroné, os qui est très-

puissant chez l'homme primitif, comme chez le singe, et qui est assez grêle chez l'homme actuel.[1]

Quand on sait combien le genre de vie modifie les formes du squelette, chez l'homme comme chez les animaux, on ne

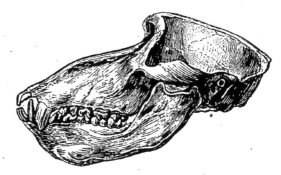

Fig. 5. Crâne de singe cynocéphale.

peut être surpris de voir certains organes se développer plus chez les individus qui exercent puissamment ces organes que chez ceux qui laissent ces mêmes organes dans un repos relatif. Si l'homme de l'époque du grand ours et du

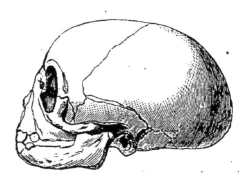

Fig. 6. Crâne de singe macaque.

mammouth a la jambe plus robuste, le fémur plus volumineux que l'homme actuel dans la plupart de ses races, c'est que son existence sauvage, qui se passait au milieu des animaux des forêts, l'obligeait à de violents exercices, qui développaient cette partie de son corps. C'est ainsi que les grands marcheurs ont le mollet volumineux et les personnes stationnaires la jambe grêle. Ces différences dans la struc-

ture de quelques parties du squelette ne tiennent donc qu'à
la différence du genre de vie.

Pourquoi d'ailleurs ne considérer jamais que le squelette pour chercher des analogies entre l'homme et une
espèce animale? Si l'on considérait d'autres organes, on arri-
verait à une conclusion qui prouverait bien tout ce qu'il y a
d'irrationnel dans des rapprochements de ce genre. En effet,
si l'homme a la structure osseuse du singe, il a aussi la
structure anatomique de bien d'autres animaux, quand on
s'en rapporte à d'autres organes. Les viscères de la digestion
ne sont-ils pas les mêmes, n'ont-ils pas le même plan de
structure chez l'homme que chez les animaux carnassiers?
Notre estomac, nos intestins, nos reins, nos poumons, notre
cœur, sont-ils bien autrement faits que ceux du tigre et du
lion? Direz-vous, d'après cela, que l'homme dérive du tigre,
qu'il n'est qu'un lion perfectionné, un chat fait homme? Vous
devriez pourtant tirer cette conclusion, si vous ne vous bor-
niez pas à considérer le squelette, la seule partie de l'individu à laquelle vous vous attachez, on ne voit pas bien pour
quelle raison.

Mais en vérité toute cette anatomie fait pitié. N'y a-t-il
donc dans l'homme que des os? Le squelette, les viscères
résument-ils l'être humain? Que faites-vous donc, aveugles
rhéteurs, de cette faculté de l'intelligence, manifestée par la
parole? L'intelligence et la parole, voilà ce qui constitue
l'homme, voilà ce qui fait de lui l'être le plus achevé de
la création, le privilégié de Dieu. Montrez-moi un singe qui
parle, et alors je reconnaîtrai avec vous que l'homme est un
singe perfectionné. Montrez-moi un singe qui fabrique avec
du silex des haches et des flèches, qui allume du feu, qui
fasse cuire ses aliments, qui agisse, en un mot, comme une
créature intelligente, et je confesserai que je ne suis qu'un
orang-outang, revu et corrigé.

Nous ne voulons pas cependant parler d'une question
aussi controversée que celle de la ressemblance anatomique
du singe et de l'homme, sans l'approfondir; nous ne voulons
pas éviter la discussion sur ce point. Nous invoquerons donc
ici l'opinion d'un savant parfaitement autorisé en de telles

matières, celle de M. de Quatrefages, professeur d'anthropologie du Muséum d'histoire naturelle de Paris.

M. de Quatrefages, dans son *Rapport sur le progrès de l'anthropologie*, publié en 1868, a traité avec quelques développements
la question de savoir si l'homme descend du singe. Il a résumé une foule de travaux contemporains relatifs à cette
question, et conclu à la parfaite impossibilité, au point de
vue anatomique, de cette généalogie étrange.

L'extrait suivant de son ouvrage fera connaître suffisamment les idées du savant professeur d'anthropologie sur la
question qui nous occupe.

« L'Homme et les singes en général, dit M. de Quatrefages, présentent un contraste des plus frappants et sur lequel Vicq-d'Azyr, Lawrence,
M. Serres, etc., ont insisté depuis bien longtemps avec détail. Le premier est un *animal marcheur*, et marcheur sur ses membres de derrière; tous les singes sont des *animaux grimpeurs*. Dans les deux
groupes tout l'appareil locomoteur porte l'empreinte de ces destinations
fort différentes : les deux types sont parfaitement distincts.

« Les travaux si remarquables de Duvernoy sur le Gorille, de
MM. Gratiolet et Alix sur le Chimpanzé, ont confirmé pleinement pour
les singes anthropomorphes ce résultat, très-important à quelque
point de vue qu'on se place, mais qui a plus de valeur encore pour qui
veut appliquer *logiquement* la doctrine de Darwin. Ces recherches modernes démontrent en effet que le type singe, en se perfectionnant, ne
perd en rien son caractère fondamental et reste toujours parfaitement
distinct du type humain. Celui-ci ne peut donc dériver de celui-là.

« La doctrine de Darwin, rationnellement adaptée au fait de l'apparition de l'Homme, conduirait à dire :

« Nous connaissons un grand nombre de termes de la série simienne.
Nous la voyons se ramifier elle-même en séries secondaires aboutissant également aux Anthropomorphes, qui sont, non pas les membres
d'une même famille, mais bien les *termes correspondants supérieurs* de
trois familles distinctes (Gratiolet). Malgré les modifications secondaires entraînées par des perfectionnements de même nature, l'Orang,
le Gorille, le Chimpanzé n'en restent pas moins fondamentalement *des
singes, des grimpeurs* (Duvernoy, Gratiolet, Alix). Par conséquent,
l'Homme, chez qui tout révèle le *marcheur*, ne peut appartenir ni à
l'une ni à l'autre de ces séries : il ne peut être que le terme supérieur
d'une série distincte dont les autres représentants ont disparu ou ont
échappé jusqu'à ce jour à nos recherches. L'Homme et les Anthropomorphes sont les termes extrêmes de deux séries qui ont commencé à
diverger au plus tard dès que le singe le plus inférieur a paru.

« Voilà comment devra raisonner le vrai *darwiniste*, alors même qu'il tiendrait compte uniquement des *caractères morphologiques extérieurs*, et des *caractères anatomiques* dont les premiers sont la traduction chez l'animal adulte.

« Dira-t-on qu'une fois arrivé au degré d'organisation accusé par les Anthropomorphes, l'organisme a subi une impulsion nouvelle et s'est trouvé modifié pour la marche? Ce serait ajouter une hypothèse de plus ; et cette fois on n'aurait pas même à invoquer la gradation organique présentée par l'ensemble des Quadrumanes et sur laquelle on insiste, comme conduisant à la conclusion que je combats ; on serait complétement en dehors de la *théorie de Darwin*, sur laquelle on a la prétention de s'appuyer.

« Sans sortir de ces considérations purement morphologiques, on peut mettre en regard, comme l'a fait M. Pruner-Bey, les caractères généraux les plus saillants chez l'Homme et chez les Anthropomorphes. On arrive alors à constater ce fait général, qu'il existe « un *ordre in-* « *verse* du terme final du développement dans les appareils sensitifs « et végétatifs, dans les systèmes de locomotion et de reproduction » (Pruner-Bey).

« Il y a plus : cet *ordre inverse* se montre également dans la série des phénomènes du développement individuel.

« M. Pruner-Bey a montré qu'il en est ainsi pour une partie des dents permanentes. M. Welker, dans ses curieuses études sur l'angle sphénoïdal de Virchow, est arrivé à un résultat semblable. Il a montré que les modifications de la base du crâne, c'est-à-dire d'une des parties du squelette dont les rapports avec le cerveau sont les plus intimes, avaient lieu en sens inverse chez l'Homme et chez le singe. Cet angle diminue chez l'Homme à partir de la naissance et s'agrandit au contraire chez le singe parfois au point de s'effacer.

« Mais ce qui est bien plus fondamental encore, c'est que cette marche inverse du développement se constate jusque dans le cerveau. Ce fait, signalé par Gratiolet, sur lequel il a insisté à diverses reprises et qui n'a été contesté par personne ni à la Société d'Anthropologie, ni ailleurs, a une importance et une signification faciles à saisir.

« Chez l'Homme et chez l'Anthropomorphe *adultes* il existe dans le mode d'arrangement des plis cérébraux une certaine ressemblance qui a pu en imposer et sur laquelle on a vivement insisté. Mais ce résultat est atteint *par une marche inverse.* « Chez le singe, les circonvolutions « temporo-sphénoïdales qui forment le lobe moyen paraissent et s'a- « chèvent avant les circonvolutions antérieures qui forment le lobe « frontal. Chez l'Homme, au contraire, les circonvolutions frontales « apparaissent les premières et celles du lobe moyen se dessinent en « dernier lieu. »

« Il est évident que, lorsque deux êtres organisés suivent dans leur développement une marche inverse, le plus élevé des deux ne peut descendre de l'autre par voie d'évolution.

« L'Embryogénie vient donc ajouter son témoignage à celui de l'Anatomie et de la Morphologie, pour montrer combien se sont trompés ceux qui ont cru trouver dans les idées de Darwin un moyen de soutenir l'origine simienne de l'Homme.

« En présence de ces faits, on comprendra que des anthropologistes, fort peu d'accord parfois sur bien d'autres points, se soient accordés sur celui-ci et aient été amenés également à conclure : que rien ne permet de voir dans le cerveau du singe un cerveau d'Homme frappé d'arrêt de développement, ni dans le cerveau de l'Homme un cerveau de singe développé (Gratiolet); que l'étude de l'organisme en général, celle des extrémités en particulier, révèle, à côté d'un plan général, des différences de forme et des dispositions accusant des adaptations tout à fait spéciales et distinctes, et incompatibles avec l'idée d'une filiation (Gratiolet, Alix); qu'en se perfectionnant, les singes ne se rapprochent pas de l'Homme, et réciproquement; qu'en se dégradant, le type humain ne se rapproche pas des singes (Bert); enfin qu'il n'existe pas de passage possible entre l'Homme et le singe, si ce n'est à la condition d'intervertir les lois du développement (Pruner-Bey), etc.

« A ces faits généraux, que je ne puis qu'indiquer, à la multitude des faits de détail dont ils ne sont que le résumé, qu'opposent les partisans de l'origine simienne de l'Homme ?

« J'ai beau chercher, je ne rencontre partout que la même nature d'arguments : des exagérations de ressemblances morphologiques que personne ne nie ; des inductions tirées de quelques faits exceptionnels et qu'on généralise, ou de quelques coïncidences dans lesquelles on suppose des relations de cause à effet; puis enfin un appel aux *possibilités* d'où l'on tire une conclusion plus ou moins affirmative.

« Citons quelques exemples de cette manière de raisonner.

« 1° La main osseuse de l'Homme et celle des singes, surtout de certains Anthropomorphes, présentent des analogies marquées. Ne serait-il pas possible qu'une modification à peine sensible eût conduit à l'identité?

« Non, répondent MM. Gratiolet et Alix, car la musculature du pouce établit une différence profonde et accuse une *adaptation* à des usages très-différents.

« 2° Chez l'Homme seulement et chez les Anthropomorphes l'articulation de l'épaule permet des mouvements de rotation. N'y a-t-il pas là une véritable ressemblance ?

« Non, répondent encore les mêmes anatomistes, car, même à ne considérer que les os, on reconnaît que les mouvements ne sauraient être les mêmes ; mais surtout la musculature présente des différences tranchées, accusant encore des *adaptations* spéciales.

« Ces réponses sont justes, car, quand il s'agit de *locomotion*, il est évident qu'il faut tenir compte des muscles, agents actifs de la fonction.

au moins autant que des os, qui servent seulement de points d'attache
et sont constamment passifs.

« 3º La voûte du crâne de quelques races humaines, au lieu de présenter dans le sens transversal une courbure uniforme, s'infléchit un
peu vers le haut des deux côtés et se relève vers la ligne médiane (*Néo-
Calédoniens*, *Australiens*, etc.). N'est-ce pas, dit-on, un acheminement
vers les crêtes osseuses qui se dressent vers cette région chez certains
Anthropomorphes ?

« Non, répondrons-nous, car chez ces derniers les crêtes osseuses
se détachent des parois du crâne et ne font nullement partie de la
voûte.

« 4º N'est-il pas très-remarquable de voir l'Orang brachycéphale
comme le Malais dont il est compatriote, tandis que le Gorille et le
Chimpanzé sont dolichocéphales comme le Nègre ? N'y a-t-il pas
là une raison pour regarder le premier comme le père des populations malaises, et les seconds comme les ancêtres des peuples
africains ?

« Les faits avancés seraient exacts, que la conséquence qu'on en tire
serait loin d'être démontrée. Mais la coïncidence qu'on invoque n'existe
même pas. En effet, l'Orang, essentiellement originaire de Bornéo, y
vit au milieu des Dayaks et non pas des Malais ; or les Dayaks sont dolichocéphales bien plutôt que brachycéphales. Quant à la dolichocépha-
lie des Gorilles, elle est loin d'être générale, puisque sur *trois* femelles
de ce singe dont on a mesuré les crânes, *deux* sont brachycéphales
(Pruner-Bey).

« 5º Les microcéphales présentent dans leur cerveau un mélange
de caractères humains et simiens, et indiquent une conformation
intermédiaire, normale à une époque antérieure, mais qui aujour-
d'hui ne se réalise que par un arrêt de développement et un fait
d'atavisme.

« Les recherches de Gratiolet sur l'encéphale du singe, de l'Homme
normal et des microcéphales ont montré que les ressemblances indiquées sont purement illusoires. C'est pour ne pas y avoir regardé d'assez près qu'on a cru les apercevoir. Chez le microcéphale, le cerveau
humain se simplifie, mais le *plan initial* n'est pas changé pour cela, et
ce plan n'est pas celui que l'on constate chez le singe. Aussi Gratiolet
a-t-il pu dire sans que personne ait tenté de le combattre : « Le cer-
« veau humain diffère d'autant plus de celui du singe qu'il est moins
« développé, et un arrêt de développement ne pourra qu'exagérer cette
« différence naturelle.... Souvent moins volumineux et moins plis-
« sés que ceux des singes anthropomorphes, les cerveaux de mi-
« crocéphales ne leur deviennent point semblables.... Le microcé-
« phale, si réduit qu'il soit, n'est pas une bête ; ce n'est qu'un homme
« amoindri. »

« Les lois du développement du cerveau dans les deux types, lois que j'ai rappelées plus haut, expliquent et justifient ce langage, comme les faits dont il est le résumé sont la réfutation formelle du rapprochement qu'on a essayé de faire entre le *cerveau humain amoindri* et le *cerveau animal quelque développé qu'il soit*.

« 6º Les fouilles pratiquées dans des terrains anciens non remaniés ont mis au jour les crânes de races humaines anciennes, et ces crânes offrent des caractères qui les rapprochent de celui du singe. Ce cachet *pithécoïde*, très-frappant surtout sur le crâne de Neanderthal, n'accuse-t-il pas le passage d'un type à l'autre et par conséquent la filiation ?

« Cet argument est peut-être le seul qui ait été présenté avec quelque précision et l'on y est souvent revenu. Est-il plus démonstratif pour cela ? Que le lecteur en juge lui-même.

« Remarquons en premier lieu que Lyell n'ose pas se prononcer sur l'ancienneté des débris humains découverts par le docteur Fuhlrott, et qu'il les regarde au plus comme contemporains du crâne d'Engis, lequel reproduit le type des têtes caucasiques.

« Admettons pourtant que le crâne de Neanderthal remonte dans le passé aussi haut qu'on l'a dit ; quelle est en réalité la signification de ce crâne ? Est-il vraiment un intermédiaire entre la tête de l'Homme et celle du singe ? N'a-t-il aucun analogue chez les races même relativement modernes ?

« Bien des travaux ont été publiés sur ces questions, et peu à peu, ce me semble, la lumière s'est faite. Sans doute ce crâne est vraiment remarquable par ses énormes arcades sourcilières, la longueur et l'étroitesse de la boîte osseuse, le peu d'élévation de la voûte, etc. Mais ces traits sont bien moins exceptionnels qu'on ne l'a cru d'abord, faute de terme de comparaison ; et, bien loin de justifier le rapprochement qu'on s'est efforcé de faire, il est, par tous ses caractères, essentiellement humain. En Angleterre, M. Busk a indiqué les grands rapports que la saillie des arcades et l'aplatissement de la région supérieure établissent entre certains crânes danois de Borreby et le crâne de Neanderthal. M. Barnard-David a signalé des similitudes plus grandes encore entre ce même *fossile* et un crâne de sa collection. Gratiolet a remis au Muséum la tête osseuse d'un idiot contemporain qui le reproduit à peu près en tout, quoique dans des proportions moindres, etc.

« Voici d'ailleurs qui me semble décisif :

« En dépit de ses caractères curieux, le crâne de Neanderthal n'en appartient pas moins à un individu qui, à en juger par les autres os qu'on a pu recueillir, ne s'écartait en rien du type moyen des races germaniques actuelles et ne se rapprochait nullement des singes.

« Est-il probable, même dans l'ordre d'idées que je combats, que, dans un être de transition entre l'Homme et les Anthropomorphes, le corps fût devenu entièrement humain, tandis que la tête aurait conservé le caractère simien ? Admettre un fait pareil, n'est-ce pas faire une hypothèse absolument gratuite ?

« En dépit de tout le bruit qui s'est fait autour de ces restes curieux, il me paraît impossible d'y voir autre chose qu'une individualité, exceptionnelle sans doute, mais appartenant franchement à l'espèce humaine et, qui plus est, à une des branches de notre tronc aryan, à la race celtique. M. Pruner-Bey me semble avoir mis ce fait au-dessus de toute discussion par l'ensemble de recherches qu'il a publiées sur ce sujet. Les preuves les plus convaincantes reposent sur la similitude très-grande que présente un crâne celtique extrait d'un tumulus du Poitou avec celui que les écrits du docteur Schaaffausen ont fait connaître et rendu si célèbre. Cette similitude n'est pas seulement extérieure. Le moule interne de l'un s'adapte parfaitement à l'intérieur de l'autre. Ce n'étaient pas seulement les *crânes* qui se ressemblaient, c'étaient aussi les *cerveaux.* La preuve me semble complète, et je n'hésite pas à conclure avec le savant auteur de ce travail que *le crâne de Neanderthal est un crâne de Celte.*

« En résumé, ni l'expérience ni l'observation ne nous fournissent encore la moindre donnée relative aux origines premières de l'Homme. La science sérieuse doit donc laisser ce problème de côté jusqu'à nouvel ordre. On est moins loin de la vérité en confessant son ignorance qu'en cherchant à la déguiser soit à soi-même, soit aux autres.

« Quant à la théorie de l'origine simienne de l'Homme, ce n'est qu'une pure hypothèse ou mieux un simple jeu d'esprit, en faveur duquel on n'a pu invoquer encore aucun fait sérieux et dont au contraire tout démontre le peu de fondement. »

Nous ajouterons, pour prendre la même question à un point de vue plus général, que la science la plus éclairée nous déclare, nous crie, que l'espèce est immuable, qu'aucune espèce animale ne dérive d'une autre, qu'elle peut se transformer, mais que toutes reconnaissent une création indépendante. Cette vérité, que M. de Quatrefages a longuement développée dans plusieurs ouvrages, est le jugement définitif et scientifique qui doit trancher cette question pour tout esprit non prévenu.

CHAPITRE II.

L'homme dans les conditions de la vie sauvage, pendant l'époque quaternaire. — La période glaciaire et ses ravages sur les populations
primitives du globe. — L'homme en lutte avec les animaux de l'époque quaternaire. — La découverte du feu. — Les armes des premiers
hommes. — Différentes variétés des haches de silex. — La fabrication des premières poteries. — Les objets de parure à l'époque du
grand ours et du mammouth.

Après cette dissertation, qui était nécessaire pour réfuter
la théorie qui donne une si misérable explication de notre
origine, nous considérerons l'homme au moment où il fut
jeté, faible et chétif, sur la terre, au milieu de la nature in-
clémente et sauvage qui l'entourait.

Quoi qu'en puisse souffrir notre orgueil, il faut reconnaître
qu'aux premiers temps de son existence l'homme ne dut pas
se distinguer beaucoup de la brute. Le souci de ses besoins
naturels l'absorbait en entier. Tous ses efforts convergeaient
vers un but unique, assurer sa subsistance quotidienne.

Il ne put se nourrir d'abord que de fruits et de racines, car
il n'avait encore inventé aucune arme pour terrasser les
animaux sauvages. S'il parvenait à en tuer quelques-uns,
de petite taille, il les dévorait tout saignants encore, et se
couvrait de leur peau, pour se garantir des intempéries de

l'air. Il avait pour oreiller une pierre, pour toit l'ombre des grands arbres, ou quelque antre obscur, qui lui servait en même temps de refuge contre les bêtes fauves.

Combien de siècles dura cet état misérable? Nul ne saurait le dire. L'homme est perfectible; le progrès indéfini est sa loi. C'est là son attribut suprême; c'est là ce qui lui confère la prééminence sur tous les êtres qui l'entourent. Mais combien ses premiers pas durent être chancelants, et que d'efforts dut lui coûter la première création de son esprit, la première œuvre de ses mains, ébauche informe sans doute et dans laquelle nous aurions peine à reconnaître aujourd'hui le labeur d'un être intelligent!

Vers le commencement de l'époque quaternaire, un grand phénomène naturel se produisit en Europe. Sous l'action de causes multiples, qu'on n'a pas bien pu démêler jusqu'à présent, une grande partie de l'Europe se couvrit de glaces. D'une part, s'avançant des pôles jusqu'aux latitudes les plus méridionales; d'autre part, descendant du sommet des hautes chaînes de montagnes jusque dans les plaines, les glaces prirent un accroissement considérable. Comme toutes les parties basses du continent étaient couvertes par la mer, quelques plateaux donnèrent seuls asile à l'homme et aux animaux, qui fuyaient devant ce froid mortel.

Telle fut cette *période glaciaire*, qui provoqua l'anéantissement de bien des générations d'animaux, et qui dut atteindre également l'homme lui-même, si mal défendu contre cet hiver universel et subit.

Cependant l'homme résista aux attaques de la nature révoltée. Sans doute, dans cette désastreuse période, il dut faire peu de progrès, si même il n'y eut pas arrêt complet dans son développement intellectuel. Toutefois l'espèce humaine ne périt point. La période glaciaire prit fin, les glaces se retirèrent, et la nature recouvra son aspect primitif.

Quand les glaces se furent retirées peu à peu dans les latitudes septentrionales et sur les hauts sommets, une nouvelle génération d'animaux, une autre *faune*, comme disent les naturalistes, fit son apparition sur le globe. Cette cohorte d'animaux nouvellement mis au jour différait beaucoup de celle qui venait de disparaître dans le cataclysme glaciaire. Jetons un regard curieux sur ces animaux étranges, et aujourd'hui disparus.

Voici le mammouth (*Elephas primigenius*) ou éléphant à toison laineuse et à crinière, dont on a retrouvé des cadavres entiers, parfaitement conservés, dans les glaces des côtes de la Sibérie. Voici le rhinocéros à narines cloisonnées (*Rhinoceros tichorhinus*), également revêtu d'une chaude et moelleuse fourrure, et dont le nez est surmonté d'une remarquable paire de cornes. Viennent ensuite plusieurs espèces d'hippopotames, qui remontent jusque dans les rivières de l'Angleterre et de la Russie ; — un ours de grande taille, habitant des cavernes (*Ursus spelæus*), au front bombé et au crâne volumineux ; — le lion et le tigre des cavernes (*Felis spelæa*), qui dépassaient en puissance le lion et le tigre actuels ; — diverses espèces d'hyènes (*Hyæna spelæa*), plus fortes que celles de notre époque ; — l'aurochs (*Biso europæus*), qui existe encore en Pologne ; — le grand bœuf, ou Urus des anciens (*Bos primigenius*) ; — le cerf gigantesque (*Cervus megaceros*), dont les bois atteignaient des dimensions surprenantes. A la même époque apparurent encore d'autres animaux qu'il serait trop long d'énumérer, et parmi lesquels un certain nombre de rongeurs. Presque toutes ces espèces sont aujourd'hui éteintes, mais l'homme a certainement vécu au milieu d'elles.

Le mammouth, l'éléphant, le rhinocéros, le cerf et l'hippopotame, parcouraient alors l'Europe en troupeaux immenses, comme certains de ces animaux voyagent encore, par bandes considérables, dans l'intérieur de l'Afrique. Ces animaux avaient des lieux de prédilection, où ils se réunissaient par milliers. On ne saurait expliquer autrement les innombrables quantités d'ossements que l'on trouve accumulés sur les mêmes points.

Devant ces phalanges redoutables l'homme primitif ne devait songer qu'à fuir. Ce n'est qu'envers quelques individus isolés qu'il pouvait engager une lutte plus ou moins égale. Nous verrons plus loin comment il se fabriqua quelques armes grossières pour attaquer ses puissants ennemis.

Le premier pas important que fit l'homme dans la voie du progrès, fut la conquête du feu. Selon toutes probabilités, il en eut connaissance accidentellement, soit qu'il eût recueilli des matières qui s'étaient embrasées au soleil, soit qu'en frappant deux silex l'un contre l'autre il eût mis le feu, sans le vouloir, à quelque substance très-inflammable.

Pour se procurer du feu, l'homme des temps quaternaires employait les moyens dont faisaient usage les indigènes de l'Amérique, lorsque Christophe Colomb les trouva, pour la première fois, sur les rivages du nouveau monde, moyens que les peuples sauvages qui subsistent de nos jours mettent encore en œuvre. Il frottait deux morceaux de bois secs l'un contre l'autre, ou bien il tournait avec rapidité un pieu aiguisé en pointe dans un trou pratiqué dans un tronc d'arbre bien sec (fig. 7).

Comme il existe chez les sauvages actuels quelques mécanismes élémentaires propres à accélérer la production du feu, il est à croire que ces mêmes moyens furent mis en œuvre dès les premiers temps de l'humanité. Il faut un temps considérable pour faire enflammer deux morceaux de bois sec et dur, en les frottant l'un contre l'autre. Mais si l'on fait usage de l'*archet*, c'est-à-dire si l'on se sert de la corde d'un arc fixé solidement sur un manche, pour faire pivoter rapidement une tige de bois cylindrique terminée en pointe, et entrant dans une légère cavité pratiquée sur une planchette, on arrive à enflammer la planchette en quelques instants. Nous croyons que l'archet appliqué à produire du feu dut être mis en usage par l'homme qui vivait à l'époque du mammouth et des autres animaux dont les espèces sont aujourd'hui éteintes.

Ce premier rudiment de la combustion étant obtenu, pour servir, pendant le jour, au chauffage et à la cuisson des aliments, et à l'éclairage pendant les soirées, comment pouvait-il être entretenu? Les bois des arbres du pays, ceux qu'amenèrent les courants des rivières ou de la mer, les huiles minérales inflammables, les résines empruntées aux arbres conifères, les graisses et le lard extraits des animaux sauvages, l'huile tirée des grands cétacés, tous ces agents di-

Fig. 7. La conquête du feu.

vers durent servir à entretenir la combustion, soit pour le chauffage, soit pour l'éclairage. Les Esquimaux de nos jours n'ont d'autre combustible pour chauffer leurs huttes et pour les éclairer pendant les longues nuits de leur sombre climat que l'huile de phoque, qui, brûlée dans une lampe avec une courte mèche, sert tout à la fois à cuire les aliments, à chauffer la cabane et à l'éclairer.

Aujourd'hui encore, dans la Forêt-Noire (duché de Bade), on remplace quelquefois les chandelles par de longs copeaux de hêtre bien sec, que l'on fixe horizontalement par un bout, entre les branches d'une petite fourche, pour les allumer à l'autre extrémité. Et cette lampe économique n'est pas à dédaigner.

On connaît encore le moyen original dont font usage, pour s'éclairer et se chauffer, les habitants des îles Feroé, dans les mers septentrionales de l'Europe. Ce moyen consiste à profiter de l'état graisseux d'un pingouin pour convertir son corps en une véritable lampe. Il suffit de vider l'oiseau, et d'introduire dans son bec une mèche, qu'on allume et qui fait fonctionner cette véritable bougie animale jusqu'au dernier morceau de l'oiseau graisseux.

Les pingouins servent encore, chez les indigènes des îles Feroé, de bûches naturelles pour entretenir le feu et faire cuire d'autres pingouins.

Quel que fût le moyen dont firent usage les premiers hommes pour se procurer du feu, — simple friction de deux fragments de bois sec l'un contre l'autre, longuement répétée, — archet, ou simple pieu tournant rapidement par l'action de la main, sans aucun mécanisme, — il est certain que la conquête du feu doit figurer parmi les plus belles et les plus précieuses découvertes de l'humanité. Avec le feu disparut l'ennui des longues soirées. Avec le feu s'évanouirent les ténèbres des antres et cavernes où l'homme cherchait sa retraite. Avec le feu, les climats les plus rigoureux devenaient habitables, et l'eau qui imprégnait le corps de l'homme ou ses vêtements grossiers, composés de peaux d'ours ou de ruminants à longs poils, pouvait s'évaporer. Avec le feu, le danger des bêtes féroces diminuait, car un instinct général

porte les animaux sauvages à redouter la lumière et la chaleur d'un foyer. Perdus au milieu des forêts infestées de
bêtes fauves, les premiers hommes purent donc, au moyen
du feu allumé pendant la nuit, s'endormir sans s'inquiéter
des attaques des grands animaux sauvages qui rôdaient autour d'eux.

Avec le feu naquit enfin l'industrie de l'homme. Le feu
servit aux premiers habitants de la terre à abattre les arbres,
à se procurer du charbon, à durcir le bois pour en fabriquer des instruments rudimentaires, à cuire les premières
poteries.

Ainsi, dès que l'homme eut à sa disposition le moyen de
se procurer artificiellement de la chaleur, sa situation s'amé-
liora, et la flamme bienfaisante du foyer devint le premier
centre autour duquel se constitua la famille.

L'homme sentit bientôt le besoin de se fortifier contre les
entreprises des bêtes féroces. Il voulut, en même temps, faire
sa proie d'animaux paisibles, le cerf, les petits ruminants, le
cheval. C'est alors qu'il commença à se fabriquer des
armes.

Il avait remarqué, à la surface du sol, des pierres de silex
(vulgairement *pierres à fusil*) à arêtes tranchantes et à bords
coupants. Il les ramassa, et au moyen d'autres pierres, un
peu plus dures, il en détacha des éclats, qu'il façonna grossièrement en forme de hache ou de marteau. Il emmancha
ces éclats dans des bâtons fendus et les lia solidement avec des
tendons d'animal ou des tiges de plantes desséchées et ro-
bustes. Avec cette arme, il put frapper sa proie à distance.

Quand il eut inventé l'arc et taillé avec des silex des
pointes de flèches, il eut le pouvoir d'arrêter au milieu de
leur fuite les animaux les plus rapides.

Depuis que les recherches relatives à l'homme primitif
ont été poussées dans tous les pays avec activité, on a retrouvé des quantités innombrables de ces silex taillés, de
ces pointes de flèches, et de ces divers instruments de
pierre que les archéologues désignent sous la dénomina-

tion commune de *haches*, faute de pouvoir toujours distinguer à quel usage particulier ils ont été employés. Il sera nécessaire, avant d'aller plus loin, de parler avec quelques détails de ces instruments tout à fait caractéristiques des premiers âges de l'humanité.

Depuis longtemps on avait rencontré çà et là, à la surface ou dans les profondeurs du sol, en différents pays, de semblables pierres taillées, mais on n'en avait jamais compris la signification. Si le peuple les distinguait des pierres ordinaires, c'était pour y attacher une croyance superstitieuse. Il les appelait *pierres de tonnerre*, parce qu'il leur attribuait le pouvoir de préserver de la foudre ceux qui les possédaient. Ce n'est que depuis le milieu de notre siècle que les naturalistes et les archéologues ont compris tout le parti qu'on pouvait tirer de l'examen de ces cailloux façonnés, pour reconstruire la physionomie des premières races humaines, et pénétrer, jusqu'à un certain point, leurs mœurs, leurs coutumes et leur industrie. Aussi les haches et pointes de flèches en pierre sont-elles fort répandues aujourd'hui dans les collections d'antiquités et les cabinets d'histoire naturelle.

La plupart de celles qu'on trouve en Europe sont en silex, et on s'explique facilement cette circonstance. Le silex dut être préféré, à cause de sa dureté et de son mode de cassure, qui se prête très-aisément à la volonté de l'ouvrier. Il suffit d'un coup sec, appliqué adroitement, pour détacher par ce simple choc une lame tranchante. Ces lames tranchantes de silex peuvent servir de couteaux. Elles sont d'un court usage, car elles s'ébrèchent facilement; mais les premiers hommes étaient singulièrement habiles en cette pratique.

Bien que les formes de ces instruments de pierre soient très-variables, on peut les rattacher toutes à un certain nombre de types dominants, qu'on retrouve d'ailleurs dans les contrées les plus diverses. D'abord simples et irrégulières, les haches en silex accusent peu à peu un plus grand talent d'exécution, une entente meilleure des besoins auxquels elles doivent répondre. Les progrès de l'esprit humain sont écrits en caractères ineffaçables sur ces tablettes de pierre, qui ont défié les injures du temps, à l'abri d'une couche épaisse de terrain.

Ne dédaignons pas ces premiers essais de nos pères, ils marquent la date de la naissance de l'industrie et des arts. Si les hommes de l'âge de la pierre n'avaient pas persévéré dans leurs efforts, nous n'aurions ni nos palais ni nos chefs-d'œuvre. « Le premier, dit Boucher de Perthes, qui frappa un caillou contre un autre, pour en régulariser la forme, donnait le premier coup de ciseau qui a fait la Minerve et tous les marbres du Parthénon[1]. »

Les archéologues qui se livrent à la recherche des premiers monuments de l'industrie humaine ont à se tenir en garde contre quelques erreurs, ou sophistications, qui pourraient fausser leur jugement, et enlever tout caractère d'authenticité à leurs découvertes. Il existe, en effet, une certaine classe d'industriels qui ont trouvé plaisant d'égarer les archéologues, en fabriquant des instruments apocryphes, dont ils font un commerce assez lucratif. Ils affirment, sans le moindre scrupule, la très-haute antiquité de leurs produits, qu'ils vendent, soit à des amateurs novices, heureux de les placer dans leurs collections, avec une étiquette indicative, soit — ce qui est plus grave — aux ouvriers chargés de pratiquer des fouilles dans des terrains fossilifères, et qui les cachent dans ces terrains avec toutes les précautions requises, pour avoir l'occasion de les retirer ensuite, et de toucher une prime du naturaliste trop confiant. Il faut parfois un œil exercé pour reconnaître ces imitations, tant elles sont habilement faites; mais on les distingue assez facilement à l'aide des caractères suivants.

Les silex anciens présentent une surface vitreuse, qui contraste singulièrement avec l'aspect terne des cassures fraîches. Ils sont aussi, en général, recouverts d'une pellicule blanchâtre, ou *patine*, qui n'est autre chose qu'une mince couche de carbonate de chaux noircie par l'action du temps. Enfin, beaucoup de ces silex sont ornés de cristallisations

---

1. *L'homme antédiluvien* (*Antiquités celtiques et antédiluviennes*). Tome III, in-8. Paris, 1864, p. 60.

arborescentes, nommées *dendrites*, qui forment à leur surface
des dessins très-délicats, d'un brun noirâtre, dus à l'action
combinée des oxydes de fer et de manganèse (fig. 8).

Fig. 8. *Dendrites*, ou cristallisations de carbonate de chaux
qui se trouvent à la surface des silex taillés.

Ajoutons que les silex prennent souvent la teinte des terrains dans lesquels ils ont reposé pendant des siècles, et,
comme le fait très-bien remarquer un savant géologue anglais, M. Prestwich, cette concordance de couleur indique
qu'ils ont séjourné pendant un laps de temps considérable
dans les couches qui les renfermaient.

Parmi les instruments de pierre des temps primitifs, les
uns sont recueillis dans un état de conservation parfaite,
qui témoigne clairement de leur virginité ; d'autres, au contraire, sont usés, arrondis, émoussés, soit parce qu'ils ont
fait jadis un long service, soit parce qu'ils ont été roulés, à
diverses reprises, par les eaux diluviennes, dont l'action prolongée a produit ce résultat. On en rencontre enfin qui sont
brisés et dont il ne reste que des vestiges. Le plus souvent
ils sont enfouis dans une gangue très-épaisse, qu'il faut briser pour les mettre à nu.

On les trouve surtout sous le sol des grottes et des cavernes, dont nous parlerons plus loin avec détails, et ils y
sont presque toujours mêlés à des ossements de mamm-
mifères d'espèces éteintes.

Certaines contrées dépourvues de cavernes renferment
pourtant des gisements considérables des mêmes instruments
de pierre. On peut citer, dans cette catégorie, les alluvions

quaternaires de la vallée de la Somme, connues sous le nom
de *diluvium gris*, et qui furent exploitées avec autant de bonheur que de persévérance par Boucher de Perthes. Ces al-

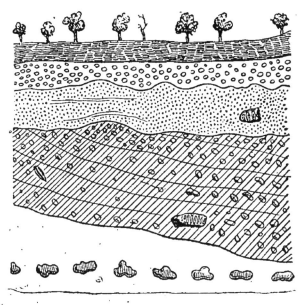

Fig. 9. Coupe d'une carrière de gravier, à Saint-Acheul, contenant les silex taillés
trouvés par Boucher de Perthes.

luvions (fig. 9) se composent d'un dépôt argileux-sableux que
les géologues rapportent aux grandes inondations qui, pen-

Fig. 10. Hache du type en amande (vallée de la Somme).

dant l'époque du grand ours et du mammouth, ont donné à
l'Europe son relief actuel, en creusant ses vallées. Près d'A-

miens et d'Abbeville, dans les sables et les graviers, des fouilles dirigées avec beaucoup d'intelligence par Boucher de Perthes, ont permis d'exhumer des milliers de silex taillés, témoignages irrécusables de l'existence de l'homme pendant la période quaternaire.

On peut rapporter tous les silex taillés à quelqu'un des types principaux, dont on devine approximativement la destination.

L'un des plus répandus de ces types, particulièrement dans les bancs diluviens de la vallée de la Somme, où il n'en existe presque pas d'autres, c'est le type *en amande* (fig. 10).

Les instruments de cette espèce sont des haches de forme ovalaire, plus ou moins allongées, généralement aplaties des

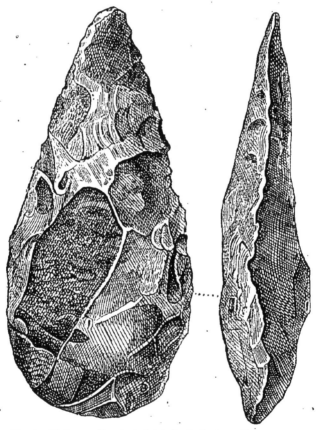

Fig. 1   Hache en silex de Saint-Acheul, du type dit *en amande.*

deux côtés, mais quelquefois d'un seul, soigneusement taillées sur tout leur pourtour, de manière à présenter un bord tranchant. Les ouvriers de la Somme leur donnent le nom pittoresque de *langues de chat.*

Leurs dimensions varient beaucoup : elles ont communément 15 centimètres de long sur 8 de large, mais on en rencontre de bien plus grandes. La *galerie préhistorique* de l'Exposition universelle de 1867 en renfermait une, recueillie à Saint-Acheul, et qui avait été envoyée par M. Robert. Elle mesurait 29 centimètres de long sur 13 de large. La figure 11 représente ce remarquable échantillon.

Une autre forme très-caractéristique, c'est celle dite *type du*

Fig. 12. Silex taillé (type du Moustier).

Moustier (fig. 12), parce qu'on l'a trouvée en abondance dans le gisement de la localité du Moustier, qui fait partie du département de la Dordogne. On nomme ainsi des silex pointus qui ne sont taillés que d'un côté, l'autre face étant complétement unie.

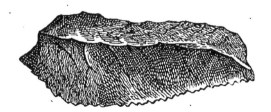

Fig. 13. Racloir en silex.

Au même dépôt appartiennent aussi les racloirs dont le tranchant dessine un arc de cercle, et dont le bord opposé

présente une certaine épaisseur, pour donner prise à la
main de l'opérateur.

Quelques-uns de ces instruments (fig. 13) sont finement
dentelés tout le long de leur tranchant : ils avaient évidemment le même usage que nos scies.

Le troisième type (fig. 14) est celui des couteaux. Ce sont

Fig. 14. Couteau en silex trouvé à Menchecourt, près Abbeville.

des languettes minces, étroites, enlevées d'un seul coup sur
les blocs de silex. Taillés en pointe à l'une de leurs extrémités, ces couteaux deviennent des grattoirs. Parfois on trouve
ces silex travaillés de manière à faire office de tarières.

On s'est souvent demandé comment les peuples primitifs
avaient pu fabriquer leurs armes, leurs outils, leurs ustensiles sur des modèles uniformes, sans le secours des marteaux métalliques. On a même tiré de là un argument contre
les partisans de l'homme quaternaire. Un géologue anglais,
M. Evans, a répondu victorieusement à cette objection par une
expérience bien simple. Il prit un caillou, le fixa dans un
manche de bois, et, s'étant ainsi fabriqué un marteau de pierre,
il s'en servit pour tailler, à petits coups, un silex, jusqu'à ce.
qu'il eût obtenu une hache ovale, semblable à celle qu'il avait
sous les yeux.

Les *caillouteurs*, qui, jusqu'au milieu de notre siècle, préparaient les pierres à fusil pour l'armée, débitaient ainsi les silex en éclats. Seulement ils se servaient de percuteurs en acier, tandis que les premiers hommes avaient, pour percuter les silex, tout simplement un autre silex un peu plus dur.

Voici comment opéraient les premiers hommes. Ils prenaient des silex se rapprochant plus ou moins de la forme du parallélépipède, de ceux que l'on appelle *nuclei* (*noyaux*) et que l'on a retrouvés en divers lieux, associés à des instru-

Fig. 15. Percuteur en silex pour tailler les autres silex.

ments achevés; puis, au moyen d'un autre silex plus dur et de forme allongée qui servait de *percuteur* (fig. 15), ils en enlevaient des éclats; ces éclats servaient à faire des couteaux, des grattoirs, des poinçons, des têtes de flèches, des haches, casse-têtes, racloirs, etc. Il leur fallait une certaine habileté pour obtenir la forme qu'ils avaient en vue, mais l'habitude de ce travail exclusif devait leur rendre cette tâche aisée.

Comment étaient emmanchés ces silex pour devenir des haches, des poignards, des couteaux?

Certains silex s'emmanchaient à angle droit, entre les deux parties fendues d'un bâton : l'arme ressemblait ainsi à notre hache actuelle. D'autres silex, de forme ovale, à tranchant circulaire, pouvaient s'introduire de profil dans le manche, ou s'y insérer transversalement, de manière à imiter la *tille*

Fig. 16. L'homme à l'époque du grand ours et du mammouth.

des charpentiers. Au besoin, une simple branche fourchue, ou un morceau de bois fendu, pouvait servir de gaîne ou de manche à la lame du silex. Les silex devaient aussi s'emmancher en lame à deux tranchants, au moyen de rainures pratiquées dans des morceaux de bois auxquels on ajoutait un manche comme à un râteau.

On pouvait enfin encastrer ces éclats de pierre par un de leurs bouts. Les couteaux à dos large, qui n'étaient tranchants que d'un côté, offraient déjà un appui à la main et pouvaient se passer de manche. Les petits silex pouvaient encore se lancer, comme projectiles, à l'aide d'une branche formant ressort, ainsi qu'on en voit entre les mains des enfants.

A la seule description de ces haches de pierre emmanchées sur un morceau de bois, on doit reconnaître l'arme naturelle dont se servent encore aujourd'hui les sauvages de l'Amérique et les peuplades encore vivantes et libres des îles de l'Océanie. C'est le *tamatave*, dont le nom est si souvent prononcé dans les récits de voyages autour du monde. Chez les peuples sauvages que la civilisation n'a pas encore pliés sous son joug, on doit retrouver, et on retrouve en effet, les armes et l'outillage qui étaient propres à l'homme des temps primitifs. La connaissance des mœurs et habitudes des habitants de l'Australie actuelle a beaucoup servi pour la reconstruction des mêmes mœurs et habitudes chez l'homme du temps quaternaire.

C'est avec les armes et instruments que nous venons de décrire, que les hommes de l'époque du grand ours et du mammouth pouvaient repousser les attaques des animaux féroces qui venaient rôder autour de leurs retraites, et quelquefois se précipiter sur eux (fig. 16).

Mais se défendre contre les bêtes féroces, ou les attaquer à la chasse, ne résumait pas toute l'existence de l'homme primitif. Il y avait, outre les nécessités de la guerre et de la chasse, la nécessité de boire. L'eau est d'un usage constant pour l'homme, qu'il soit sauvage ou civilisé. Mais la fluidité de l'eau rend son transport difficile autrement qu'en l'enfermant dans des vessies, des outres, des troncs d'arbres creusés, des jattes nattées, etc. De tels ustensiles finissent par être sales et impropres à la conservation de l'eau ; ils ne peuvent d'ailleurs supporter l'action du feu. Des pierres peuvent, à la vérité, être excavées pour servir de réservoirs d'eau ; mais des pierres assez tendres pour être creusées et qui restent tenaces après cette opération, sont fort rares. Des coquillages peuvent servir à contenir un liquide, mais les coquillages ne se trouvent pas en tous lieux. Il fallait donc résoudre le problème de confectionner des vases solides, résistants, et capables de supporter le feu sans se briser ou se déformer. Il fallait, en un mot, fabriquer des poteries.

L'art du potier remonte aux temps les plus reculés de l'humanité. On a vu, dans l'*Introduction* de cet ouvrage, que M. Jóly trouva, en 1835, dans la caverne de Nabrigas (Lozère), un crâne de grand ours, percé d'une pointe de flèche de pierre, et qu'à côté de ce crâne étaient des fragments de poterie, sur lesquels se voyait encore l'empreinte des doigts qui l'avaient façonnée. Ainsi l'art du potier existait déjà à la première époque que l'on peut assigner au développement de l'humanité.

On peut d'ailleurs comprendre que l'homme ait pu de très-bonne heure réussir à confectionner des poteries grossières.

L'argile qui sert à faire toutes les poteries, depuis le vase de cuisine le plus infime jusqu'aux porcelaines les plus précieuses, l'argile existe partout. En la pétrissant avec de l'eau, on la modèle en vases de toutes formes. Exposés à la simple chaleur du soleil, ces vases prennent déjà une certaine cohésion, puisque, d'après la tradition, les tours et maisons de l'antique Ninive auraient été bâties avec des briques cuites au soleil.

Cependant l'idée de durcir les pâtes argileuses par l'action du feu est tellement simple, que nous ne croyons pas que l'on ait jamais fait grand usage, même chez l'homme primitif, de poteries seulement cuites au soleil. Le hasard, l'observation la plus élémentaire apprirent aux premiers hommes qu'un fragment d'argile placé près d'un foyer durcit et devient impénétrable à l'eau, c'est-à-dire forme une véritable poterie. Par conséquent, les premières poteries durent être fabriquées peu de temps après la découverte du feu

Fig. 17. Le premier potier.

Bientôt l'expérience dut apprendre aux hommes à perfectionner la fabrication de ces poteries. On ajouta à la pâte d'argile du sable, pour la rendre moins sujette à éclater dès le début du chauffage, puis de là paille séchée, pour lui donner de la cohérence.

C'est ainsi que l'on obtint ces vases grossiers, faits à la main, et qui portent encore l'empreinte des doigts de l'ouvrier. Ces vases sont cuits à demi seulement, en raison du peu d'intensité du foyer dont on pouvait alors faire usage, et qui n'était autre chose qu'un feu de bois brûlant en plein air sur un âtre de pierre.

C'est d'après ces données que nous représentons dans la planche 17 l'*atelier du premier potier*.

On rencontre, dans les graviers des environs d'Amiens, de petits corps globulaires, percés au centre, et qui ne sont autre chose que des fossiles de la craie blanche (fig. 18). Il est

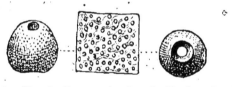

Fig. 18. Coquilles fossiles trouvées dans le diluvium d'Amiens et servant d'objets de parure.

probable que ces grains pierreux ont servi à parer les hommes contemporains du déluge. Les cavités naturelles qu'ils présentent servaient à les enfiler en bracelets et colliers. C'était, du moins, l'opinion du docteur Rigollot, fondée sur ce qu'il avait souvent trouvé de petits tas de ces boules mignonnes, agglomérées dans le même lieu, comme si une inondation les eût charriées dans le lit de la rivière sans rompre le lien qui les tenait réunies.

Les colliers qu'hommes et femmes portaient déjà au temps du grand ours et du mammouth, sont le premier élan du sentiment de la parure, si naturel à l'espèce humaine. La manière dont ces colliers sont composés est d'ailleurs la même que l'on retrouve aujourd'hui chez les tribus sauvages : un fil retenant quelques coquilles et que l'on se passe au cou.

D'après une autre série de silex travaillés trouvés par
Boucher de Perthes à Saint-Acheul, les hommes de l'époque du grand ours et du mammouth auraient exécuté quelques grossières ébauches d'œuvre d'art, représentant des
figures ou des symboles. Boucher de Perthes a recueilli,
en effet, des silex qui offrent l'image, plus ou moins res-
semblante, de la tête humaine, vue de profil, de trois quarts
ou de face, et d'animaux tels que le rhinocéros, le mammouth.

Quant à beaucoup d'autres silex évidemment travaillés de
main d'homme, trouvés par Boucher de Perthes dans les
mêmes gisements quaternaires, il serait difficile d'en établir
la destination ou la signification. C'étaient peut-être des
symboles religieux, des signes de commandement, etc.

Ce qui fait reconnaître le travail de l'homme sur ces œuvres de l'art antédiluvien, c'est la symétrie des formes et la
répétition des éclats successifs par lesquels on a enlevé pa-
tiemment les parties saillantes, aiguisé les tranchants ou
creusé des trous. Dans les figures humaines, l'œil est toujours un *cercle* irradié, c'est-à-dire un trou circulaire élargi,
d'où émanent des rayons comme d'un dessin enfantin de
soleil. Un simple *point*, centre de rayons divergents, aurait
pu être le résultat d'un choc, mais les yeux des silex façonnés par le statuaire antédiluvien en un trou qui s'élargit régulièrement, révèlent la main de l'homme.

La couleur naturelle de tous les silex travaillés dont il vient
d'être question, et qui mettent sous nos yeux les armes et
l'outillage de l'homme à la première époque de son existence,
est le gris, qui prend toutes les teintes, depuis le gris très-
clair jusqu'au plus foncé; mais, en général, ils sont tachés et
colorés suivant la nature du terrain d'où on les retire. L'argile les colore en blanc, le sable ocreux en jaune brun. Quelques-uns sont blancs d'un côté et bruns de l'autre, probablement pour avoir séjourné entre deux bancs différents.

Cette *patine*, selon le terme consacré, est la preuve de leur
très-long séjour dans les terrains. Ce vernis est, pour ainsi
dire, le cachet de leur antiquité.

CHAPITRE III.

L'homme de l'époque du grand ours et du mammouth a vécu dans
des cavernes. — Les cavernes à ossements dans le terrain quaternaire pendant l'époque du grand ours et du mammouth. — Mode
de formation de ces cavernes. — Leur distinction en plusieurs catégories. — Instruments en silex, en os, en bois de renne existant
dans ces cavernes. — La sépulture d'Aurignac. — Son âge probable.
— Coutumes qu'elle révèle. — Les repas funéraires à l'époque du
grand ours et du mammouth.

Après avoir décrit les armes et l'outillage de l'homme à
l'époque du grand ours et du mammouth, nous avons à parler de son habitation.

Les cavernes creusées dans l'épaisseur des roches furent
la première habitation de l'homme. Nous devons, en conséquence, étudier avec attention ces simples et sauvages retraites de nos arrière-ancêtres. Les objets que l'on a trouvés
dans ces cavernes, étant nombreux et variés, jettent une
vive lumière sur les mœurs de l'homme primitif, et affirment
d'une façon péremptoire leur contemporanéité avec les mammifères d'espèces aujourd'hui éteintes, comme le mammouth,
le grand ours et le *rhinocéros tichorhinus*.

Mais, avant d'aller plus loin, demandons-nous comment

ont pu se former ces cavernes, dans lesquelles sont restés accumulés tant de débris de l'existence de l'homme primitif.

M. Desnoyers, bibliothécaire du Muséum d'histoire naturelle

Fig. 19. Coupe théorique d'une poche argileuse du calcaire carbonifère, avant le creusement des vallées par les eaux diluviennes.

de Paris, pense que les cavernes sont des crevasses de même ordre que les filons métallifères. Seulement, au lieu de contenir des minerais métalliques, elles auraient été remplies à l'origine par des dépôts des sources thermales.

La figure 19 représente, d'après le mémoire de M. Desnoyers sur les cavernes, une de ces poches primordiales dans le

Fig. 20. Coupe théorique de la même poche argileuse changée en caverne, après le creusement des vallées par les eaux diluviennes.

calcaire carbonifère. Au moment de l'inondation diluvienne, ces mêmes poches auraient été ouvertes par l'action impétueuse des eaux. Ainsi déblayées et mises à jour, elles auraient pris l'aspect d'une caverne, comme le représente la figure 20.

L'inondation diluvienne d'Europe est postérieure, comme on sait, à l'époque glaciaire.

On peut admettre également que les cavernes sont le produit d'éboulements internes, ou qu'elles étaient jadis les canaux naturels et souterrains de certains cours d'eau, comme on en connaît aujourd'hui beaucoup d'exemples en différents pays.

Ajoutons qu'il est probable que toutes les cavernes n'ont pas eu la même origine, et que les causes multiples qui viennent d'être énumérées ont pu, les unes ou les autres, contribuer à leur formation.

On comprend sous la dénomination générale de *cavernes* toutes sortes de cavités souterraines; mais il est bon d'introduire ici quelques distinctions. Il y a d'abord de simples fentes ou crevasses, qui ne sont que des puits étroits s'écartant très-peu de la verticale. Viennent ensuite les grottes (ou *baumes*, comme on les nomme dans le midi de la France), qui s'ouvrent ordinairement par une large ouverture, et ne présentent qu'une faible étendue. Il faut distinguer enfin les véritables *cavernes à ossements*, qui consistent en une série de chambres, séparées par des passages fort étroits et dont les proportions sont souvent considérables. Il est des cavernes qui occupent sous le sol une étendue de plusieurs lieues, avec des différences de niveau qui en rendent l'exploration très-difficile. Elles sont en général d'un accès malaisé. Presque toujours il faut faire jouer de la pioche, pour se frayer un passage d'une chambre à l'autre.

Dans la plupart des grottes et des cavernes, le sol et les parois sont recouverts de dépôts calcaires, connus sous le nom de *stalactites* et de *stalagmites*, qui, se réunissant parfois en piliers et en colonnes, prêtent à quelques-unes de ces salles souterraines une élégance pleine d'un charme mystérieux.

Ces dépôts sont dus à des eaux d'infiltration chargées de carbonate de chaux. Suintant goutte à goutte, à travers les interstices des rochers, ces eaux perdent lentement l'acide carbonique qui tenait dissous le carbonate de chaux, et ce sel, en se précipitant peu à peu, forme les dépôts, cristallins ou amorphes, qui forment ces colonnes naturelles.

On appelle *stalagmites* les dépôts calcaires qui s'étalent sur le sol des cavernes, et *stalactites* ceux qui descendent de la voûte en formant des pendentifs, des supports, décorations naturelles, ornements d'albâtre ou de marbre, quelquefois du plus majestueux effet.

C'est sous les *stalagmites* que l'on a trouvé le plus grand nombre d'ossements d'animaux. Cette croûte terreuse, qui leur a servi de tombeau conservateur, est tellement épaisse

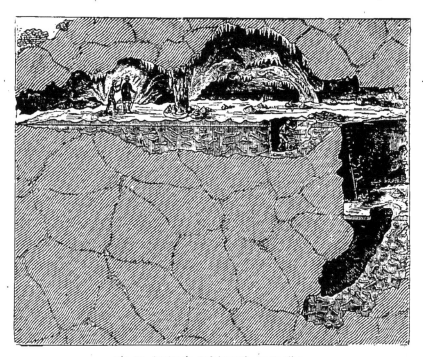

Fig. 21. Grotte de Galeinreuth, en Bavière.

et dure, qu'il faut la pioche pour la briser. C'est grâce à cet abri protecteur que les ossements ont été soustraits à toutes les causes de décomposition et de destruction. Le calcaire a formé un ciment, qui, réunissant dans un tout compacte et inébranlable, argile, boue, sable, cailloux, ossements d'hommes et d'animaux, armes et ustensiles, les a conservés pour les études de la science de nos jours.

C'est, en effet, sous la couche cristalline qui recouvre le sol des cavernes que se trouve la terre dite *à ossements*.

La figure 21, qui représente une coupe de la grotte de Galeinreuth, en Bavière, fera bien comprendre la situation qu'occupent les ossements dans la plupart des cavernes.

La *terre à ossements* consiste en une argile rougeâtre ou jaunâtre, souvent mélangée de cailloux, qui semblent provenir de terrains éloignés, car ils ne sauraient être rapportés aux roches du voisinage. Cette couche varie beaucoup d'épaisseur : parfois très-mince, elle s'élève d'autres fois jusqu'au sommet de la caverne, sur une hauteur de douze ou quinze mètres. Mais alors elle se compose, en réalité, de plusieurs couches se rapportant à des âges différents, et les explorateurs doivent noter avec beaucoup d'attention l'altitude exacte des débris organiques trouvés dans leur masse.

Il y a pourtant, dans plusieurs cavernes à ossements, des particularités qui exigent une explication. Les cavernes recèlent fréquemment de grands amas d'ossements, placés à des hauteurs absolument inaccessibles aux animaux qui les habitaient. Comment donc ces os s'y trouvent-ils? Il est fort étrange ensuite qu'aucune caverne n'ait jamais fourni un squelette entier, ni même une portion entière du squelette d'un homme ou d'un animal quelconque. Non-seulement, en effet, les ossements gisent toujours pêle-mêle et sans ordre, mais jusqu'à présent il a été impossible de retrouver l'ensemble des os ayant constitué jadis un individu. Il faut donc admettre que les accumulations d'ossements et de débris humains dans la plupart des cavernes sont dus à une autre cause que le séjour de l'homme et de quelques animaux féroces dans ces antres ténébreux.

On suppose donc que ces ossements ont été amenés et déposés dans ces cavités par l'irruption et les courants des eaux diluviennes, qui les avaient rencontrés sur leur passage. Ce qui rend cette hypothèse vraisemblable, c'est que des cailloux roulés sont constamment associés aux ossements. Or ces cailloux proviennent de localités éloignées de la caverne. Souvent même des coquilles terrestres et fluviatiles accompagnent ces ossements. D'autres fois on remarque

5

que les fémurs et les tibias des grands Mammifères ont
leurs angles arrondis, et que les os plus petits sont réduits
en fragments roulés. Ce sont là des indices évidents du transport des ossements par des courants d'eau rapides, qui ont
tout balayé sur leur passage en d'autres termes par le courant des eaux du déluge qui signala l'époque quaternaire.

Toutes les cavernes n'ont pas eu, à l'époque de l'existence
de l'homme primitif, la même destination. Les unes furent
le repaire des bêtes fauves, les autres servaient d'habitation
à l'homme; les dernières furent les lieux de sa sépulture.

On pourrait croire que les antres des animaux sauvages
purent être occupés par l'homme, après qu'il en eut tué
ou chassé les féroces habitants; cependant aucune découverte n'a encore confirmé cette supposition. L'homme primitif n'osa sans doute jamais s'établir dans les antres qui
servaient depuis longtemps de refuge à de redoutables carnassiers. S'il le fit, ce ne fut qu'après avoir bien constaté
leur abandon définitif par leurs terribles hôtes.

Passons en revue ces trois catégories de cavernes.

Les cavernes qui ont servi de repaire aux bêtes fauves, pendant l'époque quaternaire, sont très-nombreuses. Les savants
expérimentés les reconnaissent à divers indices. Les ossements qu'elles renferment ne sont jamais fracturés. On voit
qu'ils ont été rongés par les animaux carnassiers, car ils
portent encore l'empreinte de leurs dents. C'est là que le
grand tigre (Felis spelæa) et l'hyène (Hyæna spelæa) traînaient leur proie pour la déchirer, la dévorer, ou pour
la dépecer en morceaux et la donner à leurs petits. On
trouve souvent en effet, dans ces cavernes, des excréments
d'hyène mêlés à de petits os, non digérés. Le grand ours se
retirait dans les mêmes retraites, mais il n'y venait probablement que pour y passer le temps de son sommeil hiber-
nal. Enfin, les mêmes antres donnaient sans doute asile aux
animaux malades ou mourants, qui s'arrangeaient pour y
expirer en paix. On en a la preuve dans les traces de blessures et de carie que portent certains ossements d'animaux
que Schmerling a trouvés dans les cavernes de la Meuse, et

dans un crâne d'hyène, dont la crête médiane avait été mordue et se montrait à moitié guérie.

Les cavernes qui ont abrité l'homme primitif se reconnaissent, aussi bien que les précédentes, à la seule inspection des ossements. Les os longs du bœuf, du cheval, du cerf, du tigre, du rhinocéros et autres quadrupèdes dont l'homme faisait sa nourriture pendant l'époque quartenaire, sont toujours brisés, et ils sont brisés de la même façon, c'est-à-dire en long. Pourquoi auraient-ils été fendus de cette manière, si ce n'est pour en extraire la moelle et la manger? Un tel mode de cassure ne peut avoir été pratiqué sur des os par aucun animal.

Cette circonstance, en apparence puérile, a pourtant une importance extrême. Elle conduit, en effet, à cette conclusion : « L'homme, ayant mangé les grands mammifères dont les espèces sont aujourd'hui éteintes, a été le contemporain de ces mêmes espèces. »

Passons aux cavernes qui ont servi de sépulture à. l'homme.

C'est à M. Édouard Lartet, l'éminent paléontologiste, que revient l'honneur d'avoir le premier recueilli les données importantes sur les cavernes ayant servi de sépulture aux premiers hommes à l'époque du grand ours et du mammouth. On a été ainsi mis sur la voie d'une coutume funéraire propre à l'homme de ces temps reculés; nous voulons parler du *repas funéraire*. Ce renseignement a jailli de la découverte d'une sépulture antéhistorique, faite à Aurignac (Haute-Garonne), comme nous l'avons raconté dans l'introduction de cet ouvrage, et que nous sommes forcé de rappeler ici.

Près de la ville d'Aurignac s'élève la colline de Fajoles, que les habitants du pays appellent, dans leur patois, *mountagno de las Hajoles (montagne des Hêtres)*, ce qui semble indiquer qu'elle a été autrefois couverte de hêtres. C'est dans une pente de cette colline qu'en 1842 un ouvrier terrassier, nommé Bonnemaison, se trouva, comme nous l'avons dit dans l'introduction de cet ouvrage, en face d'une grande dalle de grès, placée verticalement, et qui fermait une ouverture cintrée. Dans la grotte que fermait cette dalle, le terrassier découvrit les restes de dix-sept squelettes humains!

Nous avons dit comment ces squelettes furent transportés au cimetière du village, et malheureusement perdus à jamais pour la science.

Lorsque, dix-huit ans plus tard, en 1860, M. Lartet, ayant entendu parler de l'événement, se rendit sur les lieux, accompagné de Bonnemaison, il s'expliqua comment la grotte avait pu échapper, pendant une longue suite de siècles, aux regards des habitants du pays. L'entrée en était dissimulée par des terres qui, descendues du haut de la colline par l'action des eaux, s'étaient accumulées au devant de l'entrée, cachant une plate-forme où se trouvaient beaucoup de vestiges des temps préhistoriques. Comme aucun bouleversement du sol ne s'était produit en ce lieu postérieurement à la date de la sépulture, le talus avait suffi pour protéger contre toute atteinte extérieure les traces de l'homme contemporain du mammouth.

La figure 22 représente, d'après le mémoire de M. Lartet, une coupe verticale de la grotte funéraire d'Aurignac.

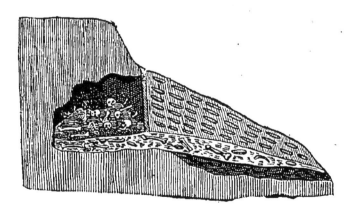

Fig. 22. Coupe de la grotte funéraire d'Aurignac.

Après une rapide inspection de la grotte et des alentours, M. Lartet résolut de procéder à des fouilles complètes et méthodiques, avec l'aide d'ouvriers intelligents, travaillant sous sa surveillance, et voici les résultats que l'on obtint.

Un lit de terre meuble couvrait le sol de la grotte, sur une épaisseur d'environ 60 centimètres. On y trouva quelques ossements humains, qui avaient échappé aux premières investigations, à savoir, des os de Mammifères bien conservés, ne présentant aucune cassure ni aucune marque de dents, des silex taillés, la plupart du type *couteau* (fig. 23), et des bois de renne travaillés, parmi lesquels un instrument soigneusement effilé et arrondi, mais privée de sa pointe (fig. 24),

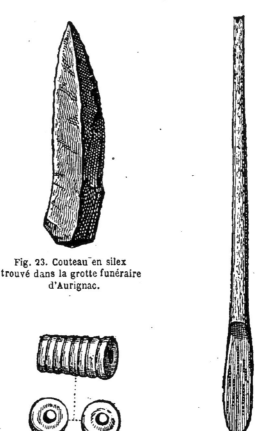

Fig. 23. Couteau en silex trouvé dans la grotte funéraire d'Aurignac.

Fig. 25. Série de rondelles de coquilles de Cardium, trouvées dans la grotte funéraire d'Aurignac.

Fig. 24. Instrument en bois de renne ou de cerf trouvé dans la grotte funéraire d'Aurignac.

l'autre extrémité étant taillée en biseau pour recevoir probablement un manche.

Il faut ajouter ici que, lors de sa découverte, Bonnemaison avait recueilli, au milieu des ossements, dix-huit petits disques, ou rondelles, percées au centre (fig. 25), et destinées sans doute à être rassemblées en collier ou en bracelet. Ces rondelles, formées d'une substance blanchâtre et compacte, furent reconnues pour des coquilles marines d'une espèce de *Cardium*.

La grotte d'Aurignac était un lieu de sépulture de l'époque quaternaire, car M. Lartet y trouva une quantité d'ossements de l'ours des cavernes, de l'aurochs, du renne, du cheval, etc.

Nous représentons ici, comme exemple de l'état des ossements trouvés dans cette caverne, un fragment de mâchoire inférieure du grand ours (fig. 26).

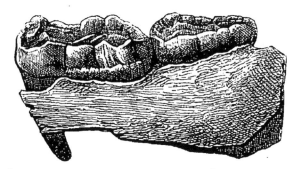

Fig. 26. Fragment de mâchoire inférieure de l'ours des cavernes, trouvé dans la grotte funéraire d'Aurignac.

L'état de parfaite conservation de ces ossements indique qu'ils n'ont été ni brisés pour servir à la nourriture de l'homme, ni lacérés par les animaux carnassiers, et, en particulier, par les hyènes, comme cela se voit dans un grand nombre de cavernes. Il faut conclure de cette particularité que la pierre qui fermait la grotte était écartée au moment de chaque inhumation, puis remise en place avec soin, immédiatement après.

Pour expliquer la présence, à côté des squelettes humains, de tant d'objets étrangers : — ossements d'animaux, — instruments de silex et de bois de renne, — colliers ou bracelets, — il faut admettre qu'il existait chez les hommes de l'époque du grand ours et du mammouth une coutume funéraire qui s'est conservée dans les temps postérieurs. On devait déposer dans la tombe, auprès du corps, les armes, les trophées de chasse et les ornements de tous genres appartenant au défunt. Cette coutume existe même encore de nos jours parmi bien des peuplades plus ou moins sauvages.

Devant la grotte s'étendait, avons-nous dit, une sorte de plate-forme, qui avait été recouverte plus tard par les terres éboulées du haut de la colline. Lorsqu'on eut déblayé les terres qui recouvraient cette plate-forme, on rencontra un nouveau dépôt renfermant des ossements. Ce dépôt était situé sur le prolongement de celui qui supportait les squelettes à l'intérieur de la grotte. Sous ce dépôt apparut une couche de cendres et de charbon, de 15 à 20 centimètres d'épaisseur. C'était donc là l'emplacement d'un ancien foyer.

En d'autres termes, au devant de la grotte funéraire était une sorte de terrasse, sur laquelle, après l'ensevelissement du corps dans la caverne, on se livrait à un repas, au *repas funéraire*.

Dans cette couche placée au devant de la grotte, on découvrit une foule de débris du plus haut intérêt : un grand nombre de dents et d'os brisés d'herbivores (fig. 27); — une

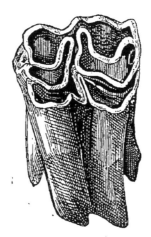

Fig. 27. Molaire supérieure d'aurochs trouvée dans les cendres du foyer de la grotte funéraire d'Aurignac.

centaine de couteaux de silex; — deux blocs de silex taillés, que les archéologues croient être des projectiles de fronde;— un caillou arrondi, avec une dépression au milieu, qui, selon M. Steinhauer, conservateur du Musée ethnographique de

Copenhague, a dû servir à retailler le tranchant des couteaux de silex ; — enfin une grande quantité d'instruments
en bois de renne, offrant les formes les plus variées. Citons
par exemple, des têtes de flèches, façonnées fort simplement, sans ailes ni barbes (fig. 28), et dont quelques-unes
paraissent avoir subi l'action du feu, comme si elles fussent
restées dans le corps de la bête pendant la cuisson ; — un poinçon en bois de chevreuil (fig. 29), très-soigneusement appointé

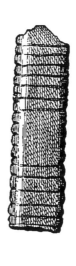

Fig. 28.
Tête de flèche
en bois
de renne trouvée dans
la grotte funéraire
d'Aurignac.

Fig. 29.
Poinçon en bois
de chevreuil
trouvé
dans la grotte funéraire
d'Aurignac.

Fig. 30. Lame de bois
de renne tronquée
portant deux séries de raies
transversales et des encoches
servant
peut-être à la numération.

et si bien conservé, qu'il aurait pu, dit M. Lartet, servir encore à percer des peaux d'animaux pour la couture, et tel
devait être en effet son usage ; — un second outil, analogue
au précédent, mais moins finement aiguisé, et que M. Lartet
n'est pas éloigné de considérer comme un instrument de tatouage ; — des lames peu épaisses et de proportions diverses,

qui ressemblent beaucoup, suivant M. Steinhauer, aux lissoirs de bois de renne dont se servent encore les Lapons pour rabattre les coutures de leurs grossiers vêtements de peau; — une autre lame, accidentellement tronquée aux deux bouts, dont l'une des faces, parfaitement polie, offre deux séries de lignes transversales également distancées entre elles, et dont les bords latéraux sont marqués d'encoches plus profondes, assez régulièrement espacées (fig. 30). M. Lartet voit dans ces lignes et ces entailles des signes de numération, et M. Steinhauer a émis l'idée que ce sont des marques de chasse. L'une et l'autre hypothèse sont possibles, d'autant qu'elles ne sont point en contradiction.

Parmi les os, quelques-uns étaient en partie carbonisés, d'autres seulement roussis, mais la plupart n'avaient aucunement subi l'action du feu. Tous les os à cavité médullaire étaient brisés longitudinalement, indice certain que cette opération avait été faite pour en extraire la moelle et que ces os avaient servi à un repas exécuté selon les us et coutumes de cette époque, où la moelle des os des animaux était regardée comme le mets le plus délicieux, — et beaucoup d'hommes de notre temps sont encore de cet avis.

Un certain nombre de ces os offraient des entailles peu profondes, attestant l'action d'un instrument tranchant, qui aurait servi à en détacher les chairs. Presque tous ceux qui n'avaient pas reçu l'action du feu, portaient l'empreinte des dents d'un animal carnassier. Sans doute cet animal était venu les ronger après le départ de l'homme. Ce carnassier n'était autre d'ailleurs que l'hyène, comme le démontraient les excréments laissés sur la place.

Le remblai ossifère placé immédiatement au-dessus du foyer contenait, comme les cendres sous-jacentes, un grand nombre d'ossements d'herbivores.

La découverte du foyer situé devant la grotte d'Aurignac et des restes divers qui se trouvaient mélangés dans ce foyer, permet de se faire une idée de la manière dont s'accomplissaient les cérémonies funèbres parmi les hommes de l'époque du grand ours. Les parents et les amis du défunt l'accom-

pagnaient jusqu'à sa dernière demeure; après quoi, un repas
les réunissait tous devant la tombe même, à peine refermée.
Puis chacun s'éloignait, laissant la place libre aux hyènes,
qui venaient dévorer les reliefs du festin.

Cette coutume des repas funéraires est sans doute bien
naturelle, puisqu'elle s'est prolongée jusqu'à nos jours, principalement dans les classes pauvres.

D'après les données qui précèdent, nous représentons ici
(fig. 31) un *repas funéraire à l'époque du grand ours et du
mammouth.*

Sur une plate-forme placée au devant d'une caverne, destinée à recevoir le corps du défunt, des hommes, simplement
recouverts de peaux d'ours, non dépouillées de leurs poils,
sont assis autour d'un foyer, prenant leur part du repas funéraire. La chair du grand ours et celle du mammouth sont
le menu de ces primitives agapes. On voit au loin la masse
colossale du mammouth qui fait le fond du festin. La manière de manger est celle qui distingue les hommes de cette
époque : on suce la moelle des os longs des animaux préalablement cassés longitudinalement; on mange les chairs
cuites à un foyer. Le corps du mort est placé à l'entrée de la
caverne; la pierre tombale se fermera bientôt sur lui.

Les débris recueillis dans l'intérieur de la grotte funéraire
d'Aurignac ont conduit à une induction bien remarquable, et
qui montre combien sont intéressantes et fécondes les études
des naturalistes sur l'antiquité de l'homme. Ces armes, ces
trophées, ces objets de parure, ces quartiers de viande placés
dans la tombe, à côté du défunt, tout cela ne paraîtrait-il pas
établir la croyance en une vie future, à une époque extraordinairement reculée? Pourquoi, en effet, ces provisions de
voyage, pourquoi ces instruments de guerre, si l'homme qui
disparaît de cette terre ne doit pas revivre dans un autre
monde? Cette grande et suprême vérité, que tout ne meurt
pas avec notre enveloppe matérielle, est donc bien innée
dans le cœur de l'homme, puisqu'on l'y retrouve aux temps
les plus reculés, puisqu'elle existait déjà dans le cœur de
l'homme de l'âge de pierre !

Fig. 31. Un repas funéraire à l'époque du grand ours et du mammouth.

L'instinct artistique paraît s'être également manifesté chez les races humaines à cette date si prodigieusement ancienne. En effet, l'une des pièces ramassées dans la grotte funéraire d'Aurignac consiste en une dent canine d'un jeune ours des cavernes (fig. 32), perforée de manière à pouvoir être sus-

Fig. 32. Canine de jeune ours des cavernes, percée d'un trou et taillée.

pendue d'une façon quelconque. Or cette canine est taillée de telle sorte qu'on ne peut se refuser à y voir une ébauche de forme animale, bien difficile à préciser, une tête d'oiseau peut-être. C'était sans doute une amulette ou un bijou, ayant appartenu à l'un des hommes inhumés dans la grotte. On l'avait enseveli avec lui, parce qu'il y attachait sans doute un grand prix. Cet objet nous révèle donc quelques instincts artistiques chez les hommes qui chassaient le grand ours et le mammouth!

Nous terminons cet exposé des précieuses découvertes qui ont été faites dans la grotte funéraire d'Aurignac, en donnant la liste des espèces de mammifères dont les ossements ont été recueillis tant à l'extérieur qu'à l'intérieur de cette grotte. Les six premières espèces sont éteintes; les autres sont encore vivantes :

. Grand ours des cavernes (*Ursus spelæus*); — mammouth (*Elephas primigenius*); — rhinocéros (*Rhinoceros tichorhinus*); — grand tigre des cavernes (*Felis spelæa*); — hyène des ca-

vernes (*Hyæna spelæa*); — cerf gigantesque (*Cervus megaceros*);
— aurochs, — renne, — cerf, — cheval, — âne, — chevreuil,
— sanglier, — renard — loup, — chat sauvage, — blaireau,
— putois.

Nous croyons devoir mettre sous les yeux du lecteur les
figures exactes des têtes des trois grands animaux fossiles
de la caverne d'Aurignac, qui caractérisent géologiquement
l'époque du grand ours et du mammouth et prouvent avec
évidence que l'homme a été contemporain de ces espèces
éteintes. Les figures 33, 34 et 35 représentent les têtes de

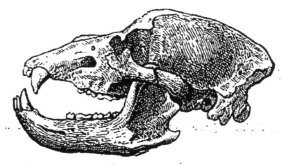

Fig. 33. Tête de l'ours des cavernes, trouvée dans la caverne d'Aurignac.

l'ours des cavernes, du rhinocéros à narines cloisonnées et du
mégacéros, d'après les moulages qui décorent la grande salle

Fi . 34. Tête de rhinocéros à narines cloisonnées (tichorhinus)
trouvée dans la caverne d'Aurignac.

du Musée archéologique et antéhistorique de Saint-Germain,
et qui sont un des plus curieux ornements de ce remarquable
musée.

De toutes ces espèces, c'était le renard qui avait laissé le

plus de vestiges. Ce carnassier était représenté par dix-huit
à vingt individus environ. Quant au mammouth, au grand
tigre des cavernes et au sanglier, ils ne semblent pas avoir
été amenés en entier sur le terrain, car deux ou trois dents
molaires ou incisives sont les seuls restes qui aient été retrouvés de leur carcasse.

Ce qu'il y a de certain, c'est que les hommes qui mangeaient le rhinocéros tichorhinus, ensevelissaient leurs morts
dans cette caverne. M. Lartet a constaté, en effet, que les
os de rhinocéros avaient été fendus par l'homme, pour en

Fig. 35. Tête de grand cerf (cervus megaceros) trouvée
dans la caverne d'Aurignac.

extraire la moelle. De plus, ils avaient été rongés par les
hyènes, ce qui ne fût point arrivé si ces os n'eussent été
jetés et abandonnés sur le sol à l'état frais.

La sépulture d'Aurignac remonte à la plus haute antiquité,
c'est-à-dire qu'elle est antérieure au grand déluge européen.
En effet, selon M. Lartet, le grand ours des cavernes serait
là plus anciennement disparue des espèces éteintes; puis se
seraient éclipsés le mammouth et le rhinocéros à narines
cloisonnées; plus tardivement encore, auraient émigré, dans
les régions septentrionales et orientales de l'Europe, le renne

d'abord, l'aurochs ensuite. Or le diluvium, c'est-à-dire le terrain formé de cailloux roulés, et qui provient du grand bouleversement par l'inondation de l'époque quaternaire, ne contient pas traces d'ossements de l'ours des cavernes. Il correspond donc à une époque de l'âge de pierre plus récente que la grotte d'Aurignac[1]. Ce qui veut dire que c'est à l'époque du grand ours et du mammouth, qui a précédé le cataclysme diluvien, qu'appartient la grotte funéraire qui a fourni à la science de l'antiquité de l'homme un si grand nombre de renseignements précieux.

1. *Nouvelles recherches sur la coexistence de l'homme et des grands mammifères fossiles* (*Annales de sciences naturelles, Zoologie*, t XV, 3ᵉ cahier.)

CHÀPITRE IV.

Autres cavernes de l'époque du grand ours et du mammouth. — Type
de l'espèce humaine à l'époque du grand ours et du renne. — Les
crânes des cavernes d'Engis et du Neanderthal.

Nous avons établi entre les cavernes à ossements, qui ont
fourni de si utiles renseignements sur l'homme de l'époque du
grand ours et du mammouth, une distinction nécessaire, à
savoir, les grottes servant de refuge aux bêtes fauves, celles
qui ont donné asile à l'homme, et celles qui servaient à sa
sépulture. Pour compléter ce sujet et faire connaître l'ensemble des découvertes de la science sur ce point intéressant,
nous dirons quelques mots des principales grottes à ossements appartenant à la même époque, et qui ont été étudiées
en France, en Angleterre et en Belgique.

Faisons remarquer d'abord que ces cavernes embrassant
par leur réunion une très-longue période, peut-être un chiffre énorme de siècles, il doit résulter de là quelques différences dans la nature des vestiges de l'industrie humaine qu'elles
renferment. Si les unes accusent une supériorité sensible sur
les autres au point de vue de l'industrie, c'est qu'elles sont
d'une époque moins éloignée de nous, quoique appartenant
toutes deux à la période du grand ours et du mammouth.

6

Nous partagerons en trois groupes les cavernes de la
France : celles de l'est, celles de l'ouest et du centre, et celles
du midi.

Dans le premier groupe, nous citerons le *trou de la Fon-
taine* et la *grotte de Sainte-Reine*, tous deux situés aux environs
de Toul (Meurthe). Ces deux grottes ont fourni des ossements
d'ours, d'hyènes, de rhinocéros, associés à des produits de
l'industrie humaine. Celle de Sainte-Reine a été fouillée par
M. Guérin et surtout par M. Husson, qui l'a explorée avec
beaucoup de soin.

Le second groupe comprend les grottes des Fées, de Vergisson, de Vallières et de la Chaise.

La grotte des Fées, à Arcy (Yonne), a été visitée et décrite par M. de Vibraye, qui y constata deux couches distinctes, se rapportant, la supérieure à l'époque du renne, l'inférieure à l'époque du grand ours. Ces deux couches étaient
séparées l'une de l'autre par des matières provenant du plafond de la grotte qui s'était écroulé au-dessus du premier
dépôt. Dans la plus ancienne, M. de Vibraye a recueilli
des os fracturés de l'ours et de l'hyène des cavernes, du
mammouth, du rhinocéros à narines cloisonnées, mélangés
avec des silex travaillés par l'homme, parmi lesquels des
éclats de quartz hyalin (cristal de roche). D'autre part, son
collaborateur, M. Franchet, en a retiré un *atlas* humain (partie supérieure de la colonne vertébrale).

La grotte de Vergisson (Saône-et-Loire), explorée par M. de
Ferry, a fourni les mêmes ossements que la précédente, et,
en outre, ceux de l'aurochs, du renne, du cheval, du loup,
du renard, le tout mêlé à des silex taillés et à des fragments
de poterie grossière. La présence de ces poteries indiquerait
que la grotte de Vergisson appartient aux derniers temps de
l'âge du grand ours.

La grotte de Vallières (Loir-et-Cher) a été exploitée par
M. de Vibraye d'abord, et plus tard par M. l'abbé Bourgeois.
Rien de particulier à y signaler.

La grotte de la Chaise, près de Vouthon (Charente), fouillée
par MM. Bourgeois et Delaunay, a présenté des ossements de
l'ours des cavernes, du rhinocéros et du renne, des lames

et des grattoirs en silex, un poinçon et une sorte d'hameçon
en os, une pointe de flèche également en os, en forme de
feuille de saule, un os percé pour être suspendu, et — ce
qu'il y a de plus remarquable — deux longues baguettes en
bois de renne, effilées à un bout et taillées en biseau à l'autre, sur lesquelles on voit gravées des figures d'animaux. Ces
débris révèlent un sentiment de l'art déjà assez accentué
chez les hommes dont on retrouve les traces dans la grotte
de la Chaise.

Parmi les cavernes du midi de la France, il faut distinguer
celles du Périgord, celles du Bas-Languedoc et celles du pays
de Foix (département de l'Ariége).

Les cavernes du Périgord ont toutes été explorées par
MM. Lartet et Christy, qui en ont donné de fort savantes descriptions. Citons les grottes de la *Gorge d'Enfer* et du *Moustier*
dans la vallée de la Vizère, et celle du *Pey de l'Azé*, toutes
trois situées dans le département de la Dordogne (arrondis-
sement de Sarlat).

Les deux grottes de la *Gorge d'Enfer* avaient été malheureusement vidées en 1793, afin d'utiliser, pour la fabrication de la poudre, les dépôts salpêtrés qu'elles renfermaient. Elles ont pourtant fourni des silex taillés en forme de grattoirs, perçoirs, etc.,
un petit caillou de quartz blanc, creusé sur une face, et ayant
probablement servi de mortier, des instruments en os et en
bois de cerf ou de renne, parmi lesquels on en remarque
trois qui portent de nombreuses encoches. Des ossements du
grand ours indiquaient nettement l'âge de ces stations.

La grotte du Moustier, située à 24 mètres au-dessus de la
Vézère, est célèbre par le grand nombre et les formes caractéristiques de ses outils de pierre, dont nous avons dit un
mot précédemment. Les haches du type en amande, propre
au diluvium d'Abbeville et de Saint-Acheul, y sont très-
répandues. On y voit aussi des têtes de lances biconvexes, d'un
travail très-soigné, et des instruments pouvant être tenus à
la main, dont quelques-uns de grande dimension ; mais on
n'y a pas découvert d'os ni de bois de renne appropriés à une
destination quelconque. Les ossements étaient ceux du grand
ours et de l'hyène des cavernes, accompagnés de lames dis-

jointes de molaires de mammouth, dont il est impossible de
s'expliquer l'usage. De pareilles lames se rencontrent dans
d'autres stations du Périgord, et M. Lartet en avait déjà
trouvé à Aurignac.

Après la grotte du Pey de l'Azé, sur laquelle nous ne
nous arrêterons pas, viennent les cavernes du Bas-Languedoc, que nous ne ferons qu'énumérer. Ce sont celles de Pondres et de Souvignargues (Hérault), étudiées dès 1829 par
M. de Christol, qui y avait reconnu à cette époque la coexistence de l'homme et des grands mammifères éteints, et
celles de Pontil et de la Roque (Hérault), la première explorée par M. Paul Gervais, la seconde par M. Boutin.

Nous arrivons aux cavernes du département de l'Ariége,
dont quelques-unes présentent un sérieux intérêt. Ce sont
celles de *Massat*, de *Lherm* et de *Bouichéta*.

Deux grottes, très-remarquables à raison de leur étendue,
ont été explorées par M. Fontan, dans la vallée de Massat,
qui en renferme beaucoup d'autres moins importantes. L'une
est située au pied d'une montagne calcaire, à environ 20 mètres au-dessus du fond de la vallée; l'autre s'ouvre beaucoup
plus haut; cette dernière seulement appartient à l'époque du
grand ours.

D'après les résultats des fouilles, M. Fontan pense que le
sol en a été remanié par une violente inondation, qui a mélangé les débris de diverses époques géologiques. Cet obser-
vateur a recueilli dans la grotte de Massat des ossements de
l'ours, de l'hyène et du grand tigre des cavernes, du renard, du blaireau, du sanglier, du chevreuil, etc., deux
dents humaines et une tête de flèche en os. Il y a, de plus,
remarqué deux lits de cendres et de charbon, à des profondeurs diverses.

C'est dans la grotte supérieure de Massat que l'on trouve
cette pierre curieuse sur laquelle est dessiné, d'une façon
assez correcte, le grand ours des cavernes (fig. 36). Ce sin-
gulier document marque pour nous la première trace de
l'art du dessin, que nous verrons se développer positivement
chez l'homme pendant la période historique qui suivra celle
que nous étudions.

Les cavernes de Lherm et de Bouichéta ont été visitées par MM. Garrigou et Filhol, qui y ont trouvé des ossements de la plupart des grands mammifères appartenant aux espèces éteintes; et en particulier du grand ours, dont plusieurs sont fracturés et ont conservé la trace des instruments qui ont été mis en œuvre pour en détacher les chairs. Quelques-uns ont été rongés par les hyènes, comme le prouvent les

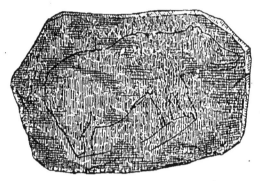

Fig. 36. Dessin de grand ours sur une pierre trouvée dans la grotte de Massat.

sillons profonds dont ils sont marqués. Des demi-mâchoires inférieures du grand ours et du grand félis ont été trouvées façonnées en manière de houe, d'après un plan uniforme; MM. Garrigou et Filhol croient que ces mâchoires, ainsi modifiées, pouvaient servir d'armes offensives.

La caverne de Lherm renfermait des ossements humains, savoir : trois dents, un fragment d'omoplate, un cubitus et un radius brisés et une phalange unguéale du gros orteil, débris qui se sont présentés tout à fait dans les mêmes conditions que ceux de l'*Ursus spelæus*, et qui, par conséquent, se rapportent à la même époque.

Nous avons dit que de nombreuses cavernes ont été explorées en Angleterre, en Belgique et dans bien d'autres pays. Nous n'entreprendrons pas de donner sur chacune des détails qui ne seraient que la reproduction de ceux qui précèdent. Nous nous bornerons à citer les plus célèbres de ces cavernes appartenant à l'époque du grand ours et du mammouth.

Ce sont, en Angleterre, les cavernes de Kent et de Brixham près de Torquay (Devonshire), dont la dernière n'a pas moins de plusieurs centaines de mètres; — les cavernes de la presqu'île de Gower, dans le Glamorganshire (Galles du Sud), étudiées soigneusement dans ces dernières années par MM. Falconer et Wood, et où l'on a recueilli des instruments en silex associés à des ossements de l'*Elephas antiquus* et du *Rhinoceros hemitœchus*, espèces plus anciennes encore que le mammouth et le rhinocéros à narines cloisonnées; — celles de Kirkdale (comté d'York), fouillées par le géologue Buckland; — celles de Wells (Somersetshire), — de Wokey-Hole, de Minchin-Hole, etc.

Signalons dans le nord de l'Italie les grottes du Chiampo et de Laglio, sur les bords du lac de Côme, dans lesquelles on a découvert comme à Vergisson des fragments de poterie grossière, dénotant une industrie déjà en progrès; celles des environs de Palerme, et en particulier de San Ciro et de Macagnone.

Dans cette dernière grotte, au sein d'une brèche osseuse qui s'élevait jusqu'au toit, M. Falconer recueillit des instruments de silex, des éclats d'os, des morceaux d'argile cuite et de charbon de bois, mélangés à de grandes coquilles terrestres (*Helix vermiculata*) parfaitement conservées, à des dents de chevaux et à des excréments d'hyènes, le tout cimenté par un dépôt de carbonate de chaux. Dans une couche inférieure se trouvaient des ossements de diverses espèces d'hippopotame, de l'*Elephas antiquus* et d'autres grands mammifères.

Enfin l'Espagne, l'Algérie, l'Égypte, la Syrie ont également fourni des cavernes de l'âge de pierre.

Dans le Nouveau-Monde, des cavernes à ossements ont été exploitées. Citons surtout le Brésil, où Lund n'a pas fouillé moins de huit cents cavernes de différentes époques, et dont il a exhumé un grand nombre d'espèces animales inconnues. Dans une de ces grottes, située près du lac de Sumidouro, Lund trouva des ossements humains, provenant d'une trentaine d'individus d'âges divers, et « dans le même état de décomposition et dans les mêmes circonstances que les ossements des animaux de différentes espèces éteintes ».

Nous avons omis à dessein de nommer jusqu'ici les cavernes de la Belgique. Elles ont fourni, en effet, de trop remarquables débris du temps passé, pour que nous nous bornions, en ce qui les concerne, à une simple citation. Celles des environs de Liége, explorées en 1833 par Schmerling, méritent une mention détaillée.

Schmerling visita plus de quarante cavernes, dans les vallées de la Meuse et de ses affluents. Quelques cavernes étaient d'un accès si difficile, qu'il lui fallait, pour y arriver, descendre le long d'une corde, ramper ensuite à plat ventre dans d'étroites galeries, pour pénétrer dans les grandes chambres, et rester là des heures, des jours entiers, les pieds dans la vase, la tête sous l'eau qui tombait des parois, surveillant les ouvriers qui brisaient à coups de pioche la couche de stalagmites, afin de mettre à jour la *terre à ossements*, où se trouvaient inscrits les témoignages palpables de la haute ancienneté de l'homme. Schmerling dut surtout accomplir cette périlleuse odyssée dans la caverne d'Engis, devenue célèbre par les deux crânes humains qu'il y découvrit.

La plupart des cavernes de la province de Liége recélaient des ossements épars du grand ours et de l'hyène des cavernes, du mammouth, du rhinocéros, mélangés à d'autres provenant d'espèces encore vivantes, telles que le loup, le sanglier, le chevreuil, le castor, le hérisson, etc. Plusieurs contenaient des ossements humains, également fort éparpillés et roulés, dans toutes les positions et à toutes les hauteurs, tantôt au-dessus tantôt au-dessous des précédents; d'où l'on peut conclure que ces cavernes ont été remplies par des courants d'eau qui charriaient toutes sortes de débris. Aucune ne renfermait d'ailleurs d'os rongés ni d'excréments d'animaux d'espèces fossiles, ce qui détruit l'hypothèse qu'elles auraient pu servir de repaires aux bêtes fauves. On trouva çà et là des os appartenant au même squelette, parfaitement conservés et dans leur juxtaposition naturelle : probablement ils avaient été amenés dans cette caverne par des eaux tranquilles, encore recouverts de leur chair, et aucun mouvement du sol ne les avait séparés depuis. Mais on ne parvint à découvrir aucun squelette complet, même parmi

les petites espèces de mammifères, dont la disjonction est
généralement moins entière.

Dans presque toutes les cavernes, Schmerling rencontra
des instruments de silex, taillés en forme de haches ou de
couteaux, et il fait remarquer « qu'aucun d'eux n'a pu être
introduit à une époque postérieure, puisqu'ils se trouvaient
dans la même position que les restes d'animaux qui les accompagnaient. » Dans la grotte de Clokier, à quatre kilomètres de Liége, il ramassa un os poli, en forme d'aiguille et
percé d'un trou à la base ; dans celle d'Engis, un autre os
taillé, avec des silex travaillés.

Ici se termine l'énumération des sources diverses de documents archéogéologiques qui ont servi à recomposer l'histoire de l'homme primitif, à cette période de l'âge de la pierre
que nous avons désignée sous le nom d'*époque du grand ours
et du mammouth.* Avant de clore cette période, il est une
question que nous devons aborder, bien que les documents
positifs fassent réellement défaut pour l'éclaircir. Quel était
le type organique de l'homme à cette époque ? Peut-on déterminer, par exemple, quel degré d'intelligence l'homme possédait à cette première et antique date de son histoire ?

La réponse à cette question, mais une réponse bien incer-
taine, a été trouvée dans les cavernes d'Engis et d'Engiboul,
dont nous parlions tout à l'heure, et qui furent explorées
avec tant de fruit par Schmerling.

La première contenait les restes de trois êtres humains,
dont deux crânes provenant, l'un d'un adolescent, l'autre
d'un adulte. Ce dernier seul put être conservé, le second
étant tombé en poussière pendant son extraction. A Engiboul, on trouva aussi deux petits fragments d'un crâne humain, et un grand nombre d'os des pieds et des mains de
trois individus.

Le crâne d'Engis est devenu un long sujet d'études pour
les anatomistes et les paléontologistes de nos jours. On a
versé des flots d'encre, on a disserté sans fin sur cette pièce
osseuse, pour arriver à préciser le degré d'intelligence dont
jouissaient les habitants de la Belgique à l'époque du grand

ours et du mammouth. Jusqu'à un certain point, le développement du cerveau peut, en effet, se déduire de la forme de la boîte crânienne, et l'on sait qu'il existe un parallélisme remarquable entre la capacité cérébrale et le développement intellectuel de tous les mammifères. Mais, dans une question de cette nature, il faut bien prendre garde à un écueil, contre lequel les anthropologistes échouent trop souvent : c'est celui qui consiste à étayer une théorie sur un nombre trop limité d'éléments, et à généraliser des conclusions qui sont peut-être le résultat d'un cas tout particulier. Parce que l'on aura trouvé une portion de crâne — pas même un crâne entier — provenant d'un être humain contemporain du grand ours, on élèvera la prétention de connaître le degré d'intelligence de la race humaine à cette époque! Mais qui nous prouve que ce crâne n'est pas celui d'un idiot, ou, tout au contraire, celui d'un individu en possession d'une intelligence supérieure? Quelle conséquence peut-on tirer logiquement de l'examen d'un seul crâne? Aucune. *Testis unvs testis nullus*, et ce que dit la jurisprudence, qui n'est que le bon sens en matière légale, la science, qui n'est que le bon sens en matière d'études, doit le répéter. Si l'on trouvait dix ou douze crânes présentant chacun les mêmes caractères, il serait permis de croire qu'on a bien sous les yeux le type humain correspondant à l'époque considérée; mais, nous le demandons encore, quel raisonnement peut-on asseoir sur quelques portions d'un seul crâne?

Ces réserves posées, voyons ce que les grands raisonneurs anatomistes ont pensé du crâne d'Engis.

La figure que nous donnons ici (fig. 37) du crâne d'Engis, et qui a été dessinée sur le moulage qui existe au Musée de Saint-Germain, montre que ce crâne n'est pas complet : la base entière manque, et tous les os de la face sont perdus. Impossible, par conséquent, de mesurer l'angle facial et de se rendre compte du développement de la mâchoire inférieure.

Nous n'étonnerons personne, par conséquent, en disant que les opinions sur cette matière ont différé dans les proportions les plus extraordinaires. Pour un anatomiste anglais, M. Huxley, ce crâne n'offre aucune trace de dégrada-

tion ; il présente « une bonne moyenne », et il pourrait être
aussi bien celui d'un philosophe que d'un sauvage inculte[1].

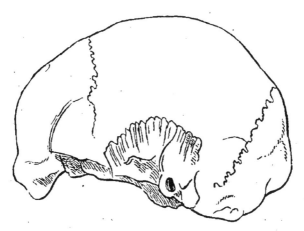

Fig. 37. Portion de crâne trouvée dans la caverne d'Engis, et appartenant à un
individu de l'époque du grand ours et du mammouth.

Pour d'autres, et par exemple pour M. Carl Vogt, il dénote un
degré tout à fait rudimentaire d'intelligence. M. Lyell n'ose
prendre aucun parti entre ces deux opinions[2].

Ainsi Hippocrate-Huxley dit *oui*, Galien-Vogt dit *non*, et Celse-
Lyell ne dit ni oui ni non. Cela ne nous surprend guère ; ce
qui fait que nous ne nous attarderons pas davantage à discu-
ter dans le vide, c'est-à-dire sur une pièce aussi incomplète.

Passons à un autre crâne, également fort célèbre, trouvé
en 1857 par le docteur Fuhlrott, près de Dusseldorf, dans un
ravin profond qu'on appelle le *Neanderthal*. Ce crâne (fig. 38)
fut découvert au sein d'une petite grotte, sous une couche
de limon de un mètre et demi d'épaisseur. Le squelette entier
était sans doute enfoui au même endroit, mais les ouvriers,
en déblayant la grotte, durent disperser, sans y prendre
garde, une grande partie des os, car les plus gros seuls ont
pu être recueillis.

Il est bon de faire remarquer qu'aucun débris animal n'a
été rencontré près de ces ossements ; on n'a donc point de

1. Huxley, *De la place de l'homme dans la nature*, traduit de l'anglais, in-8°.
Paris, 1868, chez J. B. Baillière.
2. *L'Ancienneté de l'homme*, traduit de l'anglais, in-8°. Paris, 1864 (page 94).

preuve certaine qu'ils remontent à l'époque du grand ours :
ils peuvent être ou plus récents ou plus anciens. Toutefois
la plupart des géologues pensent qu'ils doivent être rapportés
à la première de ces époques.

Le crâne de Neanderthal, dont on ne possède qu'une portion moins considérable encore que celle du précédent, diffère du crâne d'Engis. Il est caractérisé par un développement extraordinaire des sinus frontaux, c'est-à-dire par la
saillie énorme des arcades sourcilières, derrière lesquelles
le frontal présente une dépression considérable. La calotte
crânienne est très-épaisse et de forme elliptique allongée ;
le front est étroit et bas.

Ces remarques ont été faites par le professeur Schaaffhausen, qui a de plus constaté l'identité de longueur du fémur,
de l'humérus, du radius et du cubitus, avec les mêmes os d'un

Fig. 38. Portion de crâne dite du Neanderthal.

Européen moderne de même taille. Seulement le savant
prussien fut surpris de la grosseur vraiment remarquable
de ces os, ainsi que du développement des saillies et dépressions servant à l'insertion des muscles.

La figure 38 représente ce crâne, que nous avons fait dessiner d'après le moulage qui existe au Musée de Saint-
Germain.

L'opinion du professeur Schaaffhausen sur ce crâne, c'est
qu'il accuse une intelligence plus bornée que celle des nègres
les moins favorisés de la nature, en d'autres termes, qu'il est
le plus bestial de tous les crânes humains connus. Mais
M. Busq, d'une part, et M. Bernard-David, de l'autre, re-

gardent le même crâne comme très-rapproché de l'espèce
humaine actuelle, et le professeur Gratiolet produisit devant
la Société d'anthropologie de Paris une tête d'idiot contemporain, présentant tous les caractères ostéologiques du crâne
du Neanderthal. Enfin, un anthropologiste d'une grande autorité, le docteur Pruner-Bey, a prouvé, avec toute l'évidence
désirable, que le crâne du Neanderthal est identique, dans
toutes ses parties, avec un crâne de Celte.

On voit que l'opinion émise au début de ses études par
le docteur. Schaaffhausen n'a pu résister au contrôle des
travaux postérieurs, et que cette tête d'homme de l'époque
du grand ours et du mammouth, qu'il regardait comme accusant la dose la plus bornée d'intelligence, ne diffère en rien
des têtes de ce peuple celtique qui appartient aux temps historiques et dont la qualité morale et le mâle courage nous
rendent fiers d'être leurs descendants.

Nous n'avons pas besoin maintenant d'ajouter que l'examen de ce dernier fragment de tête osseuse, remontant tout
à fait aux débuts de l'humanité, suffit pour réduire à néant
tout ce que l'on a écrit sur la prétendue analogie de structure de l'homme primitif et du singe, et pour faire rayer
à jamais de la science ce terme impropre et malheureux
d'*homme fossile*, qui a causé tant de malentendus regrettables
et arrêté trop longtemps la formation et le progrès de la
science de l'origine positive de l'homme.

D'autres débris de crânes humains, paraissant remonter à
une époque fort ancienne, ont été découverts, depuis les
précédents, dans différentes contrées. Nous citerons : une mâ
choire trouvée par M. Édouard Dupont dans la grotte de la
Naulette, près de Dinant (Belgique) ; — un frontal et un pa-
riétal humains, extraits du *lehm* de la vallée du Rhin, à
Eguisheim près de Colmar, par le docteur Faudel ; — un
crâne rencontré par le professeur Bocchi, de Florence, dans
le col de l'Olmo, à proximité d'Arezzo ; — enfin la célèbre
mâchoire de Moulin-Quignon, près d'Abbeville, trouvée en
1863 dans le diluvium par Boucher de Perthes, et que nous
avons représentée dans l'Introduction de ce volume. De
l'aveu de tous les anthropologistes, cette partie du crâne de

l'homme de Moulin-Quignon ressemble parfaitement à celle d'un homme de nos jours, de petite taille.

Il est impossible, en résumé, d'apprécier, d'après le petit nombre de crânes que nous possédons, quel était le véritable degré de l'intelligence de l'homme à l'époque du grand ours et du mammouth. Que le crâne humain, dans ces temps si prodigieusement reculés, ne présentât pas les signes extérieurs d'un grand développement intellectuel, c'est assurément ce qui ne surprendra personne. L'homme est perfectible de sa nature : il est donc tout simple qu'aux premiers temps de son apparition sur la terre son intelligence fût bornée. Le temps et le progrès devaient la perfectionner et l'étendre : la flamme de ce flambeau naissant devait grandir avec les siècles !

ÉPOQUE DU RENNE

ou

ÉPOQUE DES ANIMAUX ÉMIGRÉS

CHAPITRE I.

Les populations humaines à l'époque du renne. — Leurs mœurs et leurs coutumes. — Alimentation. — Vêtements. — Armes et ustensiles. — Poteries. — Ornements. — Arts primitifs. — Principales cavernes. — Type de la race humaine à l'époque du renne.

Nous voici arrivés à cette subdivision de l'âge de la pierre que nous désignons sous le nom d'*Époque du Renne*, ou *Époque des animaux émigrés*. Bien des siècles se sont écoulés depuis le commencement de l'époque géologique quaternaire. Les puissants animaux qui caractérisaient les commencements de cette époque ont disparu, ou sont sur le point de s'éteindre. Déjà le grand ours (*Ursus spelæus*) et l'hyène des cavernes (*Hyæna spelæa*) ne foulent plus le sol de nos contrées. Quant au grand tigre (*Felis spelæa*), au mammouth et au rhinocéros à cloison osseuse (*Rhinoceros tichorhinus*), leur dernière heure ne tardera pas à sonner. La nature s'amoindrit en se perfectionnant.

En revanche, de nombreux troupeaux de rennes habitent les forêts de l'Europe occidentale. Dans cette partie de l'Europe qui s'appellera un jour la France, ils s'étendent jusqu'aux Pyrénées. A côté de ce précieux ruminant, vivent le cheval (*Equus caballus*), qui ne diffère en rien de l'espèce ac-

7

tuelle, l'aurochs (*Biso europæus*), l'urus (*Bos primigenius*), le
bœuf musqué (*Bos mosquatus*), l'élan, le daim, le chamois, le
bouquetin, le sanglier, et diverses espèces de rongeurs, entre
autres le castor, le hamster, le lemming, le spermophile, etc.

Depuis les grands froids de la période glaciaire, la température s'est sensiblement adoucie, mais elle est encore beaucoup plus basse qu'aujourd'hui, puisque le renne, animal des
climats hyperboréens, s'y plaît et y pullule.

La composition générale de la faune que nous venons d'indiquer est une preuve frappante de la rigueur que présentait encore le climat du centre de l'Europe. Les animaux qui
l'habitaient alors ne se rencontrent plus maintenant que dans
les latitudes septentrionales des deux continents, à proximité
des neiges et des glaces, ou sur les sommets élevés des
grandes chaînes de montagnes. C'est là que se sont retirés
de nos jours le renne, l'élan, le bœuf musqué, le chamois,
le bouquetin, le hamster, le lemming, le spermophile. Le
castor lui-même se trouve à peu près exclusivement aujour-
d'hui confiné au Canada.

Le naturaliste anglais Christy a fait remarquer avec beaucoup de finesse que les accumulations d'ossements et d'autres débris organiques dans les cavernes supposent un climat
rigoureux. Sous l'influence d'une température même simplement modérée, il se serait en effet dégagé de ces accumulations d'ossements et de débris animaux beaucoup d'exha-
laisons putrides, qui n'eussent permis à nul être humain de
vivre à côté de ces restes infects. Les Esquimaux vivent aujourd'hui sous ce rapport comme les peuples des temps primitifs, c'est-à-dire à côté des débris les plus fétides ; mais ils
ne pourraient le faire ailleurs que dans les froides régions
du Nord.

Quels progrès l'homme de l'époque du renne (fig. 39) a-
t-il réalisés sur ses ancêtres? C'est ce que nous allons examiner. Seulement nous devrons borner notre étude aux deux
seules contrées où l'on ait recueilli un ensemble d'observations suffisant relativement à l'époque du renne. Nous
voulons parler de cette partie de l'Europe qui forme aujour-
d'hui la France et la Belgique.

Fig. 39. L'homme à l'époque du renne.

A l'époque du renne, l'homme travaille mieux le silex que dans l'époque précédente. Il se confectionne des instruments assez remarquables en os, en ivoire et en bois de renne. Tandis que dans la période précédente on trouve les ossements humains mêlés dans les cavernes pêle-mêle avec ceux des animaux, ici nous ne trouvons plus de semblable promiscuité.

Nous allons considérer l'homme de cette époque sous le rapport de son habitation et de son alimentation. Nous parlerons ensuite des productions de son industrie, ainsi que des premières ébauches de son esprit artistique. Enfin nous dirons quelques mots du type de son organisation physique.

Sous le rapport de l'habitation, l'homme de l'époque du renne se confine encore dans des cavernes. Il les occupe tout entières ou s'établit seulement à leur entrée, suivant leur profondeur et leur clarté. Vers le centre de la caverne, des plaques, empruntées à des roches très-résistantes, comme le grès ou l'ardoise, recouvrent le sol, et forment le foyer pour la cuisson des viandes. C'est autour de ce foyer que la famille se réunit pendant les longs jours d'hiver.

Quelquefois, pour mieux s'abriter contre les surprises diverses auxquelles il est exposé, l'homme de l'époque du renne se choisit une caverne à entrée fort étroite, dans laquelle il ne peut s'introduire qu'en rampant.

La grotte, formée naturellement par les rochers et leurs anfractuosités profondes, fut, sous tous les climats, la première habitation de l'homme. Il fallait nécessairement trouver une retraite pour y passer la nuit dans les climats froids, ou pour se défendre contre la chaleur du jour dans les climats chauds. Mais ces demeures naturelles ne pouvaient exister que dans les pays où se rencontraient des rochers présentant des fentes ou des crevasses. Quand l'homme fixait sa demeure dans un pays de plaine, il était obligé de se construire lui-même un abri. En rassemblant des pierres traînées de toutes parts, il fabriquait alors une véritable caverne artificielle. Choisissant une anfractuosité naturelle, en surplomb du terrain, il augmentait, du mieux qu'il pouvait, cette toiture naturelle, et, l'art venant ainsi en aide à la nature, l'homme se trouvait en possession d'une retraite commode.

Ajoutons que ce lieu dans lequel il établissait cette demeure était toujours dans le voisinage d'un cours d'eau.

C'est ainsi que les habitants des plaines formaient leur habitation pendant l'époque qui nous occupe.

On a des preuves certaines que les peuplades primitives, pendant cette période, n'habitaient plus exclusivement les cavernes naturelles, mais qu'elles savaient se créer sous de grandes roches des abris plus commodes. On a découvert dans diverses régions de la France, et particulièrement dans le Périgord, de nombreuses stations humaines à ciel ouvert. Ce sont de simples abris, des refuges adossés sous de grands escarpements, et protégés contre les intempéries de l'air par des saillies plus ou moins considérables de rochers, formant une sorte de toit. On a donné à ces demeures de l'homme primitif le nom d'*abris sous roches.*

C'est généralement au fond des vallées, à proximité des cours d'eau, qu'on rencontre ces rustiques retraites. Elles renferment, comme les cavernes, des dépôts très-riches en ossements de mammifères, d'oiseaux et de poissons, et qui recèlent également des haches et des ustensiles de silex, d'os et de corne. On y retrouve aussi des traces de foyers.

Le plus remarquable de ces abris naturels propres à l'époque du renne a été découvert à Bruniquel, dans le département de Tarn-et-Garonne, non loin de Montauban.

Sur la rive gauche de l'Aveyron, sous l'abri en surplomb de l'un des rochers les plus élevés de Bruniquel, à proximité d'un château dont les ruines pittoresques se dressent encore sur ces crêtes escarpées, on a découvert, en 1866, un foyer des temps préhistoriques, qui donne l'idée la plus complète des *abris sous roches* des populations de l'époque du renne.

Ce rocher, connu sous le nom de *Montastruc*, a une hauteur de 30 mètres, et son surplomb atteint une longueur de 14 à 15 mètres. Il couvre une superficie de 250 mètres carrés. C'est là que M. V. Brun, directeur du Musée d'histoire naturelle de Montauban, a recueilli une foule d'objets divers, dont l'étude a fourni beaucoup de notions utiles à l'histoire de cette époque de la primitive humanité.

En nous aidant de vues photographiques de la station anté-

Fig. 40. Vue de l'*abri sous roche* de Bruniquel, habitation de l'homme à l'époque du renne.

historique de Bruniquel, que M. V. Brun a bien voulu nous
adresser, nous avons pu composer la vue que représente la
figure 40, d'un *abri sous roche*, ou d'une station humaine à
ciel ouvert, de l'époque du renne.

Les hommes de l'époque du renne ne possédaient aucune
notion d'agriculture. Ils n'avaient encore asservi aucun animal, pour profiter de sa force, ou pour assurer leur alimentation. Ils étaient donc essentiellement chasseurs, comme
leurs pères. Ils poursuivaient les animaux sauvages, et les
tuaient à coups de lance et de flèche. C'est surtout au
renne qu'ils s'attaquaient. Ce mammifère, qui existait alors
dans toute l'Europe, aussi bien au centre qu'au midi, et qui
est aujourd'hui retiré ou émigré dans les régions de l'extrême
nord, était pour eux ce qu'il est encore aujourd'hui pour les
Lapons : le don le plus précieux de la nature. Ils se nourrissaient de sa chair, se couvraient de sa peau, utilisaient ses
tendons comme fils dans la confection de leur costume; enfin
ils fabriquaient avec ses os et ses bois toute espèce d'armes
et d'instruments. Le bois du renne était la matière première
de l'industrie de ces âges reculés. Ils étaient pour l'homme
de cette époque ce qu'est pour nous le fer.

Le cheval, le bœuf, l'aurochs, l'élan, le bouquetin, le
chamois entraient aussi, pour une bonne part, dans l'alimentation des hommes de cette époque. Ils brisaient les os
longs et les crânes des animaux récemment immolés, pour
en extraire la moelle et la cervelle, qu'ils mangeaient toute
fumante encore de la chaleur de l'animal, comme le font,
de nos jours, quelques peuples des régions arctiques. Quant
à la viande de ces mêmes animaux, ils la faisaient cuire à
leurs grossiers foyers : ils ne la mangeaient point crue,
comme l'ont avancé quelques naturalistes. Les ossements
d'animaux que l'on trouve mêlés à ceux de l'homme, dans
les cavernes de cette époque, portent des traces manifestes
de l'action du feu.

A ces proies terrestres, ils ajoutaient, de temps à autre,
quelques oiseaux, tels que le grand coq de bruyère, le tétras des saules, la chouette harfang, etc. Quand ce gibier

leur manquait, ils se rabattaient sur le rat. M. Dupont a trouvé autour du foyer de la caverne de Chaleux plus de dix kilogrammes d'ossements de rats d'eau, à moitié brûlés.

Le poisson est un aliment que l'homme a toujours recherché. On devinerait donc par la simple induction que l'homme, à l'époque du renne, se nourrissait de poisson, en même temps que de la chair des quadrupèdes, si des témoignages positifs ne venaient l'attester. Ces témoignages sont des débris d'ossements de poissons que l'on rencontre dans les cavernes de cette époque, mêlés aux ossements de mammifères, ainsi que des dessins représentant des parties de poisson, que l'on trouve grossièrement tracés sur un grand nombre de fragments d'outils en os ou en corne.

L'art de la pêche existait donc manifestement à l'époque du renne. On ne saurait affirmer son existence à celle du grand ours et du mammouth ; mais pour la période qui nous occupe, aucun doute ne saurait être conçu.

Dans un mémoire sur l'*Origine de la navigation et de la pêche*, M. G. de Mortillet s'exprime ainsi :

« L'époque du renne nous offre divers engins de pêche. Le plus simple est une petite esquille d'os, longue en général de 3 à 4 centimètres, droite, mince, appointée par les deux bouts. C'est l'hameçon primitif, l'hameçon élémentaire. On attachait ce petit fragment d'os ou de bois de renne par le milieu et on le recouvrait de l'appât ; avalé par le poisson et même par les oiseaux aquatiques, il se fixait dans l'intérieur de leur corps par l'une ou l'autre de ses pointes, et l'animal glouton se trouvait retenu par la corde d'attache. Au Musée de Saint-Germain il y a plusieurs de ces hameçons provenant du riche gisement de Bruniquel, près de Montauban (Tarn-et-Garonne).

« Les grottes et abris de la Dordogne, si bien explorés par MM. Lartet et Christy, ont aussi fourni des hameçons de l'époque du renne. A côté de la forme si simple qui vient d'être décrite, on a rencontré des formes bien plus perfectionnées. Ce sont également des petits fragments d'os ou de bois de renne, qui portent d'un côté de profondes et larges entailles, formant une succession plus ou moins longue de dents ou barbelures avancées et aiguës. On en voit deux de figurées dans la planche B VI des *Reliquiæ Aquitanicæ*. M. Lartet en possède plusieurs, mais le plus remarquable fait partie de la belle collection de M. Peccadeau de l'Isle, à Paris [1]. »

1. *Origine de la navigation et de la pêche*, page 25. Paris, 1867, chez Reinwald.

Il y a de fortes raisons de croire que l'homme de cette époque ne se bornait pas à un régime exclusivement carnivore, car la nourriture végétale est parfaitement en rapport avec l'organisation de notre espèce. Au moyen des fruits sauvages, des glands et des châtaignes, il devait jeter quelque variété dans son mode ordinaire d'alimentation.

Nous représentons dans la planche 41, d'après les données qui précèdent, *un festin de l'époque du renne*. Des hommes fendent la tête d'un aurochs, pour en extraire la cervelle fumante et la dévorer. D'autres, rangés près du foyer, où cuisent les chairs du même animal, sucent la moelle des os longs du renne, qu'ils ont fendus à coups de hache.

Une question très-intéressante est celle de savoir si les hommes de ces temps reculés pratiquaient l'anthropophagie. On ne possède encore à cet égard aucun renseignement certain. Voici pourtant les faits qui militeraient en faveur de cette opinion.

On a trouvé en Écosse des crânes humains, mélangés, pêle-mêle, avec des silex taillés, avec des restes de poteries et des ossements d'enfants, et M. Owen croit avoir reconnu sur ces derniers ossements des traces de dents humaines.

A Solutré, dans le Mâconnais, M. de Ferry a découvert des phalanges humaines dans des débris de cuisine de l'époque du grand ours et du mammouth et de l'époque du renne.

L'aspect de certains ossements des cavernes de l'Ariége, fouillées par MM. Garrigou et Filhol, a également conduit ces deux savants à penser que « l'homme antéhistorique a pu être anthropophage ».

La même conclusion ressortirait des explorations qui ont été entreprises dans les grottes et cavernes de l'Italie septentrionale par M. Costa de Beauregard. Ce dernier explorateur a trouvé dans ces cavernes un petit tibia d'enfant vidé et soigneusement nettoyé, ce qui ferait croire qu'il a servi à un repas.

M. Issel a découvert près de Finale, sur la route de Gênes à Nice, dans une vaste caverne qui a dû longtemps servir d'habitation à notre race, des ossements humains qui avaient évidemment été calcinés. Leur couleur blanchâtre, leur légèreté, leur friabilité ne pouvaient tromper. D'ailleurs, des incrustations existant à leur surface contenaient encore de petits fragments de charbon. Plusieurs de ces os montrent aussi des entailles qui n'ont pu être faites qu'à l'aide d'instruments tranchants.

Il est donc probable que les populations de l'âge de la pierre pratiquaient l'anthropophagie, ce qui d'ailleurs ne peut aucunement surprendre, puisque, de nos jours encore, diverses peuplades sauvages s'y adonnent dans bien des circonstances.

On n'a trouvé dans aucune station de l'époque du renne la moindre trace de rongement des os d'animaux par des chiens. Ainsi l'homme n'avait pas encore réduit le chien en domesticité.

Comment s'habillait l'homme de l'époque du renne? Il se couvrait des peaux des grands quadrupèdes qu'il tuait à la chasse, et spécialement de peaux de renne. Aucun doute ne peut exister à cet égard. Un grand nombre de bois de renne trouvés dans le Périgord portent à leur base certaines entailles, qui n'ont évidemment été produites que pour écorcher l'animal.

Ce qui n'est pas moins positif, c'est que ces hommes savaient préparer les peaux d'animal, les dépouiller de leurs poils, et qu'ils n'en étaient plus réduits, comme leurs ancêtres, à se couvrir de rudes peaux d'ours non débarrassées de leur fourrure. A quoi auraient servi les grattoirs en silex qu'on rencontre partout si abondamment, si ce n'est à épiler les peaux de bêtes fauves? Après les avoir ainsi privées de leurs poils, ils les assouplissaient en les imbibant de la moelle et de la cervelle extraites des os longs du renne. Puis ils les découpaient, suivant des formes très-simples, mais qui nous sont toutefois inconnues. Enfin ils réunissaient les divers morceaux par une couture grossière.

Ce qui prouve que l'homme de cette époque savait coudre les peaux de renne pour s'en faire des vêtements, c'est qu'on a recueilli de nombreux spécimens des instruments qui leur servaient pour ce travail, et qui sont, chose remar-

Fig. 41. Un festin à l'époque du renne.

quable, absolument les mêmes que ceux dont se servent
aujourd'hui les Lapons pour le même usage. Ce sont des
poinçons en silex ou en os (fig. 42), à l'aide desquels ils perçaient des trous dans les peaux, et des aiguilles très-soigneusement façonnées, la plupart en os (fig. 43) ou en corne.

Fig 42. Poinçon en silex,
servant à coudre les peaux de renne,
trouvé dans la grotte des Eyzies (Périgord).

Fig. 43.
Aiguille en os,
servant à la couture.

L'inspection de certains ossements de renne a également
permis de reconnaître que les hommes de ce temps utilisaient
comme fils les fibres tendineuses de cet animal. Ces ossements présentent en effet des entailles transversales, précisément à l'endroit où la section du tendon a dû être opérée.

Aucun métal n'était encore connu; par conséquent l'homme
continuait alors à faire usage d'instruments de pierre, soit
comme outils de travail, soit comme armes offensives et défensives. La hache était peu employée comme arme de
guerre. Le couteau de silex était l'arme la plus répandue.
Il faut y joindre une autre arme naturelle : c'était une mâchoire inférieure de grand ours, conservant sa canine aiguë
et tranchante. Avec cet instrument, dont l'os allongé et solide formait le manche, et la dent acérée la pointe redoutable, l'homme pouvait attaquer et percer, à la chasse, les
animaux qu'il attaquait corps à corps.

On remarquera cette arme mise à la main de l'homme

dans la planche 39 (page 99), qui représente l'homme à l'époque du renne.

Il faut que la race humaine possède à un bien haut degré le goût de la parure, puisqu'on le retrouve aux temps les plus reculés de l'humanité et dans tous les pays. Les hommes et les femmes de l'époque du renne sacrifiaient aux grâces. Au milieu de leur existence précaire, ils songeaient à se fabriquer des colliers, des bracelets, des pendeloques, soit avec des coquilles qu'ils perçaient au centre, pour les enfiler en chapelets, soit avec des dents de divers animaux, qu'ils trouaient dans le même but, comme le représente la figure 44.

La partie cornée des os de l'oreille du cheval ou du bœuf

 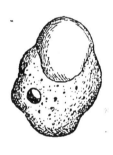

Fig. 44. Dent canine
de loup,
percée pour servir d'ornement.

Fig. 45. Ornement fait
avec la partie
cornée de l'oreille d'un cheval.

(fig. 45) était également employée pour cet usage, c'est-à-dire comme objet de parure.

L'homme de cette époque avait-il quelque croyance en une vie future, et quelque chose qui ressemblât à un culte religieux? On doit le présumer, d'après l'existence, autour des foyers des cavernes funéraires de la Belgique, de gros ossements d'éléphant fossile (mammouth) qui a été signalée par M. Édouard Dupont. Cette pratique, consistant à placer des ossements autour des cavernes, survit encore, selon M. Morlot, chez les Indiens, comme idée religieuse. On peut

donc invoquer ce fait à l'appui de l'existence d'un sentiment
religieux chez les hommes de l'époque du reune.

On trouve dans les tombes de cette époque les armes, les
couteaux, que les hommes portaient pendant leur vie, quelquefois même des provisions de chairs d'animaux alimentaires. Çette habitude de placer près du corps des morts des
provisions pour le voyage *post mortem* est, comme nous
l'avons fait remarquer pour la période précédente, la preuve
de la croyance à une autre vie.

Certaines idées religieuses, ou superstitieuses, devaient être
attachées à des pierres brillantes et à des fragments de minerais qu'on a recueillis dans plusieurs stations de ces peuplades primitives. M. de Vibraye a trouvé à Bourdeilles (Charente) deux rognons d'oxyde de fer hydraté, mêlés à des débris
de toutes sortes, et à la station de Laugerie-Basse (Dordogne).
au milieu du foyer, une petite masse de cuivre. recouverte
d'une couche de cuivre carbonaté vert. En d'autres lieux, on
a rencontré des morceaux de jais. de fluorine violette, etc..
percés au milieu. sans doute pour permettre de les suspendre
au cou et aux oreilles. La plupart de ces objets ont été con-
sidérés comme des amulettes, c'est-à-dire des symboles de
croyances religieuses chez l'homme de l'époque du renne.

A cette époque, l'instinct sociable de l'homme, qui le
pousse à entrer en communication avec ses semblables,
s'était déjà manifesté. Des relations s'étaient établies entre
des localités assez éloignées les unes des autres. C'est ainsi
que les habitants des bords de la Lesse, en Belgique, allaient
chercher dans la partie de notre pays qui forme aujourd'hui
la Champagne, des silex, qu'ils ne pouvaient trouver sur leur
territoire, et qui leur étaient indispensables pour fabriquer
leurs armes et leurs outils. Ils en rapportaient également des
coquilles fossiles dont ils faisaient de bizarres colliers. Ces
relations ne peuvent être révoquées en doute, car des témoignages certains en font foi. M. Édouard Dupont a trouvé
dans la caverne de Chaleux, près de Dinant (Belgique), cin-
quante-quatre de ces coquilles, qui ne reconnaissent d'autre
lieu d'origine que la Champagne. Il y avait donc là un ru-

diment de commerce, c'est-à-dire des importations et des échanges, qui sont la première manifestation du commerce chez les peuples.

On peut encore affirmer qu'il existait, à cette époque, de véritables fabriques d'armes et d'ustensiles, dont les produits se répandaient aux alentours, pour les besoins particuliers de chaque famille. La caverne de Chaleux, citée plus haut, paraît avoir été l'un de ces lieux de fabrication, car du 8 au 30 mai 1865, dans l'espace de vingt-deux jours seulement, on y a recueilli près de vingt mille silex, taillés en haches, poignards, couteaux, racloirs, grattoirs, etc.

De pareils ateliers pour la fabrication des silex étaient établis dans les stations de Laugerie-Haute et de Laugerie-Basse, dans le Périgord. La première était, selon les apparences, une manufacture spéciale pour les pointes de lances, dont MM. Lartet et Christy ont ramassé des spécimens extrêmement remarquables, et dont la figure 46 retrace la forme exacte. Dans

la seconde, on fabriquait des armes et des outils en bois de renne, si l'on en juge par a grande quantité de restes de bois de cet animal que les mêmes explorateurs y ont rencontrés, et qui, presque tous, portent des marques de sciage.

Il n'est pas probable toutefois que les objets ainsi confectionnés s'exportassent au loin, comme cela se fit plus tard, c'est-à-dire à l'époque de la pierre polie. Comment traverser de grands fleuves, franchir de longs espaces couverts d'épaisses forêts, pour porter les produits de cette industrie, dans un temps où nul moyen de communication n'existait d'un pays à l'autre? Il n'en est pas moins curieux de constater l'existence d'un commerce rudimentaire à une époque aussi reculée.

Les armes, ustensiles et instruments divers dont faisaient usage les hommes de l'époque du renne, accusent un progrès marqué sur ceux de la période précé-

dente. Ces instruments sont en silex, en os ou en corne ;
mais ces derniers sont de beaucoup plus nombreux, principalement dans les stations du centre et du midi de la France.
Celles du Périgord se font surtout remarquer par l'abondance
des instruments en os de renne.

La grande diversité des types de silex taillés fournit une
preuve très-manifeste de la longue durée de l'époque historique qui nous occupe. On peut suivre dans la série de ces
instruments toutes les phases de perfectionnement du travail, en commençant par la forme grossière des haches
du diluvium d'Abbeville, pour aboutir à ces élégantes têtes

<table>
<tr><td>Fig. 47.</td><td>Fig. 48.</td></tr>
<tr><td>Silex taillé du Périgord (couteau).</td><td>Silex taillé du Périgord (hache).</td></tr>
</table>

de lances, qui ne sont inférieures à aucune production des
temps postérieurs.

Nous représentons ici (fig. 47, 48, 49 et 50) les spécimens
les plus curieux des armes de pierre de silex de l'époque du
renne. Les couteaux et autres petits instruments, tels que
grattoirs, perçoirs, tarauds, etc., sont en majorité ; les haches sont relativement rares. On rencontre des outils à dou-

: ble fin, par exemple des tarauds accouplés à des perçoirs. Il
· ·y a aussi des pierres rondes, qui ont dû servir de marteaux; du
· moins voit-on qu'elles ont reçu des chocs réitérés.

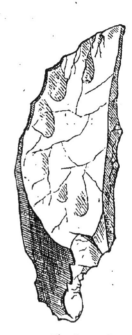

Fig. 49.
Silex taillé du Périgord (couteau).

Fig. 50.
Silex taillé du Périgord (grattoir).

M. Lubbock pense qu'un certain nombre de ces pierres
étaient employées pour chauffer l'eau, après qu'on les avait
fait rougir au feu. C'est ce que font encore, selon M. Lubbock; pour se procurer de l'eau chaude, certaines peuplades
sauvages auxquelles la poterie est inconnue, qui ne possè-
dent que des vases de bois, lesquels ne peuvent être placés
au-dessus d'un foyer [1].

Citons encore des polissoirs en grès, ou en toute autre matière à surface rugueuse. Ils ne pouvaient servir qu'à polir
l'os et la corne, puisque l'époque du renne ne comporte pas
d'instruments en pierre polie.

On a également recueilli çà et là des cailloux en granit et en
quartzite, évidés au centre, et plus ou moins bien arrondis sur

1. L'*Homme avant l'histoire*, traduit de l'anglais, in-8. Paris, 1867, p. 252.

les bords. On a supposé que c'étaient là des mortiers, quoique leurs dimensions exiguës ne se prêtent guère à cette hypothèse. Il n'est pas probable qu'ils aient servi à broyer des graines, comme le pense M. de Vibraye. M. Édouard Lartet croit que les hommes de cette époque se procuraient du feu en frottant vivement de petits morceaux de bois sec dans le fond de ces mêmes cailloux creux, à texture grenue.

Parmi les pièces les plus intéressantes de la vaste collection de silex appartenant à l'époque du renne qui a été recueillie sur les territoires de France et de Belgique, nous devons mentionner des scies toutes mignonnes et très-finement dentelées sur les deux bords. Celle que nous représentons ici (fig. 51) existe au Musée archéologique de Saint-

Fig. 51. Pétite scie en silex trouvée dans les abris sous roches de Bruniquel.

Fig. 52. Flèche barbelée en bois de renne.

Fig. 53. Flèche en bois de renne, à barbelure double.

Germain. Elle ne mesure pas plus de deux centimètres de long, sur trois ou quatre millimètres de large. Elle a été trouvée par M. V. Brun, dans l'un des *abris sous roches* de Bruniquel.

Les scies de cette espèce étaient sans doute employées pour travailler les bois de renne et d'autres ruminants à cornes caduques. On entamait l'andouiller de chaque côté, puis on achevait de le briser avec la main.

Les objets en os et en bois de renne trouvés dans les cavernes du Périgord dénotent une variété plus grande encore et une habileté de main non moins remarquable.

Citons, par exemple, des pointes de flèche et de javelot. Les unes sont minces et effilées aux deux bouts; d'autres se terminent à la base en un biseau simple ou double. Parmi ces dernières, la plupart sont largement fendues, pour recevoir une hampe; quelques-unes sont ornées de rayures et de quadrillages sur tout leur pourtour. Il en est qui portent des encoches assez semblables à des barbelures ébauchées, car elles ne se détachent pas de la masse de la tige.

Viennent ensuite les pointes de flèches barbelées, désignées sous le nom de *harpons*. Bien effilées au sommet, elles sont caractérisées par des barbes très-accentuées, en forme de crochets, disposées, soit d'un seul côté, soit des deux côtés à la fois (fig. 52 et 53). Dans le dernier cas, ces barbes alternent par paires, et sont pourvues d'une gouttière, ou rainure médiane, qui, selon quelques naturalistes, devait recéler quelque poison subtil. Ainsi que le font les Indiens actuels des forêts américaines, les hommes primitifs auraient donc empoisonné leurs flèches : la rainure longitudinale que l'on remarque en beaucoup de flèches en bois de renne aurait servi à recéler le poison.

Nous devons pourtant nous hâter de dire que cette opinion a été abandonnée depuis que l'on a appris que les Indiens de l'Amérique du Nord chassaient autrefois le bison avec des flèches en bois pourvues de canaux tout à fait semblables. Ces canaux sont destinés à laisser couler le sang de l'animal, qui est, pour ainsi dire, pompé de la blessure. Tel devait être le rôle de la cannelure qui s'observe sur les flèches en pierre de l'époque du renne. L'idée de l'empoisonnement de ces flèches doit donc être écartée.

Ces flèches barbelées, ou *harpons*, sont encore employées chez les Esquimaux de nos jours, pour la chasse au phoque. Leur harpon, comme celui des peuplades primitives de l'épo-

Fig. 54. La chasse à l'epoque du renne.

que du renne qui est représenté plus haut (fig. 52), est très-pointu et pourvu de crochets. On l'attache à un fil et on le lance avec l'arc. Quelquefois les Lapons fixent une vessie gonflée à l'extrémité de la flèche, afin que le chasseur soit averti s'il a atteint son but, ou pour qu'il sache où il doit diriger de nouveaux coups.

Nous donnons ici (fig. 55) le dessin d'un fragment d'os

Fig. 55. Os d'animal percé par une flèche de bois de renne.

trouvé dans la grotte des Eyzies (Périgord) et dans laquelle un de ces harpons est resté engagé.

Nous rangerons dans la classe des outils les poinçons en os de différentes grandeurs, à poignée ou sans poignée (fig. 56 et 57), ainsi qu'une nombreuse série d'aiguilles, dont quelques-unes très-fines et très-jolies, en os, en corne et même en ivoire, trouvées dans les cavernes du Périgord. Dans certaines stations humaines de l'époque du renne, on a retrouvé les ossements d'où l'on avait détaché de longues esquilles propres à confectionner ces aiguilles. On a retrouvé les délicates pointes de silex qui ont servi à en percer le trou ; on a retrouvé enfin les blocs de grès sur lesquels s'était effectué le polissage de ces fragments d'os.

Il faut signaler également les lissoirs, destinés à rabattre les coutures des peaux dans les vêtements.

Un des outils les plus importants de cette époque est un véritable foret à pointe aiguisée, avec un seul bord tranchant.

Avec cette pointe de silex, tournant rapidement, on perçait
des trous dans toute espèce de matière : os, dents, bois, co-

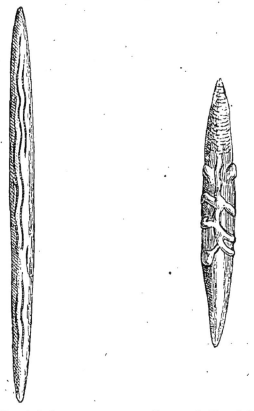

Fig. 56. Outil en bois de renne
trouvé dans la caverne de Laugerie-Basse.
(Poinçon ?)

Fig. 57. Outil en bois de renne
trouvé dans la caverne de Laugerie-Basse.
(Aiguille ?)

quilles. Ce foret de pierre fonctionnait aussi bien que nos
forets d'acier, au dire des naturalistes qui en ont essayé
l'effet.

La station de Laugerie-Basse a fourni plusieurs exemplaires d'un instrument dont on ne voit pas bien exactement
l'emploi. Ce sont des tiges effilées à un bout, et creusées, à
l'autre extrémité, en forme de cuiller. M. Édouard Lartet a
émis l'opinion que les peuplades de l'époque du renne en
faisaient usage, en guise de cuiller, pour extraire la moelle
des os longs des animaux qui servaient à leurs repas. M. Lartet
n'oserait cependant l'affirmer, et il ajoute : « Il est probable
que nos aborigènes n'y mettaient pas tant de façons. » Quoi

qu'il en soit, l'un de ces instruments est très-remarquable par les lignes et les ornements en relief dont il est paré, et qui attestent chez l'ouvrier un certain sentiment de la symétrie (fig. 58).

Fig. 58.
Cuiller en bois
de renne.

Fig. 59. Phalange
de pied de renne percée d'un trou
et servant de sifflet.

On a recueilli dans diverses cavernes, aux Eyzies, à Laugerie-Basse, à Chaffant, commune de Savigné (Vienne), des sifflets d'un genre tout particulier (fig. 59). Ils sont faits de la première phalange d'un pied de renne, ou de certains ruminants du genre Cerf. Un trou a été percé à la base de cet os, un peu en avant de l'articulation métatarsienne. Lorsqu'on souffle dans ce trou, en plaçant la lèvre inférieure dans la concavité qui correspond à cette articulation, on obtient un son aigu, le même que l'on produit en soufflant dans une clef forée. Nous nous sommes donné le plaisir de constater, au Musée de Saint-Germain, que ces antiques sifflets fonctionnent très-bien.

Les stations du Périgord ont également fourni une certaine quantité de bâtons de bois de renne (fig. 60 et 61), dont on n'a

Fig. 60. Bâton de commandement
en bois de renne
trouvé dans une caverne du Périgord.

Fig. 61.
Autre bâton de commandement
en bois de renne.

pu parvenir à bien s'expliquer le rôle. Ils sont invariablement percés d'un ou plusieurs trous à la base, et portent des dessins, sur lesquels nous aurons à revenir. M. Lartet a pensé que c'étaient là peut-être les signes d'autorité, des *bâtons de commandement.*

Cette explication paraît juste, quand on considère le soin avec lequel ces bâtons sont travaillés. Dans l'hypothèse où ils seraient des signes de commandement, le nombre va-

riable des trous aurait sa raison; elle indiquerait une hiérarchie, dont le terme le plus élevé correspondrait au
bâton présentant le plus de trous. C'est ainsi que dans
l'empire chinois le degré d'autorité d'un mandarin se juge
au nombre des boutons de sa calotte de soie. Et de même
qu'il existe dans la hiérarchie musulmane des pachas à une
ou plusieurs queues, il y avait chez les hommes de l'époque
du renne des chefs à un ou plusieurs trous !

Nous avons dit qu'à l'époque du grand ours et du mammouth on connaissait déjà, dans un petit nombre de localités de l'Europe, l'art de fabriquer de grossières poteries. Les
hommes de l'époque du renne firent peu de progrès sous ce
rapport. Ils confectionnaient des vases grossiers, formés d'argile mélangée de grains de sable, et ils les soumettaient, pour
les durcir, à l'action du feu. Cet art, si primitif, était encore
fort peu répandu alors, car il est très-rare de trouver des débris de poteries associés aux vestiges de l'époque du renne.

Le Musée archéologique de Saint-Germain possède un ré-
cipient en terre rougeâtre, très-grand et très-épais (fig. 62).

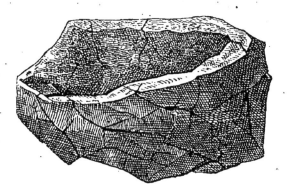

Fig. 62. Géode naturelle ayant servi de vase culinaire, trouvée dans la grotte
de la Madelaine (Périgord).

C'est une géode naturelle qui a été trouvée dans la grotte
de la Madelaine (département de la Dordogne). Elle a évidemment subi, sur un côté, l'action du feu. Il est donc présuma-
ble que c'était un grand vase de cuisine.

Dans une grotte de la Belgique dont il sera question plus

loin, à Furfooz, près de Dinant, M. Édouard Dupont a trouvé,
mêlée aux ossements humains, une urne, ou poterie grossière, qui est peut-être le plus ancien monument de l'art de
la céramique chez nos ancêtres. Cette urne (fig. 63) était en

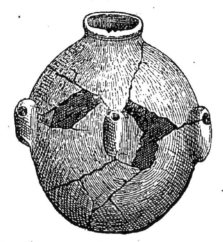

Fig. 63. Vase en terre trouvé dans la caverne de Furfooz (Belgique).

partie brisée; elle a été rétablie, telle que nous la représentons, par les soins de M. Hauzeur, d'après l'ouvrage de
M. Lehon [1].

C'est à l'époque du renne que l'on voit se manifester pour
la première fois chez l'homme le sentiment de l'art.

Une circonstance bien digne de remarque, c'est que ce sentiment semble avoir été le partage des populations qui habitaient le sud-ouest de la France actuelle. Les départements
de la Dordogne, de la Vienne, de la Charente, de Tarn-et-
Garonne et de l'Ariége sont, en effet, les seuls où l'on ait
recueilli des dessins et des sculptures représentant des êtres
organisés. Nos départements de l'est n'ont rien offert de
semblable, non plus que la Belgique, qui a été si bien explorée par M. Édouard Dupont, ni le Wurtemberg, où M. Fraas
a récemment signalé des stations de l'époque du renne.

Il ne suffit pas, pour expliquer cette singulière circonstance,
de dire que les cavernes du midi de la France correspondent

1. Lehon, l'*Homme fossile*, p. 71, in-8°; Bruxelles, 1868.

aux derniers temps de l'époque du renne, tandis que les autres remontent aux premiers temps de cette même époque. Outre que cette assertion n'est nullement prouvée, on aurait une réponse toute prête dans ce fait, bien constaté, qu'aucune copie d'animal ou de plante ne fut exécutée dans le même lieu dans des temps postérieurs, c'est-à-dire à l'époque de la pierre polie et même à celle du bronze. On n'a trouvé, en effet, aucun spécimen de ce genre dans les amas coquilliers du Danemark, ni dans les stations lacustres de l'âge de la pierre, ni même dans les stations lacustres de l'âge du bronze.

Il faut donc admettre que les populations répandues dans les parties du continent européen qui correspondent au sud-ouest de la France actuelle, possédaient des facultés spéciales pour le dessin. Une telle supposition n'a d'ailleurs rien que de raisonnable. Le sentiment artistique n'est pas toujours fils de la civilisation ; c'est un don de la nature. Il peut se manifester aux époques les plus barbares, et parler plus haut, chez certains peuples qui sont arriérés au point de vue du progrès général, que chez d'autres beaucoup plus avancés dans la civilisation.

Il est certain que les rudiments de gravure et de sculpture que nous allons passer en revue témoignent de facultés essentiellement artistiques. Les formes y sont si bien imitées, les mouvements sont à ce point pris sur le fait, qu'il est presque toujours possible de reconnaître ce que l'antique ouvrier a voulu représenter, bien qu'il ne disposât que des outils les plus grossiers pour exécuter son œuvre. Une pointe de silex, tel était le burin, un morceau de bois de renne, une lame d'ardoise ou d'ivoire, telle était la planche sur laquelle l'homme primitif fixa les reproductions de la nature vivante.

On dessinait peut-être sur la pierre ou le bois, avec des crayons de sanguine (fer oligiste) ou d'ocre (oxyde de fer), car on a trouvé dans les cavernes des fragments de ces deux substances. Peut-être l'ocre et la sanguine servaient-elles, en outre, au tatouage du corps, comme chez les sauvages modernes. Quand le dessin avait été ainsi exécuté à l'ocre ou à la sanguine, on le gravait avec une pointe de silex.

Les personnes qui ont parcouru attentivement, à l'Exposition universelle de 1867, la belle galerie de l'*Histoire du travail*, auront dû remarquer une magnifique collection de ces productions artistiques des anciens âges. On n'y comptait pas moins de cinquante et une pièces, envoyées par divers amateurs, et qui étaient, pour la plupart, extrèmement curieuses. Dans son intéressant ouvrage, *Promenades préhistoriques à l'Exposition universelle*, M. Gabriel de Mortillet a décrit avec beaucoup de soin ces divers objets. Pour les connaître à notre tour, nous prendrons pour guide le savant conservateur du Musée archéologique de Saint-Germain.

Voici d'abord diverses représentations du mammouth, lequel existait encore au commencement de l'époque du renne.

La première (fig. 64) est une esquisse au trait, dessinée sur

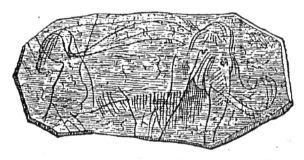

Fig. 64. Esquisse de mammouth gravée sur une lame d'ivoire.

une plaque d'ivoire de la grotte de la Madelaine. MM. Lartet et Christy trouvèrent cette lame d'ivoire brisée en cinq morceaux, qu'ils purent rapprocher très-exactement. On y distingue parfaitement le petit œil de l'animal et ses longues défenses recourbées, ainsi que sa trompe puissante et même son abondante crinière, ce qui prouve que c'est bien là le mammouth, c'est-à-dire l'éléphant fossile et non l'éléphant actuel.

La seconde figure est un mammouth entier sculpté sur un fragment de bois de renne, provenant de l'*abri sous roche* de Bruniquel, et appartenant à M. Peccadeau de l'Isle. Cette figure forme le manche d'un poignard dont la lame part du front de l'animal. On reconnaît le mammouth à sa trompe, à ses défenses, à ses larges pieds plats, et surtout à sa queue retroussée, que termine une touffe de poils. En effet, l'éléphant actuel ne retrousse pas la queue, et n'a pas de bouquet de poils terminant la queue en forme de fouet.

Une troisième pièce provenant de la station antéhistorique de Laugerie-Basse (collection de M. de Vibraye) est l'extrémité inférieure d'un bâton de commandement, sculptée en forme de tête de mammouth. On y voit très-clairement un front bombé et la trompe de l'animal se développant le long de la base du bâton.

Sur un autre fragment de bâton de commandement trouvé à Bruniquel, par M. V. Brun, il existe un grand tigre (*Felis spelæa*) nettement gravé. La tête est surtout parfaitement rendue.

Les figures du renne, soit en gravure, soit en sculpture, sont très-fréquentes; mentionnons les suivantes.

En premier lieu, un manche de poignard, en bois de renne (fig. 65), du même type que celui façonné en forme de mam-

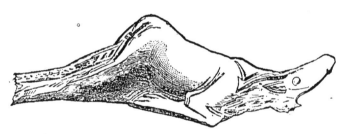

Fig. 65. Manche de poignard sculpté en forme de renne.

mouth. Cette pièce est remarquable en ce sens que l'artiste a su plier très-adroitement les formes animales à la destination de l'instrument. La poignée est formée par un renne, qui est sculpté dans une position toute particulière : les jambes de derrière sont étendues le long de la lame, celles de devant sont ramenées sous le ventre, pour ne pas blesser la main ; enfin la tête est renversée, le museau tourné vers le ciel, et les bois de l'animal sont couchés de façon à ne pas gêner la préhension.

Ce n'est là toutefois qu'une ébauche. Il n'en est pas de même des deux poignards en ivoire trouvés à Bruniquel, par M. Peccadeau de l'Isle. Ces pièces sont très-artistement exécutées : c'est ce qu'on a recueilli de plus achevé jusqu'à ce jour. L'une et l'autre représentent un renne, la tête renversée, comme dans la figure précédente; mais, tandis que dans le premier poignard la lame part de la partie postérieure du corps, à l'imitation de l'ébauche en bois, dans la seconde elle sort de la partie antérieure, entre la tête et les pattes de devant. Les pattes de derrière, lancées en arrière, viennent se rejoindre, après avoir laissé entre elles un vide, qui servait probablement d'anneau pour suspendre le poignard.

Nous ne saurions passer sous silence une plaque d'ardoise sur laquelle est gravé, au trait, un combat de rennes. Elle a été recueillie à Laugerie-Basse par M. de Vibraye. L'artiste a voulu retracer une de ces luttes furieuses que se livrent les rennes mâles, à l'époque des amours, pour la possession des femelles, et il l'a fait avec un talent qui n'exclut pas la naïveté. On aperçoit le vainqueur, fièrement campé, qui s'approche tendrement de la femelle, prix de sa victoire.

Il existe bon nombre d'autres morceaux sur lesquels sont gravés ou sculptés des rennes; nous ne nous y arrêterons pas; mais nous dirons quelques mots de plusieurs pièces où sont représentés le cerf, le cheval, l'aurochs, le bouquetin, etc.

Une figure de cerf (fig. 66) est gravée sur un fragment de

Fig. 66. Figure de cerf gravée sur un bois de cerf.

bois de cerf trouvé dans la grotte de la Madelaine par MM. Lartet et Christy. La forme de la ramure, très-différente de celle du renne, ne permet pas de se tromper sur l'identité de l'animal.

Le bœuf et l'aurochs sont représentés de diverses façons. Nous citerons une tête sculptée trouvée dans la grotte de Laugerie-Basse, par M. de Vibraye, et formant la base d'un bâton de commandement.

Fig. 67. Les précurseurs de Raphaël et de Michel-Ange, ou la naissance des arts du dessin
et de la sculpture à l'époque du renne.

Il faut sans doute rapporter à la même catégorie un fragment de bois de renne recueilli à Laugerie-Basse, sur lequel est esquissée, d'une main ferme et exercée, la partie postérieure d'un grand herbivore (fig. 68). Divers indices condui-

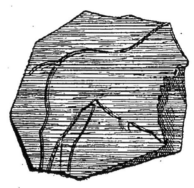

Fig. 68. Figure d'un grand herbivore sur un fragment de bois de renne, portant un dessin d'animal.

sent M. Lartet à penser que l'artiste a voulu reproduire, non un cheval, comme on se le figure tout d'abord, mais un aurochs, à formes un peu élancées. Malheureusement, le morceau est fracturé à l'endroit précis où devrait commencer la crinière touffue qui caractérise les espèces du sous-genre Bison.

A la même station appartient un autre fragment de bois de renne, où se voit gravé un animal cornu (fig. 69) qui pa-

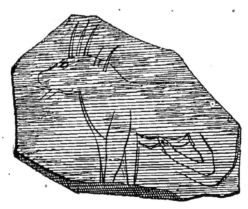

Fig. 69. Figure d'animal dessinée sur un fragment de bois de renne.

raît être un bouquetin, si l'on en juge par les lignes qui simulent une barbe sous le menton.

La grotte des Eyzies, dans le département de la Dordogne, a fourni à MM. Lartet et Christy deux plaques de schiste quartzifère, sur lesquelles sont également gravées des formes ani-

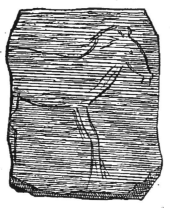

Fig. 70. Morceau de plaque de schiste portant le dessin d'un animal, trouvé dans la grotte des Eyzies.

males, mal caractérisées. Dans l'une (fig. 70) on a cru reconnaître l'élan ; quant à l'autre, dont la partie antérieure seule a été conservée, il n'est guère possible de déterminer à quel mammifère elle se rapporte. Des cornes confusément tracées semblent indiquer un herbivore.

Sur un bâton de commandement en bois de renne, de la grotte de la Madelaine, trouvé par MM. Lartet et Christy, sont figurés de chaque côté, et en demi-relief, trois chevaux, très-reconnaissables.

Un os sculpté, trouvé à Bruniquel par M. de Lastic, porte, gravées au trait à côté l'une de l'autre, une tête de renne et une tête de cheval, parfaitement caractérisées.

Enfin MM. Lartet et Christy ont recueilli à Laugerie-Basse une tige arrondie en bois de renne (fig. 71), sur laquelle est sculptée, en demi-relief, une tête de cheval à oreilles couchées et un peu longues. On ne s'explique pas bien l'usage de cette tige, dont l'une des extrémités se termine en pointe, avec un crochet latéral. C'était peut-être un harpon.

Les représentations d'oiseaux sont plus rares que celles de mammifères.

En revanche, les gravures de poissons sont assez nombreuses, principalement sur les bâtons de commandement, où l'on en remarque souvent une quantité à la suite les uns des autres. Il en existe une reproduction de poisson finement

Fig. 71. Sorte de harpon en bois de renne, portant une tête d'animal sculptée.

gravée sur un fragment de mâchoire inférieure de renne, de Laugerie-Basse.

Dans la grotte de la Vache (Ariége), M. Garrigou a également recueilli un morceau d'os qui porte un bon dessin de poisson.

On a trouvé peu de figures de reptiles, et en général elles sont mal rendues. Il faut cependant faire une exception en faveur d'un têtard, tracé sur une pointe trouvée dans la grotte de la Madelaine.

Lesdessins de fleurs sont très-rares; la *galerie du travail* à l'Exposition n'en renfermait que trois spécimens, provenant de la Madelaine et de Laugerie-Basse, et tous trois gravés sur des pointes de lance.

Les hommes de l'époque du renne n'ont-ils pas eu l'idée de reproduire leur propre image? Les fouilles pratiquées dans les stations du Périgord n'ont-elles mis à jour aucune imitation des formes humaines? Rien ne serait plus intéressant qu'une semblable découverte. Les recherches n'ont pas été tout à fait stériles sous ce rapport, et l'on est parvenu à retrouver des essais de statuaire chez ces peuplades primitives.

M. de Vibraye a trouvé dans la grotte de Laugerie-Basse une petite statuette en ivoire, dans laquelle il voit une sorte d'idole impudique. La tête et les pieds, ainsi que les bras, sont brisés.

Une autre forme humaine (fig. 72), grêle et fluette, comme la précédente, est gravée sur un bâton de commandement dont MM. Lartet et Christy ont recueilli un fragment dans la grotte de la Madelaine. L'homme est représenté entre deux

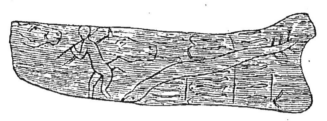

Fig. 72. Bâton de commandement portant le dessin gravé d'un homme, de chevaux et d'un poisson.

têtes de chevaux, et à côté d'un long serpent, ou poisson en forme d'anguille. Sur l'autre face du même bâton, qui n'est pas représentée ici, sont gravées deux têtes d'aurochs.

Sur un fragment de pointe de lance de la même station de Laugerie-Basse, on voit, représentées en demi-relief, à la suite les unes des autres, des mains munies de quatre doigts seulement. M. Lartet a fait remarquer que certaines peuplades sauvages figurent encore la main en supprimant le pouce.

Sur la figure 39 (page 99), qui représente l'homme à l'époque du renne, tel qu'il résulte de l'ensemble de nos connaissances actuelles, on voit un individu couvert de vêtements cousus à l'aiguille, tenant comme arme principale la mâchoire d'ours avec sa canine aiguë, et armé de la hache ou couteau de silex. Près de lui une femme est revêtue des ornements de parure que l'on a reconnus propres à cette époque.

Demandons-nous maintenant quel était le caractère de l'homme sous le rapport de son organisation physique pendant l'époque du renne?

On a appris quelque chose des grands traits de sa physio-

nomie, en étudiant les objets recueillis dans des grottes à
ossements de la Belgique, dont nous avons parlé dans l'Introduction de ce volume, et dont l'exploration fut faite par
M. Édouard Dupont, assisté d'un paléontologue et anatomiste
belge, M. Van Beneden. Ces fouilles avaient été ordonnées par
le gouvernement du roi Léopold, qui avait fourni les fonds
nécessaires pour les pousser aussi loin que possible. Ces trois
grottes, situées dans la vallée de la Lesse, sont le *Trou des
Nutons* et le *Trou du Frontal*, à Furfooz, près de Dinant, et la
caverne de Chaleux, dans le voisinage de la même ville.

Le Trou des Nutons et le Trou du Frontal ont été boule-
versés par une violente irruption des eaux, car les débris
qu'ils contenaient étaient mélangés, dans un désordre in-
croyable, à une masse énorme de matières terreuses et de
blocs calcaires amenés par l'inondation.

Dans le Trou des Nutons, situé à environ 50 mètres au-
dessus du niveau de la Lesse, M. Van Beneden a reconnu de
nombreux ossements du renne, de l'urus et de beaucoup
d'autres espèces encore vivantes, parmi lesquels gisaient, pêle-
mêle, des instruments en silex, principalement des couteaux,
des os et des bois de renne travaillés de différentes façons, des
osselets de chèvre polis sur deux faces, un sifflet formé d'un
tibia de chèvre et dont on peut tirer encore des sons, des
fragments de poterie fort grossière, des restes de foyers, etc.

Le Trou du Frontal fut ainsi nommé par M. Édouard Dupont,
parce que, le premier jour des fouilles, il y recueillit un os
frontal humain. Cette découverte ne devait pas rester un fait
isolé. Bientôt on se trouva en présence d'un grand nombre
d'ossements humains, associés à une quantité considérable
d'ossements de renne et autres animaux, ainsi que d'outils
de toutes sortes. M. Van Beneden constata que les ossements
se rapportaient à treize individus de tout âge; quelques-uns
appartenaient à des enfants d'un an à peine. Parmi eux se
trouvaient deux crânes entiers, bien conservés, et très-pré-
cieux en ce sens qu'ils ont pu fournir quelques inductions
sur la conformation céphalique des peuplades primitives des
bords de la Lesse.

M. Édouard Dupont pense que cette grotte a servi de sépul-

ture. Il est probable que telle était, en effet, sa destination,
car on y a retrouvé une large dalle, qui devait servir à en
boucher l'ouverture et à mettre les corps à l'abri de la pro-
fanation. Dans ce cas, les ossements d'animaux épars çà et là
seraient des débris de repas funéraires, comme en faisaient
les peuplades de l'époque du grand ours et du mammouth.

Il est intéressant de constater une pareille similitude dans
les coutumes d'hommes séparés par de vastes territoires, et
à une distance de plusieurs milliers d'années.

Immédiatement au-dessus du Trou du Frontal est une
grotte, nommée *Trou Rosette*, dans laquelle on a également
recueilli les ossements de trois individus d'âges divers, associés à des ossements du renne et du castor, ainsi qu'à des
morceaux d'une poterie noirâtre, creusée de sillons grossiers
en guise d'ornements, et simplement durcie au feu. Selon
M. Dupont, les trois hommes dont on a découvert les restes
auraient été écrasés par des blocs de rochers, lors de la
grande inondation qui a laissé des traces dans la vallée de la
Lesse.

La caverne de Chaleux a été préservée d'un bouleversement semblable à celui qui est arrivé dans les cavernes
précédentes, par l'écroulement de son plafond, qui ensevelit
et maintint en place, sous une masse de décombres, tous
les objets qui s'y trouvaient au moment de la catastrophe. On
y a recueilli des ossements de mammifères, d'oiseaux et de
poissons, des os et des bois de renne travaillés, des coquilles fossiles, venant, comme nous l'avons dit, de la Champagne, et qui servaient d'ornements, enfin et surtout des silex taillés, au nombre d'au moins trente mille. Dans le foyer,
placé au milieu de la caverne, on a rencontré une pierre
portant des signes inexpliqués jusqu'à ce jour, et tout autour
M. Dupont a ramassé, comme nous avons déjà eu l'occasion
de le dire, environ dix kilogrammes d'ossements roussis
ou brûlés, appartenant au rat d'eau : ce qui montre qu'à défaut de proies plus nobles et plus substantielles, les anciens habitants de ce pays savaient se contenter de ces petits rongeurs.

Les deux crânes recueillis à Furfooz ont été étudiés par
M. Van Beneden et par Pruner-Bey, dont l'autorité est si

grande en anthropologie. Ils présentent d'assez notables différences, mais Pruner-Bey pense que ce sont des têtes d'homme et de femme de la même race. Il y a souvent, dit le savant anthropologiste pour justifier cette manière de voir, plus de différence entre les têtes des deux sexes d'une même race qu'entre les têtes de même sexe de deux races distinctes.

De ces deux crânes l'un est *prognathe*, c'est-à-dire à mâchoires portées en avant; l'autre, c'est-à-dire celui que présente la figure 73, est *orthognate*, ou à mâchoires droites. Le

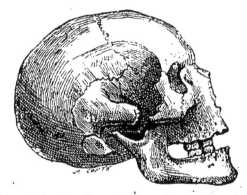

Fig. 73. Crâne trouvé par M. Édouard Dupont à Furfoox.

prognathisme du premier, qui est l'indice d'une race dégradée (comme celle du nègre), n'empêche pas qu'il ait le front plus élevé et la capacité crânienne plus vaste que le second. Il y a donc là un véritable mélange des caractères propres aux races inférieures et à la race caucasique, qui est l'expression la plus haute de l'espèce humaine.

Suivant Pruner-Bey, les peuplades belges de l'époque du renne appartenaient à une race de petite taille, mais très-vigoureuse, la face offrant l'aspect d'un losange, et le crâne entier simulant une sorte de pyramide. Cette race, d'origine touranienne ou mongole, serait la même que la race ligure ou ibère, qui existe encore au nord de l'Italie (golfe de Gênes) et dans les Pyrénées (pays basque).

Ces conclusions ne doivent être accueillies qu'avec la plus grande réserve, car elles n'ont pas rallié l'opinion de tous les anthropologistes. Ainsi M. Broca pense que les Basques

dérivent d'une race de l'Afrique du Nord, laquelle se serait
répandue en Europe à l'époque où il existait un isthme à
l'emplacement du détroit de Gibraltar. Cette opinion n'a rien
que de raisonnable, car des témoignages certains prouvent
que l'Europe et le nord de l'Afrique ont été autrefois réunis
par une langue de terre, qui fut ensevelie sous les eaux de
la mer au point où existe aujourd'hui le détroit de Gibraltar,
ce qui opéra la disjonction de l'Afrique et de l'Europe. Il
suffira de citer l'analogie des faunes constatée entre les deux
pays par les restes fossiles recueillis à Gibraltar, et l'existence, de nos jours mêmes, sur cet aride rocher, d'un certain
nombre de singes sauvages, dont l'espèce se trouve sur la
rive africaine qui lui est opposée.

Dans les fouilles, si intéressantes, qu'il a pratiquées dans les
abris sous roches de Bruniquel, M. V. Brun a rencontré un
certain nombre d'ossements humains, et particulièrement
deux crânes, l'un de vieillard, l'autre d'adulte. Nous représentons ici (fig. 74) le crâne de vieillard, d'après une photographie qu'a bien voulu nous adresser M. V. Brun.

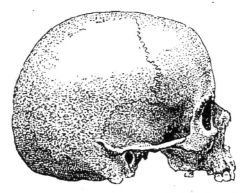

Fig. 74. Crâne de vieillard trouvé dans *l'abri sous roche* de Lafaye, à Bruniquel.

Si l'on mesurait l'angle facial de ce crâne, on trouverait
qu'il ne diffère pas de celui de l'homme qui habite aujour-
d'hui les mêmes climats. On voit, d'après cela, combien sont
illusoires les idées qui font de l'homme primitif, de l'homme
de l'âge de la pierre, un être essentiellement différent de
l'homme de nos jours. Le mot d'*homme fossile*, répétons-le à
cette occasion, est à rayer de la science, tant pour rester con-

forme aux faits constatés, que pour faire cesser un malen-
tendu nuisible aux progrès des études concernant l'origine de
l'homme.

Pour terminer cette description des mœurs et usages de
l'homme à l'époque du renne, nous parlerons des coutumes
funéraires de ce temps, ou, si l'on veut, du mode d'ensevelissement propre à cette période de l'histoire de l'humanité
primitive.

L'homme qui habitait les cavernes enterrait ses morts dans
les cavernes. Un fait à remarquer, c'est que l'homme donne
souvent à ses sépultures la forme de ses habitations.

« Les sépultures des Tartares de Kasan, dit M. Nilsson, ressemblent
entièrement, sur une petite échelle, à leurs habitations ; elles sont bâties
comme ces habitations, avec des poutres rapprochées les unes des autres. Une sépulture circassienne ressemble à une habitation circassienne. Les sépultures des Juifs Karaïtes, dans la vallée de Josaphat,
ressemblent à des maisons et à des églises. Les sépultures néo-grec-
ques de la Crimée imitent de même les églises [1]. »

On ne sera pas surpris dès lors d'apprendre que les hommes
de l'époque du renne ensevelissaient leurs morts dans des
grottes, comme le faisaient leurs ancêtres de l'époque du
grand ours et du mammouth, c'est-à-dire qu'ils enterraient
leurs morts dans les mêmes cavernes qui servaient alors généralement d'habitation.

La figure 75 représente une cérémonie funèbre à l'époque
du renne.

Le défunt est porté sur du feuillage, comme on le fait
encore chez les sauvages modernes. Des hommes, munis de
torches, c'est-à-dire de branches de bois résineux, précèdent
le cortége funèbre, pour éclairer l'intérieur de la caverne. La
caverne est ouverte pour recevoir le corps, et elle se refermera
sur lui. On apporte, pour laisser auprès du défunt, les armes,
ornements et ustensiles qu'il affectionnait pendant sa vie.

Pour résumer les traits principaux épars dans cet exposé

1. *Les habitants primitifs de la Scandinavie*, par M. Swen Nilsson. Paris, 1869,
chez Reinwald, in-8°, p. 202.

des conditions de la vie humaine à l'époque du renne, nous
citerons une page éloquente du rapport adressé par M. Édouard
Dupont au ministre de l'intérieur de la Belgique, sur les fouilles que l'éminent géologue belge avait exécutées dans les cavernes des environs de Furfooz.

« Les données acquises par les fossiles de Chaleux réunies à celles
qui ont été fournies par les grottes de Furfooz, présentent, dit M. Dupont, un tableau saisissant des premiers âges de l'humanité en Belgique.

« Ces anciennes peuplades, avec toutes leurs coutumes, reparaissent
à nos yeux, après un oubli de plusieurs milliers d'années, et semblable
à l'oiseau merveilleux qui trouvait dans ses cendres une nouvelle
source de vie, l'antiquité renaît de ses propres débris.

« Nous les voyons, dans leurs sombres abris souterrains, entourant
l'âtre, taillant avec adresse et grande patience leurs outils en silex et leurs
ustensiles en bois de renne, au milieu des émanations pestilentielles
des nombreux débris d'animaux que leur insouciance conserve dans
leur demeure. Les dépouilles des bêtes fauves sont épilées, et, par le
silex effilé et les aiguilles, elles deviendront des vêtements. Nous les
voyons à la poursuite des animaux sauvages, armés de flèches et de
lances dont un morceau de silex est la pointe meurtrière.

« Nous assistons à leurs festins, où un cheval, un ours, un renne est
venu remplacer, pendant les jours de chasse heureuse, l'infecte viande
du rat, leur seul recours contre la famine. Les voilà trafiquant avec les
peuplades des régions françaises actuelles et obtenant des coquilles
fossiles et du jais dont ils aiment à se parer, et le silex qui leur est si
précieux. Ici ils recueillent la fluorine, dont la couleur charme leurs
yeux. Là ce sont de grandes dalles de grès qui seront placées autour
du foyer.

« Mais voici les jours néfastes, et certes les malheurs ne leur sont
point épargnés. Un éboulement les expulse de leur principale demeure.
Les objets de leur culte, les ustensiles y restent enfouis, et ils sont
forcés d'aller s'établir dans d'autres lieux.

« La mort porte ses ravages parmi eux, et quels soins ne prennent-
ils pas de ceux qu'ils ont perdus? Nous les voyons transporter le cadavre dans une caverne sépulcrale. Une urne, des armes, des amulettes y forment l'ameublement funèbre. Une dalle en interdit l'entrée
aux bêtes sauvages. Puis commence le repas funéraire à côté de la
demeure des morts; un foyer est allumé, les grands animaux sont dé-
pecés et leurs chairs fumantes sont distribuées à chacun. Que de cérémonies bizarres n'eurent pas lieu alors, comme celles qui nous sont
racontées des sauvages des solitudes indiennes et africaines! L'imagination nous retrace facilement des chants, des danses, des invocations;
mais la science est impuissante à les faire revivre.

Fig. 75. Une cérémonie funèbre à l'époque du renne.

« La sépulture se rouvre souvent; de petits enfants comme les adultes viennent successivement prendre place dans la lugubre caverne accompagnés du même cérémonial, et treize fois la dalle est déplacée pour livrer passage aux corps de ces malheureux.

« Mais la fin de cet âge antique est venue. Des torrents d'eau vont envahir la contrée. Ses habitants, chassés de leurs demeures, cherchent en vain un refuge sur les sommets. La mort les atteint, et une caverne ténébreuse sera le tombeau des malheureux qui furent témoins à Furfooz de cette immense catastrophe.

« Rien n'est respecté par l'élément terrible. Cette sépulture, objet des soins touchants de ces pauvres peuplades, va s'ouvrir devant le torrent, et les os des cadavres, disjoints par les eaux, seront dispersés au milieu des terres et des pierres. L'habitation seule est exempte de bouleversement, elle est protégée par une catastrophe antérieure : l'écroulement du plafond sur le sol de la caverne. »

Nous venons d'esquisser la physionomie de l'homme à l'époque du renne, de décrire les objets principaux de son industrie et d'insister sur les produits de ses facultés artistiques. Il nous reste, pour compléter, au point de vue scientifique, l'étude de cette question, à faire connaître les sources d'investigation dans lesquelles on a pu puiser pour s'élever à ces intéressantes notions. Ici, ce sont les cavernes qui ont fourni presque toutes les indications : il est donc utile de signaler brièvement les cavernes qui ont été le théâtre de ces trouvailles diverses.

A tout seigneur tout honneur. Signalons, en première ligne, les stations du Périgord, qui ont tant contribué à la connaissance de l'homme primitif. Les quatre principales sont la *grotte des Eyzies* et les abris sous roches, ou cavernes, de la *Madelaine*, de *Laugerie-Haute* et de *Laugerie-Basse*. Elles ont été toutes explorées par MM. Lartet et Christy, qui, après avoir dirigé les fouilles avec la plus grande habileté, en ont exposé les résultats d'une façon non moins remarquable. La station de Laugerie-Basse a été également visitée par M. de Vibraye, qui a su y recueillir des morceaux très-intéressants.

Nous n'avons pas l'intention de revenir sur ce que nous avons déjà dit en décrivant les objets trouvés dans ces diverses localités. Nous mentionnerons seulement cette vertèbre lombaire de renne, ramassée aux Eyzies, que nous avons r présentée plus haut (fig. 55, page 121), et qui est transpercée

10

par une lame ou flèche de silex, qu'on y voit encore engagée.
Si quelques doutes pouvaient subsister sur la coexistence de
l'homme et du renne en France, cette pièce suffirait pour les
faire à jamais disparaître.

.Viennent ensuite, par ordre d'importance, la caverne et les
abris sous roche de Bruniquel (Tarn-et-Garonne). Ils ont été
étudiés par un grand nombre d'explorateurs, parmi lesquels
il.faut distinguer M. Garrigou, M. de Lastic, propriétaire de
la caverne, M. V. Brun, le savant directeur du Musée d'histoire naturelle de Montauban, et M. Peccadeau de l'Isle.

Il est fâcheux que M. de Lastic ait vendu à M. Owen, pour
le Musée britannique, environ quinze cents débris de toute
nature, recueillis dans sa propriété. Il y avait certainement,
dans ce.grand nombre de pièces, des objets qui ne se retrou-
veront pas ailleurs, et qu'il eût été bon, à tous les points de
vue, de conserver à la France.

La caverne de Bruniquel a fourni des ossements humains,
entre autres deux crânes presque entiers, dont l'un est représenté plus haut (page 140), ainsi que deux demi-mâchoires, qui ressemblent à celle de Moulin-Quignon. M. V. Brun
a donné le dessin de ces divers restes humains dans son in-'
téressant mémoire[1].

Citons maintenant la *caverne de Bize*, près de Narbonne
(Aude); cette grotte fut fouillée dès l'année 1826 par
M. Tournal, qui l'un des premiers affirma la haute antiquité
de l'homme; — la *grotte de la Vache,* dans la vallée de Tarascon (Ariége), où M. Garrigou a recueilli une innombrable quantité d'ossements et dont l'un porte gravés des caractères particuliers qui constituent peut-être un essai
d'écriture; — la *grotte de Massat*, dans le même département,
signalée par M. Fontan, et que M. Lartet considère comme
une habitation d'été, dont les possesseurs se nourrissaient
de viandes et de colimaçons crus, car on n'y a observé
aucune trace de foyer, bien qu'elle ait servi longtemps
de retraite à l'homme primitif; — la *grotte de Lourdes*,
près de Tarbes (Hautes-Pyrénées), dans laquelle M. Milne-

---

1. *Notice sur les fouilles paléontologiques de l'âge de la pierre exécutées à
Bruniquel et Saint-Antonin*, par V. Brun, in-8°. Montauban, 1867.

Edward a recueilli un fragment de crâne humain, apparte-
tenant à un individu adulte ; — la *caverne d'Espalungue*,
aussi appelée *grotte d'Izeste* (Basses-Pyrénées), où MM. Garrigou et Martin ont également trouvé un os humain, le cinquième métatarsien gauche ; — la *caverne de Savigné* (Vienne),
située sur les bords de la Charente et découverte par M. Joly-
Leterme, architecte à Saumur, qui y a ramassé un fragment
d'os de cerf, où sont gravées deux figures d'animaux avec
des hachures pour indiquer les ombres ; — les *grottes de
la Balme et de Bethenas*, dans le Dauphiné, fouillées par
M. Chantre ; — enfin la *station de Solutré*, dans les environs de Mâcon, d'où MM. de Ferry et Arcelin ont exhumé
deux crânes humains, associés à de très-beaux instruments
en silex du type de Laugerie-Haute.

Toutes ces stations ne correspondent pas à la même époque,
quoique se rapportant sans distinction à cette longue période désignée sous le nom d'époque du renne. Il n'est pas
toujours possible d'établir leur chronologie relative. On peut
néanmoins avancer, d'après l'état des débris, que les grottes
de Lourdes et d'Espalungue remontent aux temps les plus
anciens de l'époque du renne, tandis que les stations du Périgord, du Tarn-et-Garonne et du Mâconnais sont d'une
date plus rapprochée. Quant à la grotte de Massat, elle paraît devoir être placée au commencement de l'époque de la
pierre taillée, car on n'y a pas trouvé d'ossements du renne
ni du cheval ; parmi les espèces animales éteintes, l'aurochs
seul y est représenté.

A cette liste des cavernes à ossements propres à la France,
et qui ont servi à jeter de la lumière sur les particularités de
l'existence de l'homme de l'époque du renne, il faut ajouter
les grottes de la Belgique, explorées avec tant de zèle et de
talent par M. Édouard Dupont, et qui ont plus particulièrement
servi, comme on l'a vu dans les pages qui précèdent, à éclairer les caractères de l'organisation physique de l'homme à
cette époque.

La France et la Belgique n'ont pas seules fourni des docu-

ments sur l'histoire de l'homme à l'époque du renne. Nous
ne devons pas manquer de dire que l'on a découvert des stations de cette même période en Allemagne et en Suisse.

En 1866, on a trouvé dans le voisinage de Rabensbourg,
non loin du lac de Constance, au fond d'une ancienne *mo-
raine* de glacier, une grande quantité d'ossements et d'instruments brisés. Les os du renne formaient les 98 centièmes
de ces ossements. Les autres débris osseux appartenaient au
cheval, au loup, à l'ours brun, au renard blanc, au glouton
et au bœuf.

En 1868, dans une montagne qui touche Genève, on a trouvé
une grotte, profonde de douze pieds, large de six, et contenant, sous une couche de carbonate de chaux, une grande
quantité de silex et d'ossements. Les ossements du renne
s'y trouvaient en majorité, car on comptait dix-huit squelettes de ces animaux. Le reste se composait de cinq chevaux,
six bouquetins, mêlés à des restes de marmotte, de chamois,
de gelinotte. c'est-à-dire de la population animale qui a aujourd'hui abandonné les vallées helvétiques, pour se confiner
sur les hautes montagnes des Alpes.

ÉPOQUE DE LA PIERRE POLIE

ou

ÉPOQUE DES ANIMAUX ASSERVIS

CHAPITRE I.

Le déluge européen. — L'habitation de l'homme à l'époque de la pierre polie. — Les cavernes et les abris sous roches continuent d'être habités. — Principales cavernes étudiées jusqu'ici, et qui correspondent à l'époque de la pierre polie. — Alimentation de l'homme à cette époque.

Nous venons de parcourir, à l'aide des documents arrachés aux entrailles de la terre, la longue série des temps antédiluviens, depuis le moment où l'homme a fait son apparition à la surface du globe, et nous avons pu reconstruire, bien imparfaitement, il est vrai, l'histoire de nos premiers ancêtres. Abandonnant cette époque, dont la science perce à grand'peine l'obscurité, nous allons entrer dans une période que des vestiges plus nombreux et moins réfractaires à notre intelligence nous permettront de caractériser avec plus de précision.

Une grande catastrophe, dont la tradition de tous les peuples a gardé le souvenir, marque en Europe la fin de l'époque quaternaire. Il n'est pas facile d'assigner les causes précises de ce grand événement de l'histoire de la terre; mais, quelle que soit l'explication que l'on en donne, il est certain qu'un cataclysme, dû à un violent écoulement d'eaux torrentielles, a eu lieu pendant la période géologique quaternaire,

car les traces en sont partout visibles. Ces traces consistent
en un dépôt argileux rougeâtre, mêlé de sables et de cailloux.
On nomme ce dépôt de terrain *diluvium rouge* en certaines contrées, et ailleurs *diluvium gris*. Dans les vallées du Rhône et
du Rhin, il est recouvert d'une couche de limon ou terre à
briques, appelée *lœss*, ou *lœhm*, par les géologues, et sur l'o-
rigine de laquelle on n'est pas bien d'accord. M. Lyell pense
que cette boue a été produite par l'écrasement des roches
qui supportaient les anciens glaciers des Alpes, et qu'elle a
ensuite été entraînée par les cours d'eau qui descendaient de
ces montagnes. Elle couvre une grande partie de la Belgique, où son épaisseur varie de trois à neuf mètres, et où elle
alimente un grand nombre de briqueteries.

Ce dépôt, c'est-à-dire le *terrain diluvien*, est le plus récent
de tous ceux qui constituent l'écorce terrestre; il forme en
beaucoup de pays de l'Europe le sol foulé par les populations
actuelles.

L'inondation à laquelle on rapporte le *diluvium* clôt la série des temps quaternaires. Dès lors commence la période
géologique contemporaine, caractérisée par la stabilité à peu
près complète du relief terrestre et par la formation des tourbières.

Les premiers documents de l'histoire sont loin de remonter
jusqu'à l'origine de cette période. Les temps historiques
ne sont pas encore atteints, tant s'en faut, même au commencement de la période géologique contemporaine.

Pour continuer notre récit des développements progressifs
de l'humanité primitive, nous avons maintenant à étudier
l'*Époque de la pierre polie*, ou des *animaux asservis*, qui précède
l'Age des métaux.

Les faits à passer en revue étant nombreux, nous considérerons cette période, d'abord dans les parties de notre continent qui forment aujourd'hui la France et la Belgique, puis
dans le Danemark et la Suisse, où nous aurons à signaler chez
l'homme des mœurs et des habitudes toutes spéciales.

Nous considérerons successivement :

1° L'habitation de l'homme à l'époque de la pierre polie;

2° Son mode d'alimentation ;

3° Son industrie;

4° Les armes qu'il fabrique et leur emploi à la guerre;

5° Ses connaissances dans l'agriculture, la pêche et la navigation;

6° Ses usages funéraires;

7° Enfin le caractère de la race humaine à cette date.

Habitation. — Dans la partie du continent européen qui forme la France actuelle, l'homme, pendant la période que nous désignons sous le nom d'*Époque de la pierre polie*, continua, pendant quelque temps, d'habiter les abris sous les roches, ainsi que les cavernes, qui lui offraient la meilleure retraite contre les attaques des bêtes fauves.

C'est surtout dans l'extrême sud de notre pays que ce fait a été constaté, et parmi les recherches qui ont contribué à l'établir, nous devons mentionner particulièrement celles de MM. Garrigou et Filhol dans les cavernes des Pyrénées ariégeoises. Ces deux savants ont exploré les grottes de Pradières, de Bedeilhac, de Labart, de Niaux, d'Ussat, de Fontanel [1].

Dans l'une de ces cavernes, que nous avons déjà citée dans le chapitre précédent, mais qu'il faut rappeler ici, car elles se rapportent à l'époque de la pierre polie en même temps qu'à celle du renne, MM. Garrigou et Filhol ont trouvé les ossements d'un grand bœuf, l'urus, ou *Bos primigenius*, d'un bœuf plus petit, du cerf, du mouton, de la chèvre, de l'antilope, du chamois, du sanglier, du loup, du chien, du renard, du blaireau, du lièvre, et peut-être aussi du cheval. Ni le renne ni même l'aurochs ne sont compris dans cette nomenclature : ces deux espèces, en raison de la douceur du climat, avaient déjà émigré vers le Nord et l'Est, à la recherche d'une température plus froide.

Des restes de foyers, des os fendus en long, des crânes brisés, montrent que les habitants de ces cavernes se nourrissaient à peu près comme leurs ancêtres. Il est probable

1. *L'homme fossile des cavernes de Lombrive et de Lherm*, in-8. Toulouse, 1862, avec planches. — *L'âge de pierre dans les vallées de Tarascon* (Ariége), in-8. Tarascon, 1863.

qu'ils mangeaient aussi des colimaçons crus, car on a retrouvé dans cette caverne, comme dans celle de Massat[1],
une grande quantité de coquilles, dont la présence ne peut
s'expliquer que de cette façon.

A ces débris étaient associés des poinçons, des têtes de
lance et des pointes de flèche en os, des haches, des couteaux,
des grattoirs en silex, ainsi qu'en diverses autres substances
plus répandues que le silex dans la contrée, telles que le
schiste siliceux, le quartzite, la leptinite, la serpentine. Ces
outils sont soigneusement taillés, et quelques-uns sont polis,
à l'une de leurs extrémités, sur des dalles de grès.

Parmi les autres cavernes de l'âge de la pierre polie, nous
citerons celles du Maz-d'Azil (Ariége) et d'Arcy-sur-Cure
(Yonne), qui sont des exemples remarquables de grottes à
assises superposées. On y trouve, à différents étages, des débris de l'époque du mammouth, de celle du renne et de celle
de la pierre polie.

Dans la grotte de Lourdes (Hautes-Pyrénées) qui a été explorée par M. Alphonse Milne-Edward on observe également
deux couches se rapportant, l'une à l'époque du renne,
l'autre à celle de la pierre polie[2]. Celle de Pontil (Hérault),
étudiée par M. le professeur Gervais[3], renferme des vestiges
de toutes les époques, y compris celle du bronze ; il faut cependant en excepter celle du renne, qui n'y est pas représentée.

Mentionnons enfin la caverne de Saint-Jean-d'Alcas (Aveyron), explorée à différentes reprises par M. Cazalis de Fondouce. C'est une grotte sépulcrale, analogue à celle d'Aurignac. Lorsqu'elle fut fouillée pour la première fois, il y a
une vingtaine d'années, on y trouva cinq crânes humains,
bien conservés, dont on méconnut l'importance, et qui furent totalement perdus pour la science. Des instruments en

1. *Sur deux cavernes à ossements découvertes dans la montagne du Kaer, à
Massat* (Ariége). — Cité par Lyell, *Appendice à l'Ancienneté de l'homme*, p. 247.
2. *De l'existence de l'homme pendant la période quaternaire dans la grotte de
Lourdes* (Hautes-Pyrénées). — (*Annales des sciences naturelles*, 4ᵉ série,
t. XVII.)
3. *Mémoires de l'Académie de Montpellier* (section des sciences), 1857, t. III,
p. 509.

Fig. 76. L'homme à l'époque de la pierre polie.

silex, en-jade, en serpentine, des os travaillés, des débris de poteries grossières, des amulettes en pierre, des tests de coquillages ayant formé des colliers ou des bracelets, étaient mêlés aux ossements humains.

M. Cazalis de Fondouce n'a observé à Saint-Jean-d'Alcas aucune trace du repas des funérailles signalé à Aurignac et à Furfooz; il a remarqué seulement deux grandes dalles posées en croix à l'entrée de la grotte, de manière à en rétrécir considérablement l'ouverture.

Cette grotte, d'après une dernière publication de M. Cazalis, remonterait un peu moins haut qu'on ne l'avait d'abord pensé, car on y a trouvé quelques fragments de substances métalliques. Ce serait donc seulement aux derniers temps de l'époque de la pierre polie qu'elle appartiendrait[1].

Alimentation de l'homme à l'époque de la pierre polie. — Pour obtenir des renseignements complets sur le mode d'alimentation des hommes du nord et du centre de l'Europe à l'époque de la pierre polie, nous invoquerons les beaux travaux dont le Danemark a été le théâtre dans ces dernières années, et qui exigent, en raison de leur importance, une exposition détaillée.

---

1. *Sur une caverne de l'âge de la pierre, située près de Saint-Jean-d'Alcas* (Aveyron), in-8, 1864. — *Derniers temps de l'âge de la pierre polie dans l'Aveyron*, in-8. Montpellier, 1867, avec planches.

CHAPITRE II.

Les *Kjoekken-moeddings* ou amas coquilliers du Danemark. — Mode
d'existence de l'homme qui vivait dans le Danemark à l'époque de
la pierre polie. — Domestication du chien. — L'art de la pêche à
l'époque de la pierre polie. — Les filets. — Armes et instruments de
guerre. — Type de la race humaine : le crâne de Borreby.

Placée au dernier rang, par l'étendue de son territoire et le
nombre de ses habitants, la nation danoise est pourtant l'une
des plus grandes de l'Europe par la place qu'elle a su conquérir dans les sciences et les arts. Ce vaillant petit peuple
possède une foule d'hommes distingués, qui font honneur à
la science. Les patientes recherches de ses archéologues et
de ses antiquaires ont fouillé la poussière des âges, pour
ressusciter un monde disparu. Leurs travaux, contrôlés par
les observations des naturalistes, ont jeté un jour éclatant
sur les premières étapes de l'humanité.

Aucune terre n'est d'ailleurs plus propre que le Danemark
à de pareilles investigations. Les antiquités s'y rencontrent à
chaque pas; il ne s'agit que de savoir les interroger, pour
en tirer d'importantes révélations touchant les mœurs, les
coutumes et l'industrie des populations antéhistoriques. Le
Musée de Copenhague, qui renferme des antiquités de divers
États scandinaves, est sans rival dans le monde.

Parmi les objets classés dans ce riche Musée, on en remarque un grand nombre provenant des *Kjoekken-moeddings*.

Et d'abord, qu'est-ce que ces Kjoekken-moeddings, dont le
nom est si rude à prononcer pour une bouche française, et
qui nous apprend suffisamment qu'il s'agit ici de l'âge de la
pierre?

Sur différents points des côtes danoises, particulièrement
dans la partie septentrionale, où la mer a découpé ces cri-
ques étroites et profondes connues sous le nom de *fiords*, on
remarque d'énormes accumulations de coquilles. En général,
ces dépôts ne sont élevés que d'un mètre environ au-dessus
du niveau de la mer, mais dans quelques lieux escarpés leur
altitude est assez grande. Ils ont d'un mètre et demi à trois
mètres d'épaisseur, de trente à soixante mètres de largeur,
et leur longueur atteint parfois jusqu'à 300 mètres sur une
largeur de 50 à 70 mètres. Dans les régions plates, elles forment de véritables collines, sur lesquelles, comme à Havelse,
on a quelquefois perché des moulins à vent.

Que rencontre-t-on dans ces amas? Une énorme quantité
de coquilles marines, et surtout de coquilles d'huîtres, des
ossements brisés de mammifères, des restes d'oiseaux et de
poissons, enfin des silex grossièrement taillés.

On avait pensé d'abord qu'il ne s'agissait là que de quelque banc de coquilles fossiles, terrain autrefois submergé,
et qui aurait été rendu apparent par un soulèvement du
sol, dû à une cause volcanique. Mais un savant danois,
M. Steenstrup, combattit cette opinion en se fondant sur
ce fait, que les coquilles proviennent de quatre espèces qui
ne vivent jamais ensemble, et qu'elles ont dû, par conséquent, être rassemblées par l'homme. M. Steenstrup faisait
également remarquer que ces coquilles avaient appartenu,
pour la plupart, à des individus arrivés à leur pleine croissance, qu'on n'y en voyait presque pas de jeunes. Une telle
singularité indiquait évidemment une intention raisonnée,
un acte de la volonté humaine.

Lorsqu'on eut découvert dans les Kjoekken-moeddings tous
les débris que nous avons énumérés, lorsqu'on y eut trouvé
des restes de foyers, sortes de petites plates-formes qui con-

servaient encore la trace du feu, on devina l'origine de ces immenses amas coquilliers. Il y avait eu là autrefois des peuplades qui vivaient de pêche et de chasse, et qui jetaient autour de leurs cabanes les restes de leurs repas, consistant surtout en coquillages. Peu à peu ces débris s'étaient accumulés, et avaient constitué les bancs considérables dont il s'agit. De là le nom de *Kjoekken-moedding*, composé de deux mots : *Kjoekken*, cuisine, et *moedding*, amas de rebuts. Les *Kjoekken-moeddings* sont donc les *rebuts des repas* des populations primitives du Danemark.

Figurez-vous les amas de coquilles d'huîtres et autres débris qui s'accumulent aux alentours des gargottes en différents pays, et vous comprendrez, en raisonnant du petit au grand, comment ont pu se produire les *rebuts de repas* du Danemark. Je me rappelle, pour mon compte, avoir vu, aux environs de Montpellier, de semblables petites collines formées par l'accumulation de coquilles d'huîtres, de moules et de *clovisses*.

Une fois acquise la conviction que les Kjoekken-moeddings étaient les rebuts des repas des populations primitives, il devenait extrêmement intéressant de fouiller avec soin tous ces amas espacés sur les côtes du Danemark. On devait s'attendre à y recueillir d'importantes données sur les coutumes et l'industrie des anciens habitants de ces contrées. En conséquence, une commission fut chargée par le gouvernement danois de les examiner et de publier le résultat de ses travaux.

Composée de trois savants éminents à des titres divers, le naturaliste Steenstrup, le géologue Forchhammer et l'archéologue Worsae, cette commission s'acquitta de sa tâche avec autant de talent que de zèle. Ses observations ont été consignées dans six rapports présentés à l'Académie des sciences de Copenhague. C'est à ces documents que sont empruntés la plupart des détails qui vont suivre.

Avant de porter à la connaissance du lecteur les faits mis en lumière par la commission danoise, il est bon de faire remarquer que le Danemark n'a pas le privilége des amas coquilliers. On en a découvert en Angleterre, dans le pays de

Cornouailles et le Devonshire, en Écosse, et même en France, près d'Hyères (Bouches-du-Rhône) [1].

MM. Sauvage et Hamy ont signalé à M. de Mortillet des dépôts de ce genre dans le Pas-de-Calais. On en observe, disent ces naturalistes, à la Salle (commune d'Outreau), sur certains points de la côte du Portel, et surtout un amas très-volumineux au Cronquelets (commune d'Étaples). Ce sont principalement les *Cardium edule*, qui abondent dans les *rejets de cuisine* du Pas-de-Calais.

MM. Evans, Preswich et Lubbock ont observé un de ces dépôts à Saint-Valery, près de l'embouchure de la Somme. En outre, plusieurs voyageurs en ont signalé dans différentes parties du monde. Dampier les a étudiés en Australie et Darwin à la Terre de Feu, où des dépôts de même genre se continuent encore de nos jours. M. Pereira de Costa en a cité un sur les côtes du Portugal; M. Lyell en a signalé d'autres sur les côtes du Massachusset et de la Géorgie, aux États-Unis. M. Strobel sur les côtes du Brésil. Mais ceux du Danemark sont les seuls qui aient été le sujet d'investigations sérieuses et réfléchies.

Presque tous les Kjoekken-moeddings sont établis sur la côte, le long des fiords, où l'action des flots se fait peu sentir. On en a cependant trouvé à une distance de plusieurs milles dans l'intérieur des terres, ce qui doit tenir à ce que la mer occupait autrefois ces mêmes lieux, et s'en est retirée. Si l'on n'en rencontre pas sur certains rivages du Danemark, tels que ceux de l'ouest, c'est qu'au contraire ils ont été balayés par la mer, qui a gagné du terrain de ce côté. Cela peut provenir également de ce que la côte occidentale était moins bien abritée que les autres parties de la péninsule danoise. Ils sont assez fréquents sur la plupart des îles voisines.

Les Kjoekken-moeddings forment ordinairement des collines ondulées, qui s'abaissent doucement du centre à la circonférence, les parties les plus épaisses indiquant l'emplacement

---

1. *Note sur un amas de coquilles mêlées à des silex taillés, signalé sur les côtes de Provence*, par M. A. Gory (*Revue archéologique*). — Cité dans les *Matériaux de l'histoire positive de l'homme*, par M. de Mortillet, t. I, p. 535.

des habitations. On observe quelquefois un monticule principal, entouré d'éminences plus petites, ou bien l'on aperçoit au milieu de l'amas un espace vide, qui dut être le lieu du campement.

Les espèces de mollusques dont les coquilles forment la masse presque entière des Kjoekken-moeddings sont l'huitre, le cardium, la moule et la littorine. D'autres, tels que des vénus, des buccins, des hélices (escargots), des *Nassa*, des *Trigomella*, s'y montrent, mais dans une proportion très-faible.

Les arètes de poissons se trouvent en grande abondance dans les amas coquilliers. Elles appartiennent au hareng, au cabillaud, à la limande et à l'anguille. On peut en inférer que les habitants primitifs du Danemark ne craignaient pas de s'aventurer sur les flots dans de frêles esquifs : le hareng et le cabillaud ne se pêchent, en effet, qu'à une assez grande distance des côtes.

Les ossements de mammifères sont aussi fort répandus dans les Kjoekken-moeddings. Les plus communs sont ceux du cerf, du chevreuil et du sanglier, qui, au dire de M. Steenstrup, y figurent pour les 97 centièmes. Les autres proviennent de l'urus, de l'ours brun, du loup, du renard, du chien, du chat sauvage, du lynx, de la martre, de la loutre, du marsouin, du phoque, du rat d'eau, du castor et du hérisson.

L'aurochs, le renne, l'élan, le cheval, le bœuf domestique, le mouton, le cochon, n'ont laissé aucune trace permettant de supposer qu'ils vivaient en Danemark à l'époque de la formation des Kjoekken-moeddings.

Nous avons nommé le chien. Divers indices tendent à faire croire que cet intelligent animal était déjà, à cette époque, réduit en domesticité. On a remarqué qu'une grande partie des os épars dans les amas coquilliers sont incomplets, les mêmes portions manquant toujours ; certains os sont même constamment absents. M. Steenstrup pensa que ces ravages auraient bien pu être l'œuvre des chiens allant fouiller les débris rejetés par leurs maîtres. Cette hypothèse fut confirmée à ses yeux, lorsqu'il se fut assuré, par expérience, que les os absents des Kjoekken-moeddings sont précisément ceux

que dévore le chien, et que les parties restantes de ceux
qu'on y retrouve restent toujours à l'abri de ses attaques,
à cause de leur dureté et du peu de substance assimilable.
qu'ils contiennent.

Quoique l'homme eût élevé le chien à la dignité de compagnon et d'ami, il le mangeait quelquefois. Il ne se résignait
sans doute à cette extrémité que lorsque tous les autres
moyens de subsistance lui faisaient défaut. Des os de chiens,
brisés par une main intelligente, et portant encore les marques de coups de couteau, sont là pour mettre le fait hors de
toute contestation.

Nous retrouvons d'ailleurs ici les mêmes goûts que dans
les autres contrées et en d'autres temps. Tous les os longs
ont été fendus pour en extraire la moelle, ce mets si apprécié par l'homme aux époques du renne et du mammouth.

Des quelques espèces d'oiseaux dont on recueille les restes
dans les Kjoekken-moeddings, la plupart sont aquatiques, fait
qui s'explique naturellement par la situation de l'homme sur
les bords de la mer.

Il résulte de cette revue des substances diverses dont ils faisaient usage pour leur alimentation, que les hommes de l'é-
poque de la pierre polie étaient chasseurs et pêcheurs.

La chasse s'exerçait au moyen de l'arc pour les animaux
à allures rapides, avec l'arme tranchante de silex agissant
de près pour les proies plus redoutables.

Quant à la pêche, elle se pratiquait déjà, comme aujour-
d'hui, à la ligne et au filet.

Nous avons vu que les hommes de l'époque du renne faisaient déjà usage d'hameçons garnissant l'extrémité des lignes. Ces hameçons étaient, comme nous l'avons dit, composés d'esquilles d'os ou de bois de renne. A l'époque de la
pierre polie, cet engin de pêche fut perfectionné, et l'on eut
le véritable hameçon à bout recourbé et aigu. Cet hameçon a
été trouvé par le Dr Uhlmann dans une des plus anciennes
stations lacustres de la Suisse. Mais un hameçon recourbé
était difficile à faire, et en outre était peu solide. Il fut remplacé par un autre plus simple, l'hameçon droit. C'est un

simple fragment d'os, long de 40 millimètres; mince et appointé aux deux bouts (fig. 77). Quelquefois il est un peu déprimé au milieu, ou percé d'un trou pour maintenir l'attache.

Ce petit os caché par l'appât, et attaché à une corde, était avalé par le poisson, et ne pouvait plus ressortir du corps, l'une de ses deux pointes s'enfonçant dans les viscères de l'animal.

On sera peut-être surpris d'apprendre que les hommes de l'époque de la pierre polie pêchaient au moyen de filets. Mais le fait ne saurait être mis en doute, par cette raison convaincante que l'on a retrouvé des vestiges de ces filets.

Fig. 77.
Hameçons en os.

Comment peut-il se faire que des filets de pêche remontant à l'époque de la pierre polie aient pu parvenir jusqu'à nous? C'est ce que nous allons expliquer.

Des habitations, des demeures de l'homme ont existé sur les lacs de la Suisse et d'autres pays. Ce sont les *habitations lacustres*, sur lesquelles nous aurons beaucoup à nous étendre, quand nous serons arrivés à l'époque du bronze. Les hommes qui vivaient sur ces lacs étaient nécessairement pêcheurs. On a retrouvé quelques traces de leurs filets de pêche par une circonstance que la chimie explique fort bien. Quelques-unes des habitations posées sur les lacs ont été incendiées. C'est ce qui est arrivé, par exemple, aux stations lacustres de Robenhausen et de Weragen, en Suisse. Les cabanes, presque entièrement construites en bois, brûlaient à l'extérieur, mais les objets placés à l'intérieur, et consistant surtout en filets, seule richesse de ces peuplades, ne pouvaient brûler, faute d'oxygène. Ces objets se carbonisaient seulement par la chaleur. Ils se recouvraient d'une légère couche de matière empyreumatique ou goudronneuse, excellente pour assurer la conservation des substances organiques. Ces filets roussis par le feu, tombant dans l'eau avec les débris de la cabane, sans avoir été en contact avec la flamme, vu leur chute précipitée, se sont conservés à peu près intacts, au fond des lacs. En les retrouvant après une

longue accumulation de siècles, on a été renseigné sur la composition des filets de pêche, comme aussi, disons-le, des provisions végétales, de la vannerie, etc., propres à ces âges reculés.

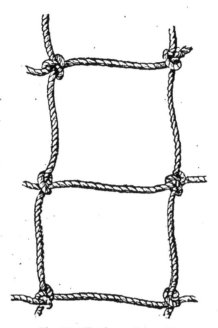

Fig. 78. Filet à grandes mailles.

On trouve dans un des mémoires du Dr Keller sur les
habitations lacustres, dont nous aurons à parler plus loin, la
description et la figure des filets de pêche recueillis dans

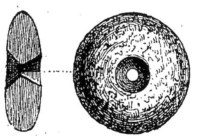

Fig. 79. Poids en pierre pour fixer les filets.

le lac de Robenhausen. Nous avons vu avec curiosité au
Musée de Saint-Germain quelques échantillons de ces mêmes
filets, et nous les représentons ici d'après ce modèle.

Fig. 80. Pêcheurs à l'époque de la pierre polie.

Il est des filets à larges mailles, comme celui que représente la figure 78, et des filets à mailles plus serrées. La
maille est carrée. Elle paraît avoir été faite sur un cadre,
en nouant les ficelles à chaque point d'intersection. Tous
ces filets sont en lin, car le chanvre n'était pas alors cultivé.

Ces filets étaient suspendus dans l'eau au moyen de flotteurs, composés non de liége, mais d'écorce épaisse de pin,
et fixés au fond par des poids en pierre. Nous représentons
ici (fig. 79) un de ces poids de pierre d'après ceux qui
existent au Musée de Saint-Germain.

Ces poids en pierre, dont on trouve de grandes quantités
dans les musées, et particulièrement au Musée de Saint-Germain, ne sont, presque toujours, que des cailloux percés à
leur centre. D'autres fois ce sont des rondelles de pierre
tendre, également percées en leur milieu. Par ce trou passait
la corde, que l'on arrêtait par un nœud, de l'autre côté. Grâce
aux flotteurs et aux poids, on donnait aux filets toutes les
positions désirables dans l'eau.

La grosseur des mailles des filets appartenant à l'époque
de la pierre polie prouve que, dans les lacs et rivières de ce
temps, le poisson comestible avait de grandes dimensions.
Du reste des hameçons monstres appartenant à cette époque
et trouvés dans la Seine viennent à l'appui de la même hypothèse.

Ainsi, l'art de la pêche était déjà arrivé, à l'époque de la
pierre polie, à un degré très-avancé de perfectionnement.

Nous représentons dans la planche ci-jointe (fig. 80) *la pêche
à l'époque de la pierre polie.*

Pour en revenir aux anciens Danois, nous dirons que ces
hommes qui vivaient sur les bords de la mer se couvraient
de peaux de bêtes, assouplies avec la graisse du phoque et la
moelle des os des grands mammifères. Pour demeures, ils
avaient des tentes, également formées de peaux préparées
de la même façon.

Industrie. — A quel degré d'industrie étaient parvenus les
hommes à l'époque de la pierre polie? Pour répondre à cette

question, nous fouillerons ces mêmes Kjoekken-moeddings
qui viennent de nous fournir des renseignements exacts sur

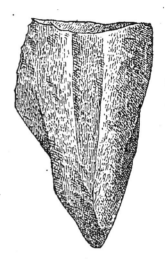

Fig. 81. Couteau en silex
des gisements du Danemark.

Fig. 82.
Nucleus de couteau en silex.

l'alimentation de l'homme. Nous nous adresserons également
aux restes trouvés dans les principales cavernes de cette époque.

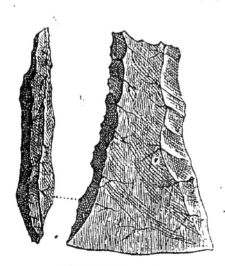

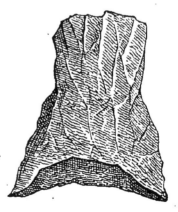

Fig. 83. Hache en silex
des gisements du Danemark.

Fig. 84. Racloir en silex
des gisements du Danemark.

L'examen des instruments recueillis dans les Kjoekken-moeddings nous montre que les silex sont, en général, d'un type

très-imparfait, à l'exception toutefois des longs éclats, ou, couteaux, dont le travail dénote une certaine habileté.

La figure 81 représente un couteau en silex des gisements danois, dessiné au Musée de Saint-Germain, et la figure 82 un *nucleus*, c'est-à-dire un silex d'où l'on a détaché des éclats destinés à servir de couteaux.

Nous représentons ensuite, provenant de la même origine, une hache (fig. 83) et un racloir (fig. 84).

Outre ces instruments, on trouve dans les Kjoekken-moeddings des poinçons, des têtes de lance et des pierres de fronde, sans compter une quantité de morceaux (fig. 85) qui ne semblent pas avoir été taillés en vue d'une destination spéciale, et qui ne sont probablement que des ébauches ou des rebuts de fabrication.

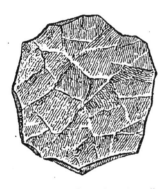
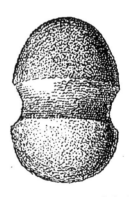

Fig. 85. Rebuts de fabrication d'un silex taillé.   Fig. 86. Poids pour soutenir les filets.

On trouve aussi dans les mêmes gisements beaucoup de cailloux, qui, suivant l'opinion générale, ont dû servir de poids pour entraîner les filets au fond de l'eau. Les uns sont creusés d'une rainure sur tout leur pourtour, comme le représente la figure 86, dessinée d'après un de ces objets, au Musée de Saint-Germain. D'autres sont percés d'un trou en leur milieu. Cette rainure ou ce trou étaient sans doute destinés à loger le lien qui rattachait le poids de pierre au filet.

Armes et outils. — Passons aux armes et outils en usage chez les peuples du nord de l'Europe pendant la période qui nous occupe.

Dans les derniers temps de l'époque de la pierre polie, le travail de la pierre acquit chez les peuples du Nord une

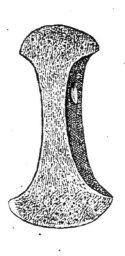

Fig. 87. Hache danoise
de l'époque de la pierre polie.

Fig. 88.
Hache à deux tranchants.

perfection surprenante. On a peine à comprendre comment,

Fig. 89. Marteau-hache à douille,
du Danemark.

Fig. 90. Marteau-hache à douille,
du Danemark.

sans l'emploi des métaux, l'homme pouvait donner au silex,

façonné en armes et en outils de toutes sortes, ces formes
régulières et élégantes que des fouilles nombreuses mettent
chaque jour sous nos yeux. Le silex du Danemark se taille,
il est vrai, avec une certaine facilité ; mais il n'en fallait pas
moins une habileté extraordinaire pour obtenir cette recti-
tude de lignes et cette richesse de contours que nous offrent
les spécimens du Danemark de cette époque, spécimens qui
ne seront pas dépassés à l'époque du bronze.

Les haches trouvées dans le nord de l'Europe, et appartenant à l'époque de la pierre polie, diffèrent d'une manière
notable des haches de France et de Belgique. Tandis que
celles-ci sont bombées et arrondies sur les bords, les haches
dont faisaient usage les peuples du Nord (fig. 87) sont plates
et coupées carrément. Elles figurent à peu près un rectangle
ou un trapèze allongé, dont on aurait abattu les quatre angles. Leurs dimensions sont parfois assez considérables : on
en voit qui mesurent jusqu'à 40 centimètres de longueur.

Indépendamment de ce type, qui est le plus répandu, les
peuples du Nord fabriquaient la hache à douille, qui se com-
binait de diverses façons avec le marteau. C'est là qu'on observe le plus beau travail et les formes les plus heureuses.
Les figures 88, 89 et 90, dessinées au Musée de Saint-Germain, d'après des échantillons authentiques envoyés par le
Musée de Copenhague, représentent des haches à deux tranchants et des marteaux-haches. Toutes sont percées d'un trou
bien rond, pour l'emmanchure. Le coupant est dessiné en arc
de cercle, et l'autre bout taillé en arêtes saillantes.

Ces haches se distinguent de celles de l'époque du renne
par un caractère qui permet de les rapporter sans hésitation
à leur véritable date, lors même qu'elles n'auraient pas
encore subi l'opération du polissage. Les haches de l'époque
du renne coupent par l'extrémité la plus étroite, tandis que
celles de l'époque de la pierre polie coupent par le côté le
plus large. Cette observation n'est pas spéciale aux haches du
Danemark ; elle s'applique également à celles des autres contrées de l'Europe.

Les pointes de lance sont des chefs-d'œuvre de goût, de
patience et d'adresse. Il en est de deux sortes. Les plus belles

(fig. 91 et 92) affectent la forme d'une feuille de laurier; elles sont toutes plates et retaillées à petits éclats avec un art in-

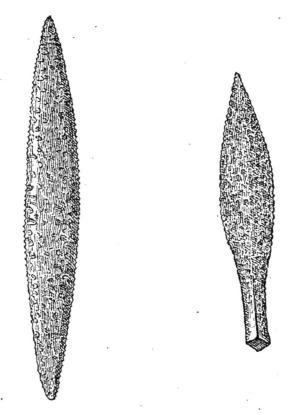

Fig. 91.
Pointe de lance du Danemark.

Fig. 92.
Autre pointe de lance du Danemark.

.fini. Leur longueur atteint jusqu'à 38 centimètres. Les autres sont plus épaisses, et se terminent. à la base, par un manche presque cylindrique. Elles sont parfois dentelées sur les bords (fig. 93). Ces lances étaient évidemment fixées au bout d'une hampe, comme les hallebardes du moyen âge et les lances modernes.

Les poignards (fig. 94) ne sont pas moins admirables que les pointes de lance, dont ils ne diffèrent sensiblement d'ailleurs que parce qu'ils portent une poignée, qui est plate, large, solide et un peu évasée à l'extrémité. Toujours plus ou moins ornée, cette poignée est quelquefois couverte de sculptures délicates. Pour tailler ainsi le silex, il fallait une main aussi habile qu'exercée.

Après cette collection d'instruments hors ligne, il faut nom-

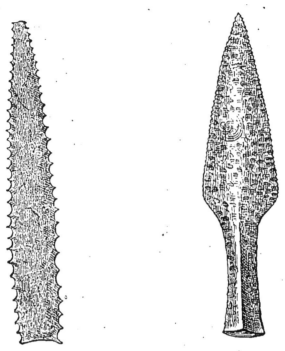

Fig. 93. Pointe de lance en silex, dentelée.   Fig. 94. Poignard en silex du Danemark.

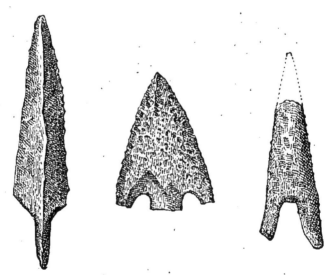

Fig. 95. Type   Fig. 96. Autre type   Fig. 97.
de pointe de flèche du Danemark.   de pointe de flèche.   Pointe de flèche.

mer les pointes de flèches, dont les formes sont assez variées.

La forme des pointes de flèches les plus répandues est celle du prisme triangulaire, se terminant inférieurement par un pédoncule destiné à être implanté dans la tige (fig. 95); d'autres sont profondément échancrées à la base et toutes plates. Beaucoup enfin sont finement dentelées sur les bords, quelquefois même dans l'intérieur de l'échancrure.

Les figures 95, 96, 97 et 98 représentent les différents types de pointes de flèches du Danemark, qui toutes existent au Musée de Saint-Germain, où nous les avons fait dessiner.

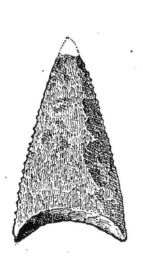

Fig. 98. Pointe de flèche   Fig. 99. Ciseau en silex
du Danemark.   du Danemark.

Les ciseaux et les gouges ont également droit à une mention spéciale.

Les ciseaux (fig. 99) sont des sortes de prismes quadrangulaires, taillés en biseau à la base.

Les gouges ne diffèrent des haches plates qu'en ce qu'elles sont creusées sur une de leurs faces, de manière à représenter l'outil dont elles portent le nom.

Viennent enfin de curieux instruments, que nous avons fait dessiner au Musée de Saint-Germain, et dont l'usage reste encore problématique. Ce sont de petites lames en forme

de croissant (fig. 100 et 101). Le bord interne, droit ou concave, porte le plus souvent des dents de scie, qui devaient se
fixer dans un manche par le côté convexe, car les traces
de ce manche se voient encore sur beaucoup d'entre elles.

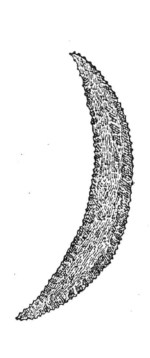 

Fig. 100. Petite scie de pierre des gisements du Danemark.

Fig. 101. Autre scie de pierre du Danemark.

Ces instruments ont probablement servi de racloir pour la
préparation des peaux ; peut-être aussi ont-ils été utilisés
comme couteaux ou comme scies.

Passons aux instruments en os ou en corne de cerf. Ils
sont beaucoup moins nombreux que ceux en pierre, et n'ont
d'ailleurs rien de remarquable. Le seul qui soit digne de
mention, c'est le harpon (fig. 102). C'est un os taillé, et tout
garni de barbelures d'un côté, l'autre bord étant complète-
ment lisse. Le harpon de l'âge du renne lui était certainement supérieur.

Il faut citer encore, à titre de singularité, un objet en os
(fig. 103), qui se compose d'une partie élargie, d'où se déta-

12

chent sept ou huit dents très-longues et très-rapprochées, et d'une partie plus étroite se terminant en pomme de canne.

Fig. 102. Harpon en os,
du Danemark, de l'âge de la pierre.

Fig. 103.
Peigne en os du Danemark.

C'est là probablement le premier peigne qui ait démêlé l'épaisse chevelure des hommes primitifs.

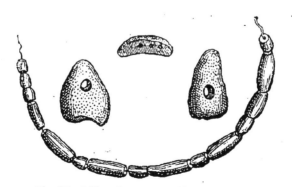

Fig. 104. Collier et ornements divers en ambre.

L'ambre est, comme on sait, très-abondant sur les côtes de la Baltique. A l'époque de la pierre polie, il était déjà fort apprécié par les populations du Nord, qui en composaient des colliers, soit en perforant simplement de gros morceaux d'ambre tout bruts et les enfilant ainsi à la suite les uns des autres, soit en les taillant en grains sphériques ou elliptiques, comme on le fait encore aujourd'hui.

La figure 104 représente un collier ainsi que divers ornements en ambre jaune, que nous avons fait dessiner au Musée de Saint-Germain.

Si les peuples du Nord, de l'époque de la pierre polie, travaillaient habilement le silex, ils étaient de bien pauvres potiers. Les débris de vases recueillis dans les amas coquilliers du Danemark, aussi bien que dans les tourbières et les tombeaux, sont tout à fait grossiers, et témoignent d'une connaissance bien imparfaite de l'art de façonner l'argile. Ils marquent les premiers efforts d'une industrie qui s'éveille, qui cherche sa voie, mais qui ne peut réussir à la trouver. L'art de la poterie était incomparablement plus avancé chez les peuples plus anciens, c'est-à-dire ceux de l'époque du renne.

Nous avons déjà constaté, à l'époque du renne, l'existence de quelques fabriques d'armes et d'outils, qui répandaient leurs [produits aux alentours, mais dans un assez faible rayon. A l'époque où nous sommes arrivés, certains *ateliers*, — c'est le nom qu'il faut leur donner, — ont acquis une importance remarquable, et leurs relations sont des plus étendues. On a retrouvé, dans plusieurs cavernes de la Belgique, des silex provenant de l'atelier célèbre du Grand-Pressigny, situé dans la partie de la France actuelle qui forme le département d'Indre-et-Loire, et qui sont reconnaissables à leur pâte toute particulière. Le commerce et l'industrie étaient donc alors sortis de la voie rudimentaire, pour entrer dans une période d'activité impliquant un certain degré de civilisation.

Le grand principe de la division du travail était déjà mis en pratique, car il y a des ateliers spéciaux pour la taille et pour le polissage des silex.

Le plus important de tous les ateliers observés en France

est sans contredit celui du *Grand-Pressigny*, que nous venons
de citer. Il a été découvert par le docteur Léveillé, médecin
de la localité. A vrai dire, c'est moins un centre unique de
fabrication, qu'une série d'ateliers répandus dans toute la région circonvoisine de Pressigny.

A l'époque de cette découverte, c'est-à-dire en 1864, les
silex se trouvaient par milliers à la surface du sol, dans
l'épaisseur de la couche végétale, sur une étendue de cinq
à six hectares. M. l'abbé Chevalier, rendant compte de cette
curieuse trouvaille à l'Académie des sciences de Paris, écri-
vait : « On ne peut faire un seul pas sans marcher sur un
de ces objets. »

Les ateliers du Grand-Pressigny présentent une assez
grande variété d'instruments. On y voit des haches à tous les
degrés de mise en œuvre, depuis l'ébauche la plus grossière
jusqu'à l'arme parfaitement polie. On y voit aussi de longs
éclats, ou des silex *couteaux*, enlevés d'un seul coup, avec une
habileté surprenante.

Toutes ces pièces, même les plus belles, sont cependant
défectueuses à certains égards; d'où l'on conclut que ce sont
des rebuts de fabrication. Ainsi s'expliquerait leur accumulation dans le même lieu.

Il y a encore des pointes étroites et allongées, sortes de
perçoirs parfaitement exécutés, des grattoirs, et des scies d'un
type particulier, qui semblent avoir été confectionnées dans
un atelier spécial. Elles sont courtes, larges, et portent à chaque extrémité une entaille médiane, destinée à recevoir un
manche.

Mais les pièces les plus nombreuses, celles qui ne permettent pas de douter que Pressigny n'ait été autrefois un centre
important de fabrication de silex, ce sont les noyaux, ou *nuclei* (fig. 105), d'où l'on détachait ces grandes lames connues
sous le nom de couteaux. Il y a tels de ces blocs, que nous
avons vus au Musée de Saint-Germain, qui atteignent jusqu'à trente et trente-cinq centimètres de long, mais la plupart ne dépassent pas vingt centimètres. Les laboureurs de
la Touraine, qui rencontrent souvent ces silex sous le fer de
leur charrue, les appellent *livres de beurre*, par analogie de

forme. Ces *nuclei* sont aujourd'hui répandus dans toutes les
collections d'histoire naturelle et de géologie.

Une étrange objection a été élevée contre l'ancienneté des
haches, couteaux et armes de Pressigny. M. Eugène Robert a
prétendu que ces silex n'étaient autre chose que des déchets
de masses siliceuses ayant servi à la fin du dernier siècle, et

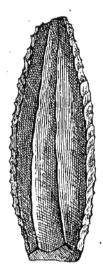

Fig. 105. Nucleus de l'atelier du Grand-Pressigny,
existant au Musée de Saint-Germain.

surtout au commencement du siècle actuel, à la fabrication
des pierres à fusil !

M. l'abbé Bourgeois, M. Penguilly l'Haridon et M. John Evans
n'ont pas eu beaucoup de peine à démontrer le peu de fondement d'une telle critique. Dans le département de Loir-et-
Cher, où l'industrie de la pierre à fusil existe encore, les résidus de la fabrication ne ressemblent en aucune façon aux
nuclei de Pressigny : ils sont beaucoup moins volumineux,
et ne présentent pas les mêmes formes constantes et régulières. En outre, ils ne sont jamais retaillés sur les bords,
comme un grand nombre d'éclats des ateliers de la Touraine.

Mais un argument tout à fait péremptoire, c'est que le silex
de Pressigny-le-Grand, en raison même de sa texture, serait
impropre à la fabrication des pierres à fusil. Aussi les archives du Dépôt de l'artillerie, comme l'a fait remarquer M. Pén-

quilly l'Haridon, bibliothécaire du Musée d'artillerie, ne mentionnent-elles point que la localité de Pressigny ait jamais été exploitée dans ce but. Enfin les plus anciens habitants de la commune ont certifié n'avoir jamais vu, ni entendu dire, qu'il soit venu dans le pays aucune escouade d'ouvriers pour tailler des pierres à fusil. L'hypothèse de M. Eugène Robert, que MM. Decaisne et Élie de Beaumont avaient cru devoir prendre sous leur protection, est donc aussi contraire aux faits qu'à la vraisemblance.

On rencontre peu de silex polis dans les ateliers de Pressigny-le-Grand; aussi pense-t-on qu'ils ont commencé à exister avant l'époque de la pierre polie. D'après cette supposition, les *nuclei* correspondraient à une époque transitoire entre la période de la pierre taillée proprement dite et celle de la pierre polie. La première va s'éteindre, mais la seconde n'a pas encore commencé. En d'autres termes, la plupart des silex de Pressigny ont les formes typiques et la taille spéciales à l'âge de la pierre polie; mais il leur manque le polissage.

Ce n'est que longtemps après leur fondation, lorsqu'ils étaient déjà en pleine prospérité, que cette opération fut pratiquée dans les ateliers de Pressigny. On a rencontré, aux

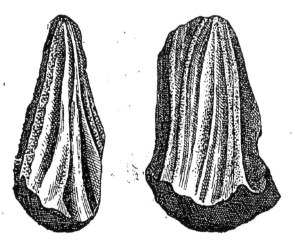

Fig. 106. Polissoir du Grand-Pressigny, vu sous deux faces.

environs de cette localité, un certain nombre de polissoirs très-remarquables. Ce sont de grands blocs de grès (fig. 106),

sillonnés, sur tout ou partie de leur surface, de rainures
plus ou moins profondes, dans lesquelles on polissait les
pièces par un frottement énergique.

Des polissoirs du même genre, qui ont été recueillis dans
divers départements, diffèrent des précédents. Ainsi celui que
M. Leguay a trouvé aux environs de Paris, dans les sépultures
de la Varenne-Saint-Hilaire, et que nous représenterons plus
loin, porte non-seulement des rainures, mais encore des
cavités en forme de cuvette et d'une assez grande profondeur.

Le polissage des silex s'effectuait en frottant ces pierres
contre le fond de ces trous, humectés d'eau et contenant sans
doute des grains siliceux plus durs que la pierre que l'on
avait à polir.

Nous nous arrêterons ici un instant pour faire remarquer
que les opérations qui s'exécutaient chez nos ancêtres, pour
le travail des silex, n'étaient pas sans présenter certaines difficultés, sans exiger un développement remarquable d'intelligence et d'habileté.

Le travail des silex, en apparence fort simple, est pourtant
complexe, en raison des propriétés et du gisement de ces
matières minérales.

Dans son état naturel, le silex se présente sous la forme
de masses à peu près rondes, cassantes, fort dures pourtant,
et qui peuvent être taillées par le choc dans tous les sens, comme
le verre, de manière à fournir des écailles à bords tranchants.
En raison de cette circonstance, il suffisait, pour obtenir des
pièces aiguës, des éclats en forme de couteau ou de poignard,
de frapper un silex, que l'on tenait dans la main gauche, avec
un autre silex plus dur, un percuteur. Au lieu de tenir à la
main le silex à tailler, on pouvait aussi le placer sur un
support, et, de la main droite, appliquer les chocs convenables sur la pierre, maintenue de la main gauche.

Hâtons-nous de dire cependant que, pour être ainsi dé-
bité facilement en éclats aigus, pour se laisser briser suivant des directions déterminées, il faut que le silex soit retiré fraîchement du sein de la terre; il faut qu'il possède

l'humidité qui lui est propre, et dont il est imprégné dans
son gisement naturel. Si l'on abandonne à l'air les pierres
de silex (*vulgo* pierres à fusil), elles ne peuvent plus être
cassées régulièrement, facilement; elles ne donnent plus que
des morceaux informes, irréguliers, et tout à fait différents
de ce que l'on désire obtenir en les façonnant. Cette humidité,
bien connue des ouvriers qui fabriquaient autrefois les pierres à fusil, c'est-à-dire les éclats de silex destinés aux batte-
ries des armes à feu, s'appelle *eau de carrière*.

La nécessité de tailler le silex fraîchement retiré de la
terre, cette obligation de n'exploiter les pierres qu'au fur et
à mesure des besoins, dut avoir pour résultat la création de
l'exploitation des mines et des carrières, art qui est dès lors
presque aussi vieux que l'humanité. Ne pouvant employer
des pierres de silex desséchées, aérées et par suite impropres aux opérations de la taille, les ouvriers étaient obligés
de pratiquer des excavations, de construire des galeries, couvertes ou à ciel ouvert, d'employer les revêtements de bois,
les soutènements, les étais, en un mot de mettre en œuvre
presque tout l'outillage que nécessite l'exploitation d'une
carrière de pierres. Comme il fallait éviter les éboulements,
pour préserver la vie des ouvriers, on fut conduit à suivre
un système méthodique dans les excavations, à donner une
épaisseur suffisante au plancher des galeries, à creuser des
puits; à élever des murailles de soutènement, à prendre la
meilleure voie pour l'extraction des déblais inutiles. Enfin,
l'eau venait souvent contrarier les mineurs; il fallait donc
évacuer cette eau pour que les ouvriers ne fussent pas noyés.
Il fallait même quelquefois aérer les galeries de tout ce che-
minement souterrain.

Ainsi le travail des silex dut amener nos ancêtres à créer
l'art de l'exploitation des carrières et des mines. De sorte
que sans vouloir faire de jeu de mots, nous dirons que
lorsqu'on parle d'un homme de *noble extraction*, quand on dit
qu'il est d'*ancienne roche*, on ne fait rien autre chose que rappeler, sans le savoir, par une vieille habitude du langage,
que la noblesse remonte, en effet, à l'art, presque aussi
vieux que le déluge, de produire l'*extraction des roches*. La

Fig. 107. Le premier atelier de l'industrie humaine, ou l'atelier de fabrication et de polissage des silex à Pressigny

généalogie des Montmorency et des Rohan est, on le voit, bien distancée!

On s'est demandé comment les peuplades de l'âge de la pierre pouvaient produire, sans aucun outil de fer, les trous qui se remarquent dans les silex ; comment ils pouvaient percer les mêmes silex, pour y introduire les manches de hache, de poignard ou de couteau. En effet, nos lapidaires ne peuvent guère parvenir à percer la pierre à fusil silex qu'en se servant d'*égrisée*, c'est-à-dire de poudre de diamant. Nous pensons que l'*archet* dont les premiers hommes se sont servis pour produire du feu, en faisant frotter le bois contre le bois, servit, dans les ateliers de fabrication des instruments et armes de pierre, à faire tourner un foret de silex, qui suffisait pour trouer le caillou. Des essais qui ont été faits de nos jours, avec des pointes très-aiguës de flèches ayant appartenu à l'homme primitif, ont prouvé que l'on peut arriver à percer ainsi très-facilement les silex frais, si à l'action du foret l'on ajoute des poudres très-dures, capables d'augmenter son mordant. Ces poudres, consistant en corindon et zircone, n'étaient pas difficiles à trouver par les hommes de l'âge de la pierre. Elles se rencontrent, en effet, sur le bord des rivières ; leur présence est même décelée par les paillettes d'or qui étincellent sur le sable du rivage.

Ainsi le foret de silex, aidé par la poudre de zircone ou de corindon, suffisait pour percer les pierres siliceuses. Quand on sait que les ouvriers de la Forêt-Noire percent de cette manière le grenat de Bohême en moins d'une minute, on n'est pas tenté de révoquer cette explication en doute.

La figure 107 représente un essai de restauration de l'atelier de Pressigny pour la taille et le polissage des silex, en d'autres termes, un *atelier industriel au temps de la pierre polie*.

Nous avons fait figurer dans cette composition le polissoir trouvé par M. Leguay, et que nous représentons plus loin (fig. 108). Il était indispensable de montrer dans cette planche l'opération du polissage, car elle caractérise l'époque de l'histoire de l'humanité que nous décrivons, c'est-à-dire celle de la *pierre polie*. Il faut bien remarquer, en effet, qu'à l'époque du grand ours et du mammouth, à l'époque du renne,

les instruments de pierre n'étaient pas polis ; c'était purement
et simplement de la pierre en *éclats*. A l'époque à laquelle
nous sommes arrivés, on perfectionna ce travail, on polissait
les instruments de pierre. Il était donc essentiel d'appeler
l'attention sur cette opération.

Nous croyons devoir rapporter ici la courte description
que M. Leguay a donnée du polissoir dont il est question.
Dans sa *Note sur une pierre à polir les silex, trouvée en septembre
1860 à la Varenne-Saint-Hilaire (Seine)*, M. Leguay s'exprime
ainsi :

« Parmi les nombreux monuments de l'âge archéologique de la
pierre que j'ai recueillis à la Varenne-Saint-Hilaire, sur l'emplacement
de la cité antique qui y existait jadis, il en est un qui m'a toujours
frappé, non-seulement par sa conservation, mais encore par les révélations qu'il nous fournit sur l'une des principales industries de ces peuples : sur la fabrication des armes et des ustensiles en silex.

« C'est une pierre à polir et à façonner les belles haches. Je l'ai découverte, en septembre 1860, au lieu dit *la Pierre au Prêtre*, près de
celui *du Marais*, avec d'autres monuments que je me propose de faire
connaître avant peu. Cette pierre est un grès brut, de forme cubique,
n'offrant aucune trace de taille. D'une épaisseur réduite de 34 centimètres, elle a 96 centimètres de long sur 55 centimètres de large, et,
de même que dans beaucoup de blocs erratiques, une de ses faces est
toute disposée pour l'usage auquel on l'a employée.

« C'est cette face qui a servi, pendant de longues années, à user et à
polir toutes les armes fabriquées dans l'endroit, et dont les débris se
retrouvent encore, en faible quantité, dans les environs, et en abondance dans les sépultures où on les a déposés comme silex votifs.

« Presque toute la surface est occupée. Au centre est une première
cuvette présentant une surface ovale de 65 centimètres de grand axe,
sur 32 centimètres de petit. La pierre, fortement usée par suite d'un
long usage, est affouillée à une profondeur centrale de 30 millimètres ;
cette partie devait servir à user les grandes pièces après leur dégros-
sissement par la taille. La longueur du bassin permettait d'imprimer à
la pierre en œuvre un mouvement assez long, en même temps qu'il facilitait à l'ouvrier l'emploi de toute sa force. De plus, cette concavité permettait de donner de suite la forme en amande que présentent presque
toutes ces pièces.

« Au devant ou à droite, suivant la position que l'on prend, et tan-
gente au bord de cette cuvette, est une rainure profondément creusée
dans la pierre. D'une longueur de 77 centimètres, elle s'étend sur
presque toute la longueur du grès dans une largeur maximum de
30 millimètres environ, et elle présente la forme d'un fuseau très-al-

longé, refouillé de 12 millimètres au centre, se réduisant à rien aux deux extrémités.

« L'usure de la pierre, la forme de cette rainure, indiquent sa destination. Elle servait à réduire les bords ou les côtés de la hache, que la taille et le polissage à plat laissaient toujours ou d'une épaisseur assez forte, ou trop tranchants pour en faciliter l'emmanchement. De plus, elle redressait sur la pièce les ébarbures de taille, qu'elle remplaçait par une forme ronde, large de quelques millimètres, qui souvent était reprise et repassée à plat sur la pierre pour lui donner un arasement carré à vive arête. Cette dernière façon se faisait dans une cuvette, et

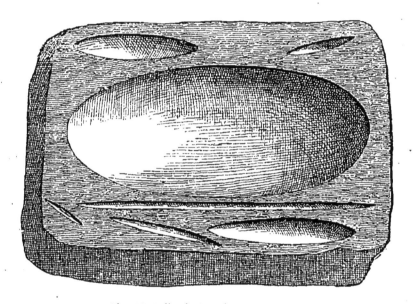

Fig. 108. Polissoir trouvé par M. Leguay.

elle donnait aux côtés de la hache une courbe dans le sens de la longueur, qui n'est nullement disgracieuse.

« L'amincissement des bouts de la rainure n'était pas indifférent. Tout en aidant à cette courbe, il empêchait la déformation du tranchant, et il évitait son repolissage après coup, ce qui déformait la pièce en lui apportant une dépréciation.

« Quant à penser que le tranchant de la hache se faisait dans cette rainure, il n'y faut pas songer. L'examen démontre le contraire ; il se faisait à plat tout en polissant le surplus de la pièce, et si parfois son épaisseur ne le permettait pas, il était fait au préalable, puis raccordé au polissage général.

« Mais si cette cuvette et sa rainure, en raison de leurs dimensions, pouvaient servir au polissage des grandes haches, il n'en était pas de même pour les petites. C'est pourquoi, à côté, et toujours sur le plat de la pierre, on avait pratiqué deux autres petites cuvettes, ainsi qu'une petite rainure.

« Ces deux cuvettes, diamétralement placées, mais néanmoins parallèlement à la grande cuvette ainsi qu'à la grande rainure, afin de pouvoir servir à l'ouvrier polisseur, suivant les besoins de son travail, sans l'obliger à se déplacer, portent, l'une 27 centimètres de longueur et l'autre 33, sur une largeur moyenne de 7 à 8 centimètres. Elles offrent toutes deux la forme d'une amande assez étroite, et elles se terminent presque en pointe, ce qui semble dénoter qu'elles étaient employées aussi au polissage de parties ou de pièces assez étroites, peut-être à redresser les bords des haches dont l'usure sur la grande cuvette eût pu produire des creux préjudiciables à la perfection des plats.

« La petite rainure, pratiquée assez près de la grande, a 24 centimètres. De même forme que la précédente, elle est peu profonde, et large à peine de 12 millimètres.

« Non loin, à l'extrémité de cette dernière rainure, là où elle se rapproche de la grande, il existe des traces d'une rainure à peine commencée.

« Enfin les plats du grès non occupés ont servi quelquefois, soit à dresser des polis, soit même à polir des pièces.

« Ainsi qu'on le voit, cette pierre, l'une des plus complètes qui existent, porte trois cuvettes de diverses grandeurs, deux rainures bien caractérisées, et une autre à peine ébauchée. Elle pouvait servir à terminer toutes les pièces que l'on désirait; mais cependant auprès d'elle se trouvaient deux autres grès de moyenne grosseur, l'un de forme ronde, l'autre en fuseau, qui, complétement usés sur presque toute leur surface, avaient dû également servir à polir des pièces.

« Du reste, ce fait s'est reproduit en plusieurs endroits de la même localité, où je l'ai rencontré; et les grès qui servirent à cet usage étaient de toutes les grandeurs, de toutes les formes, et parfaitement appropriés au polissage des petits silex, des aiguilles ou du tranchant des couteaux, placés avec eux dans les sépultures.

« Cette pierre à polir, qui est fortement recouverte de dendrites ou d'incrustations, devait être encore employée lors de son abandon. Elle a été recueillie par moi à environ 60 centimètres au-dessous du sol, où elle était renversée, c'est-à-dire la cuvette placée du côté de la terre. Les quelques monuments qui l'accompagnaient, dont je considère l'un, entre autres, comme une idole grossièrement sculptée dans un bloc de grès, étaient également renversés. Il avait existé des sépultures aux environs, mais elles avaient été violées, et leurs pierres déplacées, ainsi que leurs ossements, n'ont servi qu'à m'indiquer leur présence. »

Le polissage des instruments de pierre s'opérait en frottant l'objet à polir dans une cavité creusée au centre du polissoir, cavité dans laquelle on mettait un peu d'eau, avec de la poudre de zircone, de corindon, et peut-être même tout simplement de l'oxyde de fer, que nous connaissons aujourd'hui sous le nom de *rouge d'Angleterre*, et qui sert aux joailliers à accomplir cette même opération.

Il est vraiment surprenant d'apprendre quelle quantité énorme de silex un seul ouvrier, convenablement outillé, pouvait préparer. Pour se renseigner à cet égard, il faut savoir ce qu'obtenaient nos anciens *caillouteurs* des départements de l'Indre et de Loir-et-Cher, qui ne sont que les descendants des ouvriers de l'âge de la pierre. Un naturaliste français, Dolomieu, voulut, au commencement de notre siècle, se renseigner sur la quantité de produits que ces ouvriers pouvaient verser dans la circulation, et en même temps bien connaître les moyens que ces mêmes ouvriers employaient pour fabriquer les pierres à fusil.

Dolomieu constata, en visitant les ateliers des *caillouteurs*, que la forme première que les ouvriers donnaient au silex était un prisme à plusieurs faces. Ensuite, cinq ou six coups de marteau, appliqués en une minute, suffisaient pour détacher de cette masse, des fragments aussi exacts, des faces aussi lisses, des lignes aussi droites, des angles aussi vifs, que si la pierre eût été taillée par la roue d'un lapidaire, dans une opération qui aurait exigé d'ailleurs, de ce lapidaire, une heure de main-d'œuvre. Pour réussir, dit Dolomieu, il suffit que les pierres soient fraîches, c'est-à-dire privées de défauts, ou de grains hétérogènes. En opérant sur ces bons silex, fraîchement retirés de la terre, un ouvrier pouvait préparer 1000 bons éclats dans un jour, et faire également par jour 500 pierres à fusil, de façon qu'en trois journées il achevait complétement les 1000 pièces préparées. En 1789, l'armée russe s'approvisionnait en pierres à fusil dans la Pologne. Le magasin était établi à Kisniew. Or on fabriqua à cette époque, selon Dolomieu, 90 000 de ces pierres en deux mois.

Outre ceux du Grand-Pressigny, d'autres ateliers anté-historiques pour la fabrication des instruments de pierre ont été signalés en France. Nous citerons ceux de la Charente, découverts par M. de Rochebrune; ceux du Poitou, et enfin le champ des Diorières, à Chauvigny (Loir-et-Cher), qui semble avoir été un atelier spécial pour le polissage des silex. Il existe, en effet, non loin de Chauvigny, dans le même département, un rocher qui porte encore vingt-cinq sillons analogues à ceux des polissoirs, et qu'à cause de cela les habitants du pays nomment *Pierre cochée*. Il est probable que ce rocher servait au polissage des instruments taillés aux Diorières.

On a trouvé en Belgique ces mêmes ateliers en plein air pour le travail des silex.

Les environs de Mons sont surtout remarquables sous ce

Fig. 109. Pointe de lance de Spiennes.

rapport. A Spiennes notamment, il n'est pas douteux qu'une importante fabrique de silex taillés existât à l'époque de la pierre polie. On y a recueilli un nombre considérable de haches et autres outils, presque tous inachevés, défectueux ou à peine ébauchés. Nous représentons (fig. 109) une pointe de lance en silex provenant de cette station.

Quelquefois les ateliers étaient établis, non en plein air, mais dans les cavernes. C'est ce que nous apprend le naturaliste lyonnais J. Fournet, dans son ouvrage intitulé : *In-fluence du mineur sur la civilisation.*

« Depuis longtemps, dit J. Fournet, les cavernes de Menton étaient connues des habitants du pays, à cause de leurs amoncellements de débris, dont, avant 1848, le prince de Monaco avait fait expédier à Paris une caisse pleine ; son contenu ne fut l'objet d'aucune explication. Depuis cette époque, M. Grand, de Lyon, auquel je suis redevable d'un ensemble de pièces qui en proviennent, effectua avec soin diverses fouilles, par lesquelles il fut mis à même de constater que les objets les plus remarquables ne se rencontrent qu'à une certaine profondeur dans le dépôt argileux dont le sol de ces cavités est couvert. Tous les instruments sont rudimentaires, grossiers et remontent, par conséquent, au début de l'art. Cependant parmi les silex se trouvaient quelques agates, qui, à mon avis, proviennent très-certainement des environs de Fréjus, et avec elles se montrent des quartz hyalins, en prismes terminés par leurs deux pyramides ordinaires. Il est permis d'imaginer que ces cristaux du genre des *diamants de Meylan*, près de Grenoble, n'étaient pas là au hasard, et que leurs pointes dures devaient servir à effectuer des perforations en les employant emmanchés en guise de pointes de forets [1]. »

Le silex n'était pas la seule substance employée, à cette époque, pour la confection des haches et des instruments ou outils de pierre. On a récolté dans les cavernes de la France, de la Belgique et du Danemark, un assez grand nombre de haches en gneiss, en diorite, en ophite, en fibrolithe, en jadéite, et en diverses autres substances minérales très-dures, propres à la destination qu'on leur donnait.

On peut citer, comme très-remarquables, plusieurs haches en jadéite, trouvées dans le département du Gers, et ornées de petits crochets de chaque côté du tranchant. L'une de ces belles haches en jadéite (fig. 110), que nous avons fait dessiner au Musée de Saint-Germain, et qui a été trouvée dans le département de Seine-et-Oise, présente une arête taillée au milieu de chaque face.

Mais ni le silex, ni les gneiss, ni les dorites, n'existent dans tous les pays. On remplaçait alors ces pierres par des substances moins dures. En Suisse, les instruments et les outils furent faits généralement avec des cailloux roulés ou charriés par les eaux. On les façonnait, en les cassant avec

1. In-8°. Lyon, 1861, p. 42.

d'autres pierres, en les usant sur des grès, en les sciant avec
des lames dentelées de silex, selon leur dureté et leur genre
de cohésion.

Il est encore des localités où de gros objets étaient con-

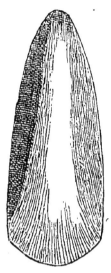

Fig. 110. Hache polie en jadéite du Musée de Saint-Germain.

fectionnés avec des serpentines, des pierres ollaires, des
basaltes, des laves, des jades et autres roches, choisies à
cause de leur extrême ténacité.

Du reste, l'adresse manuelle était telle chez les ouvriers de
ce temps, par suite de leur habitude d'un travail exclusif,
que la nature de la pierre était devenue indifférente pour
eux. Le marteau, dont nos ouvriers ignorent presque aujour-
d'hui l'usage, était un instrument merveilleux avec lequel
nos ancêtres faisaient des prodiges, qui sembleraient devoir
être réservés à la lime et à la meule du lapidaire.

Nous ne surprendrons pas le lecteur si nous ajoutons que
certaines laves volcaniques, et surtout l'obsidienne, se cassant avec la même régularité et la même facilité que les silex, ces minéraux ont été employés par les Indiens de l'A-
mérique, pour confectionner des instruments tranchants. Les
anciennes carrières d'où les Indiens tiraient cette roche, pour
en faire des instruments et des outils, étaient situées à la *Serra*

de las Nabayas, c'est-à-dire la *montagne des couteaux*, située au
Mexique. M. H. de Saussure, le descendant du grand géologue, fut assez heureux pour retrouver là des pièces qui
étaient ébauchées de manière à permettre l'ablation subsé-
quente d'une série de lames à deux tranchants, et qui s'obtenaient toujours à l'aide d'un simple choc, adroitement
appliqué. La façon première se réduit, selon H. de Saussure,
à produire un gros prisme à six côtés, dont les arêtes ver-
ticales, successivement et régulièrement abattues, laissaient
encore un prisme à six pans, que l'on débitait de la même
manière, jusqu'à ce que le résidu ou *noyau* (*nucleus*) fût trop
aminci pour que l'opération pût être continuée.

L'historien espagnol Hernandez dit avoir vu fabriquer ainsi
cent lames par heure. Du reste, les anciens naturels du Pé-
rou, et les Guanches de Ténériffe, taillaient également avec
l'obsidienne des dards et des poignards. Enfin nous rappellerons, en passant, que M. Place, l'explorateur de Ninive, a
trouvé sur l'emplacement de cette ville antique des couteaux de circoncision en obsidienne.

Après les instruments en silex propres à l'époque de la
pierre polie, nous devons examiner les instruments en bois de
cerf.

La vallée de la Somme, qui a fourni des preuves si convaincantes de la coexistence de l'homme et des grands mammifères d'espèces éteintes, n'est pas une mine moins précieuse pour les instruments de bois ou de corne appartenant
à l'époque de la pierre polie. C'est dans les vastes tourbières
de cette région que ces vestiges ont été rencontrés. Boucher de Perthes en a recueilli un nombre considérable aux
environs d'Abbeville.

Les tourbières sont, comme on sait, d'anciens marais,
qui ont été peu à peu remplis par la chute des arbres qui
croissaient sur leurs bords. La matière organique (racines,
bois, feuilles), lentement pourrie par l'action de l'eau environnante, s'est transformée, au bout d'un certain temps, en
cette espèce de combustible qu'on appelle *tourbe*. Celles de la
vallée de la Somme atteignent jusqu'à 10 mètres d'épaisseur

en certaines parties. C'est dans les couches inférieures qu'on
retrouve des armes, des outils, des ornements de l'époque de
la pierre polie.

Parmi ces antiques débris, nous devons signaler une classe
très-intéressante : c'est celle des instruments formés par l'association de deux éléments distincts, tels que la pierre et le
bois de cerf, ou la pierre et l'os.

Les haches de ce type sont surtout remarquables. Elles
consistent en un morceau de silex poli et à demi enfoncé
dans une gaîne en bois de cerf, polie elle-même ou rugueuse,
suivant les cas (fig. 111).

Fig. 111. Hache en silex poli emmanchée dans une gaîne en corne de cerf.

Cette gaîne est habituellement percée, en son milieu, d'un
trou rond ou ovale, destiné à recevoir un manche en bois
de chêne, de bouleau ou de toute autre essence propre à
un semblable usage.

La figure 112 représente, d'après les planches de l'ouvrage
de Boucher de Perthes (*Antiquités celtiques et antédiluviennes*),
cette hache emmanchée dans un morceau de bois de chêne.

On comprend difficilement qu'après un choc un peu violent
la hache ne s'échappât pas de sa gaîne, où rien n'était dis-

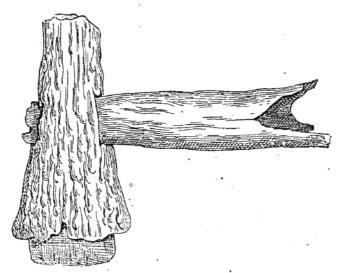

Fig. 112. Hache en silex, emmanchée dans une gaîne en bois de cerf et munie
d'un manche en bois de chêne, d'après Boucher de Perthes.

posé pour la retenir. Cette observation est surtout fondée en
ce qui concerne les haches polies dans toute leur longueur,
même dans la partie recouverte par la gaîne, car celles-ci
devaient glisser de leur enveloppe avec une grande facilité.
Le fait est qu'on en recueille rarement des spécimens complets : le plus souvent les silex sont séparés de leurs gaînes.

Quant aux manches, la nature même de leur substance
s'opposant à leur conservation pendant une longue suite de
siècles, c'est par exception qu'on en rencontre, et alors ils
sont toujours détériorés.

La figure 113 est donnée par Boucher de Perthes, dans ses
Antiquités celtiques, comme reproduisant un manche en bois
de chêne trouvé par lui.

On a rencontré un certain nombre de gaînes portant, à l'extrémité opposée à la hache de pierre, des dents fortes et pointues. Ce sont des défenses de sanglier, solidement enfon-
cées dans la corne de cerf. Ces instruments remplissaient
donc un double but : ils tranchaient ou assommaient d'un
côté, et ils perçaient de l'autre.

On trouve aussi des gaînes qui non-seulement sont armées de cette défense de sanglier, mais sont évidées à chaque bout, de manière à recevoir deux haches de silex à la

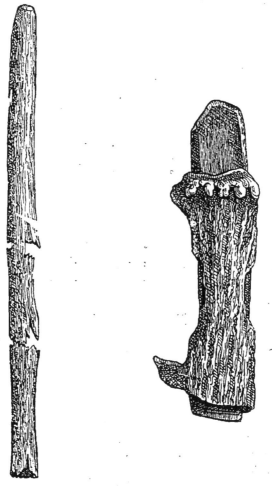

Fig. 113. Manche
de hache, en bois de chêne.

Fig. 114. Gaîne en bois de cerf ouverte
à chaque bout pour recevoir deux haches.

fois. C'est ce que représente, d'après Boucher de Perthes, la
figure 114.

Un objet digne d'attention, c'est cette hache emmanchée
dans une gaîne en bois de cerf, que nous figurons ici
(fig. 115), et qui a été ramassée aux environs d'Aerschot : elle
appartient au Musée d'antiquités de Bruxelles. Son exécution
est parfaite et supérieure à celle des instruments analogues
des tourbières de la Somme.

La corne de cerf était assez souvent employée seule pour

Fig. 115. Hache en silex poli, de la Belgique , emmanchée dans une gaîne en bois de cerf.

Fig. 116. Outil
de jardinage en corne de cerf,
d'après Boucher de Perthes.

Fig. 117. Outil
de jardinage en corne de cerf,
d'après Boucher de Perthes.

la fabrication d'outils ne devant pas supporter une grande

fatigue, tels que des outils de labourage ou de jardinage.
Nous représentons ici (fig. 116, 117, 118), d'après l'ou-

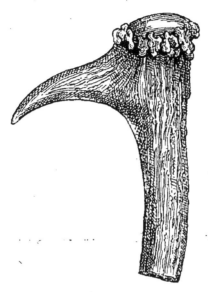

Fig. 118. Outil de jardinage en corne de cerf, d'après Boucher de Perthes.

vrage de Boucher de Perthes, quelques outils de corne de
cerf qui paraissent avoir eu cette destination. On remarquera qu'ils ne sont pas tous percés pour recevoir un manche ; dans certains cas, c'est une portion d'andouiller de cerf
qui forme le manche.

Dans le cours de ses explorations au sein des tourbières
d'Abbeville, Boucher de Perthes avait rencontré de nombreux éclats de silex, de forme irrégulière, dont il ne s'ex-
pliquait point l'usage. Mais ayant trouvé dans les mêmes
gisements des os longs de mammifères, — tibias, fémurs,
radius, cubitus, — entaillés d'une façon uniforme, soit au
milieu, soit aux extrémités, il vint à penser que ces os
avaient bien pu être des manches destinés à recevoir les silex.
Pour s'assurer de la valeur de cette idée, il prit un os et
une pierre sortant de la tourbe, et les ayant mis en rapport, il se trouva être en possession d'une sorte de ciseau,
très-propre à tailler, creuser, gratter et polir le bois. Il re-
commença plusieurs fois cette expérience, et toujours avec

plein succès. Il suffisait, quand la pierre oscillait, de la consolider avec un ou deux coins de bois.

Boucher de Perthes ne douta pas dès lors que ces os n'eussent été jadis employés comme manches d'outils de silex. Le même manche servait pour plusieurs pierres, grâce à la facilité qu'avait l'artisan de retirer l'une pour placer l'autre, par le seul moyen des coins de bois. C'est pourquoi les silex de ce genre sont beaucoup plus abondants dans les tourbières que les manches en os. Il faut dire aussi qu'on ne se donnait guère la peine de les réparer lorsqu'ils étaient émoussés, sachant combien il serait aisé de les remplacer. On les jetait, sans plus s'en occuper : de là leur profusion.

Ces manches sont faits en os extrêmement durs, d'où l'on peut conclure qu'ils étaient appliqués à des travaux exigeant des outils solides. La plupart ne recevaient la pierre que d'un côté ; mais quelques-uns étaient ouverts à chaque extrémité et servaient ainsi pour deux outils à la fois.

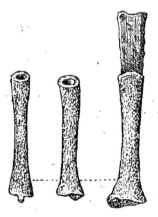

Fig. 119. Outils de silex ayant un manche en os.

Les figures 119 et 120 représentent quelques-uns de ces outils de silex à manche en os, d'après les dessins de l'ouvrage de Boucher de Perthes.

En général, ils coûtaient bien peu de peine à leurs auteurs : on se contentait de briser l'os transversalement, sans même régulariser la cassure, puis on agrandissait la cavité médullaire qui y existe naturellement, enfin l'extrémité destinée à être prise dans la main était équarrie ou arrondie grossièrement.

Nous représentons un de ces outils en os (fig. 121) plus soigneusement façonné : il a été coupé nettement du côté de l'ouverture, et l'extrémité opposée a été arrondie en forme de crosse, voire même ornée d'un dessin.

Fig. 120. Outil
en silex avec manche en os.

Fig. 121. Manche
d'outil en os un peu orné.

Pendant l'époque de la pierre polie, comme pendant l'époque précédente, les dents de certains mammifères étaient employées en guise d'ornement. Mais on ne se contentait pas, comme auparavant, d'y percer un trou, pour les suspendre au cou; on les travaillait avec grand soin. C'étaient surtout les dents de sanglier qu'on choisissait pour cet usage. On les fendait longitudinalement, de façon à réduire de moitié leur épaisseur, puis on les polissait, et l'on y perçait un trou pour les suspendre.

Les tourbières de la Somme ont fourni un certain nombre de défenses de sanglier ainsi façonnées. La plus curieuse trouvaille de ce genre qu'on ait faite est celle de l'objet dont nous donnons ici le dessin (fig. 122). Il a été découvert en 1834, près de Pecquigny (Somme), et se compose de dix-neuf dents de sanglier, séparées en deux parties, comme nous l'avons dit, parfaitement polies et percées à chaque extrémité d'un trou rond. Ces trous servaient à passer un lien de nature tendineuse, dont on vit, assure-t-on, les débris au moment de la découverte. Un pareil collier devait être d'un grand prix, car il avait nécessité un travail très-long et très-minutieux.

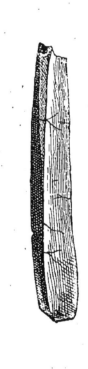

Fig. 122. Collier fait de dents
de sanglier divisées longitudinalement.

Fig. 123. Couteau
en silex des tourbières d'Anvers.

Dans les tourbières de Bruxelles, on a également retrouvé des silex polis, associés à divers ossements d'animaux et à deux humérus humains, provenant de deux individus.

Les tourbières d'Anvers, qui ont fourni un frontal humain, caractérisé par sa grande épaisseur et sa petite superficie, ont également fourni de beaux couteaux de silex (fig. 123), qui ne le cèdent en rien aux spécimens les plus beaux du Grand-Pressigny.

Sur aucun des instruments en bois dont nous venons de parler, on ne trouve ces dessins que nous avons signalés comme venant des hommes de l'époque du renne. L'instinct artistique paraît s'être évanoui. Peut-être la catastrophe diluvienne, qui vint faire tant de victimes, eut-elle pour résultat d'effacer le sentiment des arts, en forçant les hommes à concentrer leurs idées sur les uniques soucis de leur subsistance ou de leur défense.

Quantité de vestiges recueillis çà et là attestent que l'usage des poteries était assez répandu à l'époque de la pierre polie. La plupart ne sont, comme nous l'avons déjà dit, que des ébauches bien grossières encore, mais elles accusent un certain progrès. Les ornements sont plus délicats et plus compliqués. On voit apparaître les anses à jour et les mamelons percés pour la suspension. Bref, il y a un acheminement sensible vers les créations de l'art.

Dans les cavernes de l'Ariége, MM. Garigou et Filhol ont recueilli des restes de poteries grossières, en argile, munies d'anses, de forme tout à fait primitive. Parmi les fragments de poteries trouvés par ces observateurs, il en est un qui mesure vingt-huit centimètres de hauteur, et qui a dû appartenir à un vase d'un demi-mètre de hauteur. Ce vase, nécessairement très-lourd, était suspendu par des cordes, ainsi que le prouvent trois trous percés dans un autre fragment du même objet.

Agriculture. — On a des preuves certaines que l'homme, à l'époque de la pierre polie, possédait une agriculture, ou, si l'on veut, qu'il cultivait les céréales. MM. Garrigou et Filhol ont trouvé dans les cavernes de l'Ariége plus de vingt meules, qui ne pouvaient servir qu'à triturer les grains. Ces meules ont de vingt à soixante centimètres de diamètre.

Ainsi les peuplades qui habitaient notre Ariége à l'époque de la pierre polie connaissaient le blé.

M. le Dr Foulon-Menard a publié, en 1869, un mémoire

destiné à décrire une pierre trouvée à Penchasteau, près de Nantes, dans un tombeau appartenant à l'âge de la pierre[1]. Large de soixante centimètres, cette pierre est creusée sur sa face supérieure. Elle servait évidemment à écraser les grains avec un rouleau de pierre ou tout simplement avec un caillou rond, promené dans sa cavité. La farine obtenue par cette pression descendait par la pente donnée à l'excavation de la pierre, et était reçue sur quelque lambeau de natte.

Nous représentons ici, d'après le modèle qui existe au Musée de Saint-Germain, le moulin primitif de Penchasteau (fig. 124).

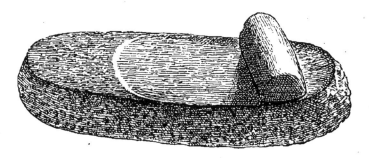

Fig. 124. Moulin primitif.

Pour comprendre comment une excavation pratiquée dans une pierre circulaire fut le premier moulin à blé des anciens âges, il suffit de savoir que, même de nos jours, chez les peuples sauvages, c'est ainsi que l'on procède pour écraser les grains des céréales.

On lit dans le *Voyage du Mississipi à l'Océan*, par M. Molhausen :

« La nourriture principale des Indiens consiste en gâteaux grillés de maïs et de blé, dont ils pulvérisent les grains *entre deux pierres*[2]. »

On lit dans le *Zambèse et ses affluents (Afrique centrale)*, par Livingstone :

« Le moulin des Mangajas, Makalolos, Landines et autres peuplades, est composé d'un bloc de granit, ou de syénite, parfois même de micaschiste, ayant de 15 à 18 pouces carrés sur 5 ou 6 d'épaisseur, et d'un

1. *Les moulins primitifs*, Nantes, 1869. Extrait du *Bulletin de la Société archéologique de Nantes*.
2. *Tour du Monde*, 1860, page 374.

morceau de quartz, ou d'autre roche également dure, de la dimension
d'une demi-brique; l'un des côtés de cette espèce de meule est convexe, de manière à s'adapter à un creux en forme d'auge, pratiqué
dans le bloc qui est immobile.

« Quand la femme a du grain à moudre, elle s'agenouille, saisit à
deux mains la pierre convexe, et la promène dans le creux de la pierre
inférieure par un mouvement analogue à celui d'un boulanger qui
presse sa pâte et la roule devant lui. Tout en la faisant aller et venir,
la ménagère pèse de tout son poids sur la meule, et de temps en temps
remet un peu de grain dans l'auge du bloc. Celui-ci est incliné, de
manière que la farine, à mesure qu'elle se fait, tombe sur une nappe
disposée pour la recueillir [1]. »

Tel fut donc le premier moulin. Nous verrons plus tard
apparaître une autre forme : deux meules superposées, dont
l'une est mue par-dessus l'autre, avec un manche de bois.
C'est le moulin de l'époque du bronze. Cette forme se main-
tiendra d'ailleurs jusqu'aux temps historiques, puisqu'elle
constitue le premier moulin que les agriculteurs romains
aient employé.

C'est pour représenter l'existence de l'agriculture à l'é-
poque de la pierre polie, que nous avons fait dessiner, dans
la planche 125, une femme réduisant du grain en farine dans
le *moulin primitif.*

On voit, sur le même dessin, la manière de préparer,
avec la farine sortant du moulin, une sorte de galette grossière. Des enfants font chauffer à un foyer des pierres circulaires, ou rondelles. Sur ces pierres brûlantes, qu'ils viennent de retirer rapidement du feu, en se servant, pour les
saisir, de deux bâtons mouillés, ils placent un peu de farine
délayée dans l'eau. La chaleur de la pierre suffit à cuire la
farine, et à former une sorte de galette.

Disons tout de suite, pour montrer qu'il ne s'agit pas ici
d'hypothèses, que c'est de cette manière que, de nos jours encore, se prépare, dans les contrées pauvres de la Toscane, la
polenta. La pâte, faite avec des farines de châtaignes délayées
dans l'eau, est cuite entre des rondelles de pierre, que l'on
superpose en rangées, comme nous l'avons figuré dans la
planche ci-jointe, *l'art de faire le pain à l'âge de la pierre.*

1. *Tour du Monde,* 1860, page 374.

Fig. 125. L'art de faire le pain à l'âge de la pierre.

A l'arrière-plan du même dessin, on voit des animaux, réduits à l'état de bétail, ramenés vers le groupe des travailleurs. Nous avons voulu indiquer par cette particularité que l'époque de la pierre polie est aussi celle de la domestication des animaux, et que déjà le chien, le mouton et le bœuf étaient asservis par l'homme, et lui servaient d'auxiliaires ou de compagnons.

Les traces d'agriculture que nous avons remarquées dans les cavernes de l'Ariége se retrouvent dans d'autres parties de la France. MM. Pommerol ont découvert, dans des foyers du département du Puy-de-Dôme, du blé carbonisé mêlé à des poteries et à des instruments de silex. L'homme de la période qui nous occupe ne s'adonnait donc plus exclusivement à la chasse et à la pêche. Il commençait à exercer cette noble profession de cultivateur, qui devait être plus tard la source de la richesse des nations.

Navigation. — C'est à l'époque de la pierre polie que l'on peut placer l'origine de l'art de la navigation. Écoutons à ce sujet l'un des hommes les plus versés dans les connaissances relatives à l'antiquité de l'homme, M. G. de Mortillet, conservateur au Musée archéologique et antéhistorique de Saint-Germain.

Selon M. de Mortillet, la navigation, tant marine que lacustre, existait régulièrement à l'époque de la pierre polie.

Les premières embarcations que l'homme se fabriqua consistaient seulement en de gros troncs d'arbres, équarris d'un côté, creusés ensuite à l'intérieur. Elles ne portaient aucun point d'appui pour les avirons ou les rames, qui se maniaient avec les deux mains. On se servait, pour creuser l'arbre, tout à la fois des instruments de pierre et de l'action du feu.

Dans les premières embarcations, le tronc d'arbre, coupé aux deux bouts, aussi bien que le permettaient les outils de pierre, conservait sa forme extérieure. L'embarcation n'était donc qu'un tronc d'arbre, creusé d'abord par le feu, ensuite par l'instrument tranchant, c'est-à-dire par la hache de pierre.

Plus tard la fabrication se perfectionna. On tailla l'extérieur du tronc d'arbre, et ses deux extrémités, au lieu d'être coupées droit, se terminèrent en pointe. Pour lui donner plus de fixité sur l'eau et l'empêcher de chavirer, on équarrit également et l'on évida le bas de la pirogue. Des contre-forts furent laissés dans l'intérieur, pour consolider l'embarcation, peut-être aussi pour servir de point d'appui aux reins, et plus probablement encore aux pieds des rameurs, qui étaient assis au fond de la pirogue.

La voile dut être bientôt adjointe à ces moyens de progression nautique. Mais il serait difficile de préciser la date de cette découverte importante, qui servit de transition entre la navigation élémentaire, primitive, et la grande navigation. Ce progrès n'a dû se faire qu'avec le secours des métaux.

M. de Mortillet, dans un mémoire qui a pour titre *Origine de la navigation et de la pêche*, passe en revue les trouvailles qui ont été faites en différents pays, des premières embarcations propres à l'homme antéhistorique.

Il rappelle que le Musée de Copenhague contient le dessin de trois pirogues anciennes, puis il continue en ces termes :

« La première pirogue est un demi-tronc d'arbre, de quarante-cinq centimètres de large, coupé droit aux deux extrémités, ayant deux mètres environ de long, et creusé en forme d'auge. Cette pirogue ressemble fort à celle de Suisse.

« La seconde avait environ trois mètres de longueur, une des extrémités se terminait en pointe, l'autre était plus arrondie. Formée d'un seul tronc d'arbre creusé en deux compartiments, une espèce de contre-fort ou siége ayant été laissé à peu près au tiers de la longueur, à partir du bout le plus large.

« La troisième pirogue, n° 295, également d'un seul tronc d'arbre, était plus longue, avait au moins quatre mètres, et était terminée en pointe aux deux extrémités. Du côté le plus délié, le creux se termine carrément, et il existe une petite banquette terminale triangulaire. Dans l'intérieur du vide ont été laissés en relief deux contre-forts.

« Ces trois pirogues sont classées dans la série du bronze, pourtant avec un point d'interrogation ou de doute pour les deux dernières.

« Comme la Scandinavie, l'Irlande a une histoire qui ne remonte pas très-haut dans le passé ; aussi, comme la Scandinavie, l'Irlande a été une des premières à recueillir avec soin les monuments et jusqu'aux moindres débris de la haute antiquité, des temps préhistoriques. La Royale Académie Irlandaise a réuni à Dublin de magnifiques collections dont elle a eu aussi la bonne idée de publier le catalogue illustré de six cent vingt-six figures.

« Dans ces collections existent trois anciens bateaux. Le premier, long de sept mètres environ, large de quatre-vingts centimètres et profond de trente, est creusé dans un seul tronc de chêne, qui devait avoir au moins un mètre trente-cinq de diamètre. Cette embarcation, provenant du marais de Calione, sur la côte de Wexford, est largement équarrie dessous. Un des bouts, arrondi, se relève un peu ; l'autre est coupé à angle droit, et fermé par une pièce de rapport fixée dans des rainures et calfeutrée avec de l'écorce. Dans l'intérieur se trouvent trois contre-forts taillés à même dans le tronc de chêne.

« Cet intérieur, au moment de la découverte, contenait un vase en bois pour vider l'eau et deux rouleaux destinés probablement à pousser l'embarcation à la mer.

« Le second bateau est une pirogue, d'une seule pièce de chêne, longue d'un peu plus de sept mètres, large d'un peu plus de trente centimètres et profonde de vingt. Il se termine en pointe aux deux bouts, et renferme trois contre-forts taillés à même dans le bois, et un petit siége terminal triangulaire.

« Le troisième, également d'une seule pièce, a un peu plus de six mètres de long sur environ cinquante-cinq centimètres de large. Il présente de chaque côté sur les bords une entaille pour placer un banc. Cette barque paraît moins ancienne que les autres, qui elles-mêmes pourraient bien ne pas remonter à une très-haute antiquité. En effet, Ware dit que de son temps il y avait encore sur les rivières d'Irlande des pirogues creusées dans un seul tronc de chêne.

« On sait aussi que les habitations lacustres, construites sur des espèces d'îles artificielles nommées Crannoges, se sont continuées fort tard en Irlande. Toutes les barques trouvées autour de ces Crannoges sont des pirogues d'une pièce, creusées dans de gros troncs d'arbres.

« La pirogue, en forme d'auge, simple tronc d'arbre, coupé droit aux deux bouts, nullement équarri à l'extérieur, existe aussi en Irlande. On en a trouvé dans le comté de Monaghan[1] une variété fort singulière ; aux deux extrémités existaient des espèces d'anses ou poignets qui servaient probablement à transporter l'embarcation d'un lieu à un autre, ou bien à la retirer sur la plage après les navigations.

« D'après M. John Buchanan, cité par sir Charles Lyell[2], de 1775 à 1855, on a retiré au moins dix-sept canots des terrains bas, résidus de mer qui bordent la Clyde à Glascow. M. Buchanan en a examiné plusieurs avant leur exhumation. Cinq d'entre eux étaient enfouis dans la vase sous les rues de Glascow. L'un d'eux, dans une position verti-

---

1. Shirley's *Account of the territory of Farnay.*
2. J. Buchanan, *British Association Reports*, 1855, page 80. — Charles Lyell, *l'Ancienneté de l'homme*, page 49.

cale, la proue en haut, comme s'il eût sombré dans une tempête, contenait un assez grand nombre de coquilles marines. Douze autres canots furent trouvés à environ quatre-vingt-dix mètres de la rivière, à la profondeur moyenne de cinq mètres cinquante au-dessous de la surface du sol, soit à deux mètres dix au-dessus de la ligne des hautes eaux. Un petit nombre d'entre eux seulement n'était qu'à un mètre vingt ou un mètre cinquante de profondeur, par conséquent à plus de six mètres au-dessus du niveau actuel de la mer. L'un était piqué dans le sable, sous un angle de quarante-cinq degrés, un autre avait été renversé et gisait la quille en l'air ; les autres étaient dans une position horizontale, comme s'ils avaient coulé en eau tranquille.

« Presque tous ces anciens bateaux étaient formés d'un seul tronc de chêne, creusé avec des instruments à tranchant mousse, probablement des haches en pierre, aidées par l'action du feu. Un petit nombre offraient des coupures nettes, évidemment faites par des outils métalliques. Deux d'entre eux étaient construits en planches. Le plus soigné portait la trace de clous carrés en métal, mais qui avaient entièrement disparu. Dans une pirogue on trouva une hache en diorite et au fond d'une autre un tampon en liége qui suppose des relations avec la France méridionale, l'Espagne ou l'Italie.

« Les lacs de la Suisse, avec leurs habitations lacustres, ont fourni de nombreux spécimens d'anciennes pirogues. M. le docteur Keller, dans son cinquième Rapport sur les palafittes, planche X, figure 23, en représente une de Robenhausen : c'est un demi-tronc d'arbre long de trois mètres soixante, large de soixante-quinze centimètres, creusé à l'intérieur de quinze à dix-huit centimètres seulement. Ce tronc a été aminci et allégé à partir du centre, en se dirigeant vers les deux extrémités, qui sont arrondies. Il est pourtant très-probable que tout ce travail a été fait avec des instruments en pierre, car la station de Robenhausen, située dans une tourbière, près du petit lac de Pfeffikon, canton de Zurich, bien que fort riche en objets divers, n'a pas fourni jusqu'à présent un seul instrument en métal.

« Déjà dans son premier Rapport, planche IV, figure 21, M. Qeller avait donné le dessin d'une autre pirogue. Elle provient du lac de Bienne. Comme la première citée par M. Worsaae, c'est une moitié de tronc d'arbre, coupé presque droit aux deux bouts, creusé à l'intérieur en forme d'auge et laissé sans travail à l'extérieur.

« M. le professeur Desor cite plusieurs pirogues dans le lac de Bienne. L'une d'elles, près de l'île Saint-Pierre, est encore chargée de cailloux. D'après M. Desor, à l'époque de la pierre polie, les constructeurs des habitations lacustres, pour consolider les pieux destinés à soutenir ces habitations, les calaient avec des pierres qu'ils allaient chercher en bateau sur les rives, le fond du lac en étant complétement dépourvu. La pirogue de l'île Saint-Pierre serait une embarcation coulée à fond avec sa cargaison de cailloux, et remonterait ainsi à l'époque de la

Fig. 126 Le premier navigateur.

pierre polie. M. Troyon[1] donne des détails encore plus circonstanciés sur cette pirogue. Elle est en partie prise dans la vase à l'angle septentrional de l'île ; faite d'une seule pièce d'un tronc de chêne de grande dimension, elle ne mesure guère moins de quinze mètres de long, sur une largeur de un mètre cinq à un mètre trente.

« M. Desor, dans ses *Palafittes*, nous apprend que le Musée de Neuchâtel s'est enrichi dernièrement d'une pirogue provenant du lac ; malheureusement elle s'est horriblement déformée en séchant.

« Et M. Troyon, dans ses *Habitations lacustres*, nous parle de diverses pirogues d'Estavayer et de Morges.

« Estavayer est situé sur le lac de Neuchâtel. Il y a deux stations voisines, l'une de l'âge de la pierre, l'autre de l'âge du bronze. Une pirogue gît encore au fond du lac près de ces stations. Des pêcheurs en ont sorti une autre, il y a quelques années, qui mesurait environ trois mètres de longueur sur soixante centimètres de largeur. L'extrémité conservée était taillée en pointe légèrement relevée.

« Morges est sur le lac de Genève, dans le canton de Vaud. MM. Forel père et fils y ont découvert et exploité deux intéressantes stations de l'âge du bronze. On y a trouvé deux pirogues. D'après M. Troyon, l'une d'elles, transportée sur le rivage il y a environ quarante-cinq ans, n'a pas tardé à être détruite. Elle était formée d'un tronc de chêne creusé comme un bassin. L'autre gît encore auprès des pilotis sous quatre mètres vingt à quatre mètres cinquante d'eau. Une partie est prise dans le sable, celle qui n'a pas été recouverte mesure environ trois mètres de longueur sur soixante centimètres de largeur. Elle se termine en pointe et a été taillée de manière à ménager une espèce de siége, pris sur l'épaisseur du bois à l'extrémité, comme dans la troisième figurée dans le catalogue du musée de Copenhague.

« En France, on a remarqué aussi plusieurs pirogues remontant aux temps préhistoriques.

« Le 6 janvier 1860, des ouvriers occupés aux fortifications que le génie faisait élever à Abbeville, dans les terrains dits de Saint-Jean-des-Prés, sur la rive gauche du canal de transit, découvrirent une pirogue, dans la tourbe, à trois mètres soixante-dix en contre-bas du chemin de halage et à deux cents mètres environ du débarcadère du chemin de fer. Faite d'un seul tronc de chêne, elle avait six mètres soixante de longueur; ses bouts carrés étaient taillés en biais, de sorte que son plan supérieur se trouvait de deux mètres cinquante plus long que sa ligne inférieure un peu aplatie sur une largeur de trente-cinq centimètres. La plus grande largeur de la partie supérieure, placée au tiers de la longueur, mesurait quatre-vingt-dix centimètres ; à partir de ce point, la pirogue se rétrécissait et ne présentait plus qu'une lar-

---

1. Frédéric Troyon, *Habitations lacustres des temps anciens et modernes*, pages 119, 159 et 166.

geur de cinquante centimètres à l'extrémité la plus éloignée. Or,
comme il n'existe pas d'arbre diminuant naturellement de quarante
centimètres de diamètre sur une longueur de quatre mètres, il faut
conclure que le tronc dont on s'est servi avait été taillé extérieurement.

« Deux saillies de onze centimètres d'épaisseur, placées à deux mètres
de l'extrémité la plus étroite, faisant corps avec les bordages et le fond
plus épais en cet endroit, laissaient entre elles un vide rectangulaire,
qui était probablement destiné à emboîter deux côtés d'une pièce de
bois à base carrée, servant de mâture. Le plus grand creux intérieur
n'avait que vingt-cinq centimètres de flèche, et le bordage, qui ne présentait en haut que deux centimètres d'épaisseur, allait, en suivant la
courbe naturelle du tronc, se confondre avec le fond épais de plus du
double. Cette pirogue, bien que mise complétement à découvert, et
encore en très-bon état de conservation, n'a pas été extraite de son
gisement.

« En 1834, on avait découvert une autre pirogue à Estrebœuf, longue
de dix mètres, large de cinquante-cinq centimètres et profonde de
cinquante. Elle avait le fond plat, les côtés coupés verticalement en dedans et en dehors, ce qui lui donnait à peu près la forme d'une auge
équarrie. Dans sa partie la plus large elle portait des indices de mâture. Transportée au Musée d'Abbeville, elle s'est complétement dété-
riorée, et on n'en voit plus que des restes informes.

« M. l'abbé Cochet raconte que de 1788 à 1800, pendant les fouilles du
bassin de la Barre, au Havre, on rencontra à trois mètres trente de
profondeur une pirogue de plus de treize mètres de long, creusée
dans un seul tronc d'arbre. Les deux extrémités étaient pointues et
massives, et l'intérieur renforcé de courbes formées à même de l'arbre. Cette pirogue, reconnue pour être en bois d'orme, avait près de
un mètre trente de creux. Elle était si parfaitement conservée qu'elle
put être transportée derrière la maison des ingénieurs des ponts et
chaussées, sur la jetée du sud; mais là elle fut détruite par l'action
successive de la pluie et du soleil.

« Le même archéologue cite aussi une pirogue, de cinq à sept mètres
de quille, découverte en 1780, à Montéviliers, dans les fossés comblés
encore connus sous le nom de la Bergue.

« Le Musée archéologique de Dijon renferme une pirogue trouvée
dans le gravier du lit de la Loue, aux confins du département du Jura,
entre Dôle et Salins. Elle est en bois de chêne, faite d'un seul tronc
colossal, travaillé, à ce que pense M. Baudot, au moyen du feu. La
longueur actuelle est de cinq mètres cinquante, la largeur de soixante-
douze centimètres ; mais il y a eu un grand retrait par la dessiccation.
Des armatures en fer posées pour maintenir le bois permettent de constater sur la largeur un retrait d'au moins quatorze centimètres. Dans
l'intérieur on voit les traces fort distinctes de deux banquettes ou
contre-forts laissés à même du bois pour consolider la pirogue. Le

premier est à un mètre de l'un des bouts, le second à un mètre soixante-quinze de l'autre bout. Les deux extrémités se terminent en pointe, dont l'une beaucoup plus aiguë et plus allongée que l'autre.

« Le Musée de Lyon possède aussi une pirogue trouvée dans les graviers du Rhône, près du pont de Cordon, dans le département de l'Ain. Elle a douze mètres cinquante de long, creusée dans un seul tronc de chêne, les deux extrémités vont en s'atténuant. Le milieu est équarri et l'intérieur est consolidé par deux contre-forts laissés à même du bois.

« Enfin il reste à citer la pirogue extraite du lit de la Seine, à Paris, et donnée par M. Forgeais à l'Empereur. Elle se trouve maintenant au Musée des origines nationales de Saint-Germain. Faite d'un seul tronc de chêne, elle a été très-façonnée à l'extérieur et se terminait en pointe des deux côtés. Cette pirogue gisait dans la vase et le gravier vers l'extrémité de la Cité, du côté de Notre-Dame. Tout près s'est rencontré un silex taillé, et ont été recueillies diverses armes en bronze, entre autres un casque et plusieurs épées. Dans les lits des fleuves, les objets des diverses époques sont facilement mêlés. Ce silex paraît être accidentel, et ce sont bien plutôt les armes en bronze qui doivent servir à dater la pirogue [1]. »

Nous avons parlé plus haut, et nous avons figuré par le dessin le *premier atelier de l'industrie humaine*. Par opposition à ce tableau pacifique, nous pouvons représenter les témoignages, encore conservés aujourd'hui, dês premiers moyens de défense et d'attaque qui constituent la guerre régulière entre les peuples. Les batailles et la guerre sont nées sans doute avec l'humanité même. Les haines, les rivalités d'individu à individu et de famille à famille, haines et rivalités qui ont existé de tout temps, se sont étendues peu à peu à la tribu, puis à la peuplade tout entière, et se sont traduites par des incursions armées, par le pillage et la mort. Ces violences ont été systématisées de bonne heure dans l'art de la guerre, expédient terrible auquel n'ont pas su se soustraire encore les nations modernes.

Pour trouver les témoignages encore debout des guerres des hommes de l'âge de la pierre, il faut nous transporter dans la partie de l'Europe qui forme aujourd'hui la Belgique. Oui, à l'âge de la pierre, par delà toute tradition écrite, les

---

1. *Origine de la navigation et de la pêche*, in-8°, pages 11-21 Paris, 1867, chez Reinwald.

peuples de cette contrée guerroyaient déjà, soit entre eux,
soit contre d'autres peuples venus du dehors. On en a la
preuve par les enceintes fortifiées ou *camps retranchés*, qui
ont été découverts par MM. Hannour et Himelette. Ces camps
sont ceux de Furfooz, de Pont-de-Bonn, de Simon, de Je-
melle, de l'Hastedon et Poilvache.

Ces divers camps présentent des caractères communs. Ils
sont généralement établis en surplomb de vallées escarpées,
sur un massif de rochers, formant une sorte de promontoire,
qui est relié au reste du pays par un étroit passage. Un large
fossé était creusé dans cette langue de terre, et le camp tout
entier était entouré d'une épaisse muraille de pierres, simplement assemblées les unes contre les autres, sans aucun
mortier ni ciment. Au camp de l'Hastedon, près de Namur,
cette muraille, qui était encore bien conservée au moment
de sa découverte, mesurait trois mètres de largeur, sur une
hauteur à peu près égale. Lorsqu'ils étaient attaqués, les
hommes, réunis dans l'enceinte, faisaient pleuvoir sur les
assaillants des pierres empruntées à leur mur, lequel devenait ainsi tout à la fois un ouvrage de défense et d'attaque
(fig. 127).

Ces positions retranchées étaient si bien choisies, que la
plupart continuèrent à être occupées pendant le siècle suivant. Nous citerons en exemple celle de Poilvache. Après
avoir été citadelle romaine, elle se transforma, au moyen
âge, en un château fort, qui fut détruit seulement au quinzième siècle.

Les camps de l'Hastedon et de Furfooz ont également été
utilisés par les Romains.

Dans toute l'enceinte de ces anciens camps, on a trouvé
des silex taillés et des débris de poteries, toutes choses qui
suffiraient pour attester la présence de l'homme primitif. Les
énormes murailles de ces mêmes camps indiquent en même
temps qu'il a vécu sur les points désignés en agglomérations
déjà nombreuses.

Si nous voulions étudier avec détail les vestiges de l'époque
de la pierre polie dans les autres contrées de l'Europe, nous

Fig. 127. Les premiers combats réguliers entre les hommes à l'âge de la pierre,
ou le camp retranché de Furfooz.

serions amené à répéter ce que nous avons dit pour les contrées qui forment aujourd'hui la France et la Belgique. C'est
toujours, sur une grande partie de l'Europe, le même mode
d'existence, ce sont les mêmes coutumes et le même degré
de civilisation naissante. Nous ne pourrions donc songer à
faire, au point de vue qui nous occupe, une étude spéciale
de chaque pays.

Disons seulement qu'en Espagne les cavernes de la Vieille-
Castille, explorées par M. Éd. Lartet, ont fourni des restes divers de l'époque du renne et de celle de la pierre polie. Les
provinces de Séville et de Badajoz ont également donné des
haches polies, la plupart de roches dioritiques.

De nombreux vestiges de la même époque ont été découverts dans différentes provinces de l'Italie.

Nous donnons ci-dessous (fig. 128) le dessin d'une pointe

Fig. 128. Pointe de flèche en silex, de Civita-Nova (Italie).

de flèche très-remarquable, trouvée dans la province de Civita-Nova (ancien royaume de Naples). Elle est pourvue d'un
pédoncule à entailles latérales, pour faciliter l'emmanchement de la pointe dans une hampe de bois.

L'île d'Elbe a été parcourue par M. Raffaello Foresi, qui

a trouvé dans cette île de la Méditerranée une grande quantité de flèches, de couteaux, de scies, de grattoirs, etc., taillés dans le silex, le jaspe, l'obsidienne et même le cristal de roche. L'île d'Elbe possédait des ateliers pour le travail du silex. La Grande-Bretagne, le Wurtemberg, la Hongrie, la Pologne, la Russie, ont leurs instruments de pierre polie, sur lesquels, pour la raison donnée plus haut, il serait superflu d'insister.

Passons à l'examen du type de la race humaine chez les peuples du Nord, à l'époque de la pierre polie.

Une caverne de l'Ariége, explorée par MM. Garrigou et Filhol, et qui se rapporte à l'époque de la pierre polie, est celle de *Lombrive*, ou *des Échelles*, ainsi nommée parce qu'elle est divisée en deux parties, situées à des niveaux tellement différents qu'il faut le secours de cinq longues échelles pour passer de l'une à l'autre. Cette caverne est intéressante en ce qu'elle a fourni de nombreux ossements humains, provenant d'individus de tout sexe et de tout âge, et deux crânes entiers, que M. Garrigou a offerts à la Société d'anthropologie de Paris.

Ces deux crânes, qui semblent avoir appartenu, l'un à un enfant de huit à dix ans, l'autre à une femme, présentent une forme assez distinguée. Le front, élevé au milieu, est bas latéralement; les orbites, ainsi que les fossettes des joues, sont profondes.

Nous ne rapporterons pas les hypothèses diverses et contradictoires qui ont été avancées par MM. Vogt, Broca, Pruner-Bey, Garrigou et Filhol, pour rattacher à des races actuelles de l'espèce humaine les crânes trouvés dans les cavernes de l'Ariége. Cette question d'ethnologie est loin d'être tranchée d'une manière uniforme, et il en sera ainsi tant que les opinions des savants ne pourront se baser que sur un petit nombre de crânes, toujours incomplets, et que chacun est libre dès lors d'interpréter à sa guise.

On n'a point recueilli d'ossements humains dans les amas de coquilles du Danemark, non plus que dans les couches inférieures des tourbières; mais les tombeaux de ce même

pays, appartenant à l'époque de la pierre polie, ont fourni
un certain nombre de crânes humains, qui permettent, jusqu'à un certain point, d'apprécier l'état intellectuel et les affi-
nités de race des hommes ayant vécu dans ces climats. On
cite particulièrement le crâne trouvé dans le tumulus de Borreby, en Danemark, qui a été étudié par M. Busk avec beaucoup de soin.

Ce crâne (fig. 129) présente une analogie assez remarqua-

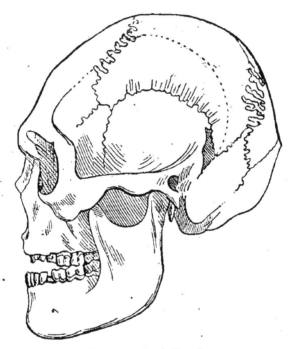

Fig. 129. Crâne de Borreby.

ble avec celui du Neanderthal, dont nous avons parlé dans
un précédent chapitre. Il a les arcades sourcilières très-proé-
minentes, le front fuyant, l'occiput court et incliné en avant.
Il pourrait donc y avoir parenté entre les races dont les crânes de Neanderthal et de Borreby sont les représentants et
les vestiges, et ceux-ci pourraient parfaitement descendre de
ceux-là.

Les anthropologistes ont beaucoup discuté pour savoir à
quelle race humaine actuelle peuvent se rattacher les crânes
trouvés dans le tumulus de Borreby. De telles discussions

manquent d'éléments pouvant servir de bases sérieuses de raisonnement. Il serait donc hors de propos de les reproduire ici. Si nous mettons sous les yeux du lecteur, avec le dessin du crâne de Borreby, le type du crâne humain à l'époque de l'âge de la pierre, c'est pour bien prouver que l'homme primitif du Nord, par la beauté, la régularité des formes osseuses de sa tête, est semblable à l'homme actuel, et pour rappeler une fois de plus combien sont fausses et légères les appréciations de ces savants à courte vue qui voudraient établir une filiation généalogique entre l'homme et le singe.

Comme nous le disions dans l'Introduction de ce volume, un simple coup d'œil jeté sur ce crâne réduit à néant tout ce qui a été écrit et professé concernant la prétendue parenté organique entre l'homme et le singe. Nous ne parlons pas des œuvres de l'homme primitif, œuvres que nous étudions dans cet ouvrage avec les détails nécessaires. L'examen des œuvres de l'homme primitif est, en effet, le meilleur moyen de prouver, en dehors de toute autre considération, qu'il existe un abîme entre lui et l'animal; c'est le meilleur argument contre notre prétendue origine *simienne*, comme l'appellent ceux qui veulent cacher des idées absurdes sous de grands mots scientifiques.

CHAPITRE III.

Les tombeaux et le mode d'ensevelissement à l'époque de la pierre polie. — *Tumuli* et autres monuments funéraires anciennement appelés *celtiques*. — Travaux de MM. Alexandre Bertrand et de Bonstetten. — Pratiques funéraires.

Après avoir décrit et figuré les armes, ainsi que les instruments de l'industrie rudimentaire des hommes à l'époque de la pierre polie; après avoir fait connaître les types de la race humaine pendant cette même période, il nous reste à parle, des tombeaux, du mode d'ensevelissement et de tout ce qui se rapporte aux pratiques funéraires.

Une circonstance heureuse et bizarre à la fois a rendu extrêmement faciles, et en même temps certaines, les notions que nous allons présenter à nos lecteurs. Ces tombeaux des hommes de l'époque de la pierre polie, ces monuments funéraires, ont été étudiés, décrits, fouillés d'une manière approfondie par les archéologues et les antiquaires, qui en ont fait, de tout temps, le sujet d'une foule de publications et de savants mémoires. En effet, ces tombeaux ne sont rien autre chose que les *dolmens*, ou les monuments dits *celtiques* et *druidiques*, et qui ne se rapportent nullement, comme on l'avait toujours pensé, aux temps historiques, c'est-à-dire

15

aux temps des Celtes, mais qui remontent à une antiquité
beaucoup plus haute, car ils appartiennent à l'époque anté-
historique·de la pierre polie.

Nous étudierons, avec cette donnée explicative, les *dolmens*
et autres monuments dits *mégalithiques*, restes grandioses

Fig. 130. Dolmen danois.

d'une époque ensevelie dans la nuit des temps, énigmes colossales qui s'imposent à notre raison, et piquent au plus
haut point la curiosité de l'érudit et du penseur.

Les dolmens sont des monuments qui se composent d'un
gros bloc de rocher, plus ou moins aplati, suivant les con-

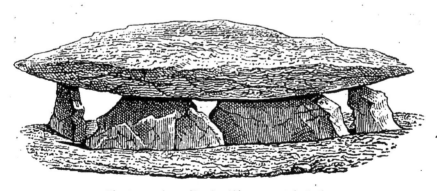

Fig. 131. Dolmen d'Assies (département du Lot).

trées, et posé horizontalement sur un certain nombre de
pierres, dressées verticalement elles-mêmes, pour servir de
supports.

La terre recouvrait ces sortes de chambres sépulcrales,
et formait un monticule. Mais par la suite des temps cette

terre ayant souvent disparu, on voit apparaître seulement les pierres nues de la chambre sépulcrale.

Ce sont ces pierres nues que l'on a prises pour des *autels*

Fig. 132. Dolmen de Connéré (Marne).

de pierre, et que l'on a rapportées au culte religieux des Gaulois. Les prétendus autels druidiques ne sont que des dolmens en ruine. Ce n'est donc pas, comme on l'a toujours

Fig. 133. Coupe verticale, existant au Musée de Saint-Germain, du dolmen de Lockmayer, en Bretagne.

dit, pour servir aux pratiques d'un culte cruel qu'ils ont été élevés. Il est parfaitement prouvé aujourd'hui que les dolmens étaient des tombeaux de l'époque antéhistorique.

Ces tombeaux recevaient plusieurs cadavres. Les corps étaient placés dans la chambre limitée par la table supérieure et les supports. Quelquefois ces chambres étaient à deux étages, et constituaient alors des sépultures multiples.

Les figures 132 et 133 représentent différents dolmens qui existent encore en France.

Parmi les dolmens, les uns sont apparents, comme celui que représente la figure 132, et rien ne les dérobe à la vue; tandis que d'autres sont recouverts d'un monticule de terre, dont les dimensions varient selon l'importance du monument lui-même.

Ces derniers dolmens doivent prendre plus particulièrement le nom de *tumuli*, car cette désignation renferme l'idée d'un tertre élevé au-dessus de la tombe:

Les figures 134 et 135 représentent le *tumulus-dolmen* qui

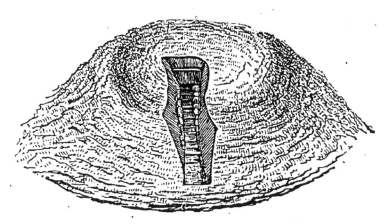

Fig. 134. Tumulus-dolmen de Gavr'inis (Morbihan).

existe à Gavr'inis (île des Chênes), en Bretagne, ou, pour être exact, dans le département du Morbihan. C'est la vue, en petit, d'un énorme modèle qui existe au Musée de Saint-Germain. Une tranche de ce modèle en relief, qui peut à volonté s'élever ou s'abaisser, au moyen d'une corde et d'une poulie, permet de voir l'intérieur du dolmen. Il se compose d'une seule chambre à laquelle aboutit un long couloir.

Les dolmens ont-ils tous été originairement recouverts de terre? C'est une question qui n'est pas tranchée. M. Alexandre Bertrand, directeur du Musée archéologique de Saint-

Germain, à qui l'on doit des travaux si remarquables
sur les monuments primitifs de la Gaule, se déclare pour
l'affirmative, tandis qu'un ar-
chéologue suisse d'un grand
mérite, M. de Bonstetten, est
d'un avis contraire. Le fait,
au surplus, n'a pas grande
importance en lui-même. Ce
qui est incontestable, c'est que

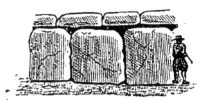

Fig. 135.
Une partie du dolmen de Gavr'inis.

certains dolmens, aujourd'hui découverts, ont été enfouis
autrefois, car on les voit se dresser au centre de monticules
peu élevés, dans lesquels les supports sont profondément
enfoncés. Comme nous le disions plus haut, l'action du temps
a détruit ces sortes de manteaux que les peuples antéhistoriques jetaient sur les sépultures, pour les défendre des injures du temps et de celles des hommes. De sorte que nous
ne voyons plus apparaître que les pierres nues des chambres
sépulcrales des prétendus autels si longtemps attribués au
culte religieux des Gaulois.

Il faut donc renoncer à voir dans les dolmens de la Bretagne, qui ont été tant de fois décrits par les antiquaires, et
qui figurent au nombre des monuments de notre histoire,
des symboles de la religion de nos pères. On ne peut plus les
regarder que comme des chambres sépulcrales.

Les dolmens sont très-nombreux en France, beaucoup plus
nombreux qu'on ne le pense. On croit généralement qu'il
n'en existe qu'en Bretagne, et les curieux admirent sous ce
rapport les prétendus autels druidiques si répandus dans
cette ancienne province de la France. Mais la Bretagne est loin
d'avoir le privilége des constructions mégalithiques. On en a
trouvé dans cinquante-huit de nos départements, appartenant
pour la plupart aux régions de l'Ouest et du Sud-Ouest. Le
département du Finistère en contient 500; le Lot, 500; le
Morbihan, 250; l'Ardèche, 155; l'Aveyron, 125; la Dordogne, 100, etc.[1].

1. Alexandre Bertrand, *Les monuments primitifs de la Gaule.*

Les auteurs qui ont écrit sur la question qui nous occupe, particulièrement M. Lubbock, dans son ouvrage *l'Homme avant*

Fig. 136. Forme générale d'une allée couverte.

l'histoire, et l'archéologue suédois Nilsson, ont beaucoup trop

Fig. 137. Allée couverte de Bagneux près Saumur.

compliqué la description des tombeaux des temps antéhisto-

Fig. 138. Allée couverte de Plauharbel (Morbihan).

riques, en multipliant les divisions dans ce genre de monuments. Suivre ces auteurs dans toutes leurs divisions serait

égarer le lecteur. Nous devons cependant en dire quelques mots.

M. Lubbock appelle *allée couverte* ce que les archéologue du Nord appellent *ganggraben* (tombeau à passages) et dont

Fig. 139. Allée couverte dite *table de César*, à Lockmaryer (Morbihan).

nous présentons ici quatre spécimens, choisis en France (fig. 136, 137, 138, 139). On nomme ainsi une galerie aboutissant à une salle plus spacieuse, autour de laquelle sont rangés les corps. La galerie, formée d'énormes dalles de pierres

Fig. 140. Tumulus danois, ou *Tumulus à salles*.

placées à la suite les unes des autres, est presque toujours orientée de la même façon : dans les États scandinaves, elle s'ouvre ordinairement vers le sud ou l'est, jamais vers le nord.

Le même auteur appelle *tumuli à salles*, ou *vrais tumuli* (fig. 140), des tombeaux qui se composent, soit d'une salle unique, soit d'une agglomération de grandes salles, dont les voûtes et les parois sont construites avec des pierres gigantesques, que recouvre une masse de terre considérable. C'est dans les régions du Nord qu'ils se montrent le plus fréquemment.

La figure 140 représente, d'après l'ouvrage de M. Lubbock, un *tumulus à salles* du Danemark.

Pour terminer la description des monuments mégalithiques, nous devons dire un mot des *menhirs* et des *cromlechs*. Les *menhirs* (fig. 141) étaient d'énormes blocs de pierres

Fig. 141. Forme générale d'un menhir.

brutes, que l'on fichait en terre aux environs des tombeaux. Ils étaient plantés isolément, comme le représente la figure 141, ou par rangées, c'est-à-dire en cercle ou en avenue.

Il existe en Bretagne un alignement de ce genre extrêmement curieux : c'est l'*alignement des menhirs de Carnac* (fig. 142). Ici les pierres sont disposées sur onze lignes parallèles, dans un espace de 1000 mètres, et ils présentent le long de la grève de Bretagne l'aspect le plus étrange.

Quand les menhirs sont rangés en cercles, uniques ou multiples, on les nomme *cromlechs*. Ce sont de vastes enceintes de pierres, ordinairement disposées autour d'un dolmen. Le culte dû aux morts paraît avoir converti ces enceintes en lieux de pèlerinage où se tenaient, à de certains jours, des assemblées publiques. Ces enceintes sont tantôt circulaires, comme en Angleterre, tantôt rectangulaires, comme en Allemagne ; elles comprennent un ou plusieurs rangs.

La figure 143 représente un dolmen avec enceinte de

Fig. 142. L'alignement des menhirs de Carnac.

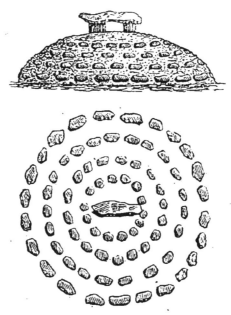

Fig. 143. Dolmen avec enceinte de pierres (cromlech) de la province de Constantine.

pierres, c'est-à-dire un *cromlech*, qui a été trouvé dans la

province de Constantine; la figure 144, un groupe de cromlechs danois.

De ces divers monuments, les *allées couvertes* et les *tumuli*

Fig. 144. Groupe de cromlechs danois.

sont les seuls qui rentrent dans le cadre de cet ouvrage, car
seuls ils ont fourni des restes des temps antéhistoriques, et
seuls ils peuvent nous donner des éclaircissements sur les
peuples qui ont occupé une grande partie de l'Europe antérieurement à toute tradition.

Ces monuments de pierre, nous l'avons déjà dit, ne sont
pas plus celtiques que druidiques. Les Celtes, peuples qui
occupèrent une partie de la Gaule, plusieurs siècles avant
l'ère chrétienne, sont tout à fait innocents des constructions
mégalithiques. Ils les trouvèrent toutes faites lors de leur
immigration, et sans doute ils les considérèrent avec autant
d'étonnement que nous-mêmes. Ils en tirèrent parti, lorsqu'il leur parut avantageux de les utiliser. Quant aux prêtres
de ces peuples anciens, quant aux *druides* qui cueillaient le
gui sacré sur le chêne, ils accomplissaient leurs cérémonies
dans la profondeur des forêts. Or jamais dolmen ne fut
bâti au fond des forêts; tous les monuments de pierre qui
existent encore aujourd'hui se dressent dans la partie découverte du pays. Il faut donc renoncer à l'antique et poétique

aperçu qui fait des dolmens les autels du culte religieux de nos ancêtres.

Certains *tumuli* atteignent des proportions vraiment colossales. Tel est celui de Silbury-Hill, le plus vaste de la Grande-Bretagne, qui a près de soixante mètres de haut. L'énorme somme de travail que nécessitaient ces sortes de constructions a fait supposer qu'on ne les élevait qu'en l'honneur des chefs et autres grands personnages.

Quand on consulte les archives de l'histoire jusqu'aux époques les plus reculées, on constate que la coutume d'élever aux morts illustres des tombes colossales était fort usitée dans l'antiquité orientale. On en retrouve des traces chez les Hébreux, les Assyriens, les Égyptiens, les Grecs, etc.

C'est ainsi que Sémiramis, reine de Ninive, fit élever un monticule sur la tombe de Ninus, son époux. Des pierres furent également entassées sur la dépouille de Laïus, père d'OEdipe. Dans l'*Iliade*, Homère parle des collines édifiées à la mémoire d'Hector et de Patrocle. Celle de Patrocle, œuvre pieuse d'Achille, avait plus de cent pieds de diamètre. Homère parlant des *tumuli*, de son temps déjà très-anciens en Grèce, dit que ce sont les tombeaux des héros. Un tumulus fut érigé par Alexandre le Grand sur les cendres de son ami Éphestion, et telles étaient les dimensions de ce dernier monument, qu'il coûta, dit-on, 1200 talents, c'est-à-dire près de six millions de francs de notre monnaie. L'histoire romaine nous offre des exemples du même genre. Enfin les pyramides d'Égypte, fastueux et colossaux monuments funéraires, représentent à nos yeux la plus haute expression de l'hommage que les générations de l'antiquité rendaient, après leur mort, aux hommes illustres ou puissants.

Cependant ce ne fut pas toujours cette pensée qui présida, chez les hommes de l'âge de la pierre, à l'érection des *tumuli*. Le grand nombre de cadavres qu'on a retrouvés dans quelques-uns de ces monuments exclut l'idée qu'ils aient été construits en l'honneur d'un seul personnage, ou même d'une seule famille. C'étaient souvent des sépultures communes, des nécropoles à l'usage de tous. Dans cette catégorie sont les *tumuli* d'Axevalla et de Luttra, situés non loin l'un de l'autre, en Suède. Le premier, que l'on fouilla en 1805, contenait une vingtaine de cercueils, de forme à peu près cubique, renfermant chacun un squelette, dans une attitude repliée. Lorsqu'on pénétra dans le second, on se trouva en présence de centaines de squelettes, formant quatre rangées superposées, et repliés sur eux-mêmes, comme ceux d'Axevalla. Des débris de l'âge de la pierre accompagnaient ces ossements humains.

La figure 145 représente la position dans laquelle on trouva ces squelettes.

Fig. 145. Position des squelettes dans un tombeau suédois de l'âge de la pierre.

M. Nilsson a émis l'opinion que les *allées couvertes* ne sont que d'anciennes habitations, que l'on transformait en tombeaux à la mort de leurs propriétaires. Quand le maître de la maison avait rendu le dernier soupir, surtout s'il s'agissait d'un homme illustre, on plaçait près de lui des aliments pour le grand voyage, ainsi que ses armes et ses objets les plus précieux; puis on fermait sa demeure, et on ne la rouvrait que pour y transporter les dépouilles de sa compagne et de ses enfants.

M. Lubbock partage et défend cette opinion. Il rapporte les récits de plusieurs voyageurs, d'après lesquels les habitations d'hiver de certaines populations de l'extrême Nord ressembleraient beaucoup aux *allées couvertes* de l'âge de la pierre. Telles sont celles des Sibériens et des Esquimaux, qui se composent d'une salle, ovale ou circulaire, un peu enfoncée dans le sol et complétement recouverte de terre. M. Lubbock pense donc qu'on a souvent pu prendre des habitations sembla- bles pour des *tumuli*, d'autant plus, ajoute-t-il, que quelques- uns de ces monticules, quoique renfermant des cendres, des poteries, des instruments, n'ont fourni aucun vestige d'os- sements humains[1].

Dans un travail sur les *Sépultures de l'âge de la pierre chez les Parisii*, M. Leguay, savant architecte, membre de la Société d'archéologie, fait remarquer que les constructions des dol- mens nous révèlent, dans une proportion même assez avan- cée, la connaissance, par les hommes de cette époque, des éléments de l'architecture.

« L'ensépulturement, dit M. Leguay, a été pratiqué à l'époque de la pierre polie dans des caveaux, ou espèces de cercueils construits sur place, formés de pierres d'épaisseur variable, assez généralement pla- tes, de peu de hauteur, et posées sans aucune espèce de mortier. Ces caveaux, sans distribution d'abord, plus tard séparés en compartiments par des pierres semblables, recevaient les corps placés également dans diverses positions. La terre, ou bien des pierres plates, les recou- vraient, et il arrive quelquefois de rencontrer au-dessus une éminence circulaire, formée d'un amas considérable de pierres apportées après coup, ainsi que M. Brouillet a pu le constater en 1862, à la Tombelle de Brioux (Vienne).

« Ce genre de sépulture constate un progrès réel. Les silex polis s'y rencontrent mêlés à des pierres travaillées, apportées de loin. Les pote- ries, fort significatives, se rapprochent de l'époque où on commençait à les orner; et notamment, la Tombelle de Brioux a offert deux vases entiers avec anses, enlevées en saillie dans la terre et percées, dont j'ai rencontré les similaires comme forme et comme façon dans les sépultures à crémation de Villeneuve-Saint-Georges, qui, comme je l'ai avancé plus haut, m'ont paru être postérieures à celle à ensépul- turement simple placée au-dessous.

« Les premiers éléments de l'art de construire, c'est-à-dire la sta- bilité, se montrent dans ces derniers monuments. Ce ne sont pas en- core les beaux dolmens ni les monuments qui suivirent, mais le prin- cipe de la juxtaposition des pierres est trouvé. La dalle, formant la couverture, est le premier essai du linteau, base primitive de la science architecturale. Insensiblement les dimensions du monument s'aug-

1. *L'Homme avant l'histoire*, in-8°, page 91. Paris, 1867.

menteront, les matériaux se modifieront, et du petit monument élémentaire aux belles sépultures à dolmen il n'y aura qu'un pas à faire, pas de géant, il est vrai, mais que saura franchir l'intelligence humaine.

« Cependant il ne s'accomplira pas brusquement ni sans transition : nous en avons la preuve dans le bel ossuaire découvert en 1863 à Chamant, près Senlis (Oise), dans la propriété de M. le comte de Lavaulx. Ce monument n'est pas encore le beau du genre, mais il en possède toutes les inspirations, et il en est le type.

« Des pierres à peu près plates de plus grande hauteur que celles formant les caveaux, et d'assez fortes dimensions, sont posées de champ, de façon à former une salle carrée. Une cloison de pierres semblables, laissant un vide ou passage entre elles, sépare la salle en deux parties inégales : disposition observée dans la plupart des beaux dolmens, et qui existe, non loin de Chamant, à l'allée couverte connue sous le nom des *Pierres Turquoises*, dans la forêt de Carnelle, près de Beaumont-sur-Oise (Seine-et-Oise) [1].

« Seulement à Chamant la salle n'avait guère plus d'un mètre à un mètre vingt-cinq centimètres de hauteur sous le plafond qui était formé par de larges pierres plates ; et elle était assez grande pour permettre à un grand nombre d'individus d'y reposer assis ou couchés. Près d'eux on avait placé des silex travaillés délicatement, ainsi que de belles haches polies, dont une en serpentine, et une de grande dimension, taillée à la façon des haches diluviennes, m'a paru avoir été préparée pour le polissage.

« Les recherches n'ont constaté que de faibles traces de poteries, et de légers fragments, que j'ai examinés, n'assignent pas à ce monument un âge bien reculé. Du reste, la fouille de cette sépulture, dirigée par une autre idée que celle d'étudier le monument lui-même, n'a pas été menée avec tout le soin nécessaire pour recueillir tous les indices qu'il devait fournir.

« Entre la sépulture de Chamant et les beaux dolmens il n'y a qu'une question de dimensions plutôt qu'une question chronologique. Ceux-ci sont formés de pierres colossales, et lorsqu'on les examine, lorsque l'on cherche à se rendre compte des procédés employés pour leur érection, on demeure confondu, et l'imagination a peine à concevoir comment il a été possible de remuer ces masses considérables, et surtout de les mettre en place, alors qu'aujourd'hui, pour arriver aux mêmes résultats, il serait nécessaire d'employer tous les moyens que la science possède [1]. »

Toutes les constructions mégalithiques ne remontent pas à la même époque. Les unes ont été élevées pendant l'âge de

---

1. *Des Sépultures à l'âge de la pierre*, in-8°. Meaux, 1865, pages 15-16.

la pierre, les autres pendant l'époque du bronze. Rien dans
leur mode d'architecture ne peut nous faire reconnaître leur
degré d'ancienneté; mais les restes qu'ils contiennent nous
renseignent parfaitement à cet égard. Ainsi en France, suivant
M. Alexandre Bertrand, les dolmens et les *tumuli-dolmens* ne
contiennent ordinairement que des objets de pierre et d'os;
le bronze et l'or y sont très-rares; le fer ne s'y rencontre jamais. Dans les vrais *tumuli*, au contraire, le bronze domine,
et le fer est plus abondant, preuve évidente qu'ils sont d'une
origine moins ancienne que les dolmens. On s'est assuré de
la même façon que les dolmens danois et les grandes salles
sépulcrales de la Scandinavie appartiennent à l'époque de la
pierre polie. En rangeant les dolmens dans cette dernière période de l'histoire de l'humanité, nous sommes donc d'accord
avec la généralité des faits.

Pour préciser davantage, on pourrait dire que les dolmens
et les *tumuli* se rapportent aux derniers temps de l'époque
de la pierre polie et au commencement de l'époque du
bronze. Mais nous n'ajoutons aucune importance, disons-le
encore, à ces distinctions, qui ne pourraient qu'embarrasser,
sans aucune utilité, l'esprit du lecteur.

L'examen des dolmens du Danemark a amené l'auteur du
*Catalogue des objets antéhistoriques envoyés par le Danemark à
l'Exposition universelle de* 1867 à résumer comme il suit ce
qui concerne ces monuments funéraires.

« Dans les dolmens du Danemark, le nombre des squelettes varie
beaucoup; dans les plus grands on en compte jusqu'à une vingtaine,
dans les plus petits il n'y en a que cinq ou six; quelquefois ils sont
placés en étages superposés.

« Les ossements ne sont jamais en ordre : la tête se rencontre près
des genoux, aucun membre n'est dans sa position naturelle. Il suit de
cette disposition qu'on aurait accroupi les corps pour les ensevelir.

« Le fond de la chambre sépulcrale des dolmens est couvert le plus
souvent d'une couche de silex passés au feu; c'est sur ce fond que le
corps a été déposé. Il a été couvert ensuite avec une mince couche de
terre, et la tombe a été fermée. Cependant, comme nous venons de le
dire, les dolmens ne contiennent que rarement un seul squelette. Il
faut donc qu'on les ait ouverts de nouveau pour y déposer d'autres
corps. C'est alors qu'on aura, pour combattre les miasmes de la putré-
faction, allumé le feu dont l'intérieur des dolmens porte des traces

nombreuses et évidentes. On a continué ainsi, paraît-il, jusqu'au moment où le dolmen a été entièrement rempli, mais même alors, semble-
t-il, on n'a point toujours abandonné le tombeau. Quelquefois les
squelettes les plus anciens ont été déplacés pour faire place à de nouveaux corps. Cela aurait eu lieu dans un dolmen près de Copenhague,
qui fut fouillé en 1862 en présence du feu roi Frédéric VII.

« Un dolmen près du village de Hammer, fouillé il y a quelques années, par M. Boye, a offert des particularités fort curieuses. On y
trouva, outre les instruments en silex, des ossements humains qui
avaient subi le même traitement. On peut donc supposer qu'un repas
funéraire a eu lieu dans le voisinage du tombeau et qu'on a même
ajouté au rôti de cerf des morceaux de chair humaine. Du reste cette
trouvaille est unique jusqu'ici, et on ne peut nullement en tirer la conséquence que les habitants du Danemark à cette époque auraient été
des anthropophages.

« Les morts étaient déposés avec leurs armes et ustensiles et avec des
vases qui doivent avoir contenu des aliments que l'usage religieux pouvait commander de laisser auprès des corps. On avait longtemps supposé que l'usage était de ne placer des armes qu'auprès des hommes.
Mais dans un dolmen à Gieruen on a trouvé une hache près d'un
squelette qui était évidemment celui d'une femme.

« Voici maintenant l'inventaire d'une trouvaille faite dans un dolmen
danois, celui de Hielm, dans l'île de Moen, qui fut fouillé en 1853. La
chambre sépulcrale avait 5 mètres en longueur sur 3^m,50 de largeur
et 1^m,50 de hauteur.

« On y recueillit vingt-deux pointes de piques, dont la plus longue
était de 0^m,28 et la plus petite de 0^m,14 ; plus de quarante éclats de
silex ou couteaux d'une longueur de 0^m,05, jusqu'à 0^m,13, trois haches
plates, une hache plus épaisse, trois ciseaux de menuisier, dont le plus
long était de 0^m,21 ; un beau marteau d'une longueur de 0^m,13 ; trois
nodules de silex tout à fait analogues à ceux des débris de cuisine, et
enfin, outre tous ces objets en silex, quelques perles en ambre et quarante vases en terre faits à la main [1]. »

Quelles étaient les pratiques funéraires des hommes à l'é-
poque de la pierre polie? Quelles cérémonies accomplissait-on
alors en inhumant les morts? C'est ce qu'il n'est pas difficile
d'établir d'après l'examen de ce qui a été trouvé dans les dolmens et les *tumuli*.

Dans un grand nombre de *tumuli* on a retrouvé des ossements d'animaux, brisés ou entamés par des instruments

---

1. *Le Danemark à l'Exposition universelle* de 1867, par Valdemar Smidt.
Paris, in-8°, 1868, chez Reinwald.

tranchants. Cela nous indique que les funérailles étaient accompagnées de festins, comme aux époques précédentes.

Le corps que l'on allait enfermer dans le *tumulus* était porté sur du feuillage, comme le font les populations sauvages qui existent aujourd'hui. Les hommes et les femmes portaient leurs plus beaux vêtements; des colliers d'ambre et de coquillage décoraient leur poitrine. Des hommes, munis de torches, précédaient le cortége afin de le diriger dans les profondeurs et les ténèbres des salles du tumulus.

C'est d'après ces données que l'on a dessiné la planche 145, qui représente la *cérémonie des funérailles à l'époque de la pierre polie.*

Si l'on en juge par les ossements humains calcinés qu'on rencontre assez fréquemment dans les tombeaux, il est à croire que quelquefois on sacrifiait des victimes sur le corps du défunt, peut-être des esclaves, peut-être même sa veuve, comme cela se pratique encore dans certaines parties de l'Inde.

M. Lubbock croit, en outre, que lorsqu'une femme mourait en donnant le jour à un enfant, ou tandis qu'elle l'allaitait encore, l'enfant était enterré vivant avec elle. Cette hypothèse se présente naturellement, dit l'auteur anglais, lorsqu'on réfléchit au grand nombre de cas où l'on a retrouvé ensemble les squelettes d'une femme et d'un enfant.

M. Leguay, dans le *Mémoire sur les sépultures des Parisii* que nous citions plus haut, croit qu'après chaque ensevelissement, outre le repas funéraire, on allumait sur le tertre couronnant le *tumulus* un feu, dans lequel chacun jetait des objets précieux.

Les objets précieux à l'époque de la pierre polie, c'étaient les silex taillés en haches, en poignards ou en couteaux.

« Dans cet ardent foyer, dit M. Leguay, de nombreux exemples sont là pour en témoigner, les assistants jetaient des pierres, ou plus souvent des silex taillés, des ustensiles ou des instruments, toujours en pierres de diverses natures ou en os, des fragments de poterie, et sans doute beaucoup d'autres objets que le feu a détruits.

« Il est beaucoup de ces objets qui n'ont subi nulle atteinte du feu; certains silex même sont si frais de taille, si peu altérés par le temps,

qu'on les croirait récemment travaillés; mais alors ils n'étaient pas
placés dans la sépulture, ils se rencontrent mélangés aux terres qui
recouvrent ou environnent le foyer; et ils paraissent, dans beaucoup
de cas, y avoir été jetés après son extinction au fur et à mesure du
remblai.

« Il arrive même un moment où, lorsque l'archéologue opère sa
fouille avec soin, il rencontre une espèce de couche de silex travaillés,
qui sont bien plutôt des éclats que des pièces. Leur position semble
indiquer le sol de l'époque recouvert par des dépôts que les siècles ont
successivement apportés, et si certains de ces éclats proviennent de la
taille sur place de quelques-unes des pièces mises dans la sépulture,
beaucoup d'autres n'ont pas la même origine, et proviennent de pièces
déposées ailleurs.

« Toutes ces pierres, communes aux trois genres de sépultures,
ont pour moi une attribution votive, c'est-à-dire qu'elles représentent,
pour cette époque, les couronnes d'immortelles ou les autres objets
qu'aujourd'hui encore nous déposons sur les tombes de nos parents et
de nos amis, suivant un usage qui se perd dans la nuit des temps.

« Et que l'on ne rie pas trop de cette idée que je crois assez juste. Les
hommes peuvent changer, ils peuvent disparaître, mais ils transmet-
tent toujours à leurs remplaçants, à ceux qui les suivent, les usages de
leur époque, qui ne se modifient qu'en même temps que disparaissent
les causes qui les ont produits. Il n'en est pas ainsi de la fin de
l'homme, qui ne change pas, et qui arrive toujours avec son cortége de
chagrins et de regrets. A quelque époque que ce soit, à quelque degré
de civilisation qu'il soit arrivé, il éprouve le besoin de témoigner ses
regrets, et si aujourd'hui un peu d'argent suffit pour exprimer les
nôtres, à ces époques éloignées chacun façonnait son offrande, taillait son silex, et le portait lui-même.

« C'est ce qu'explique cette diversité de formes des silex placés autour
et dans les sépultures, et surtout la rusticité d'un grand nombre de
pièces qui, toutes fabriquées avec la même matière, décèlent une façon unique pratiquée diversement par un grand nombre de mains plus
ou moins exercées.

« On concevra du reste qu'à une époque où la pierre était la matière
première de tous les instruments utiles, tout silex travaillé repré-
sentait une valeur. S'en priver pour l'offrir aux mânes d'un mort était
une louable action, comme plus tard cela exista pour des objets plus
précieux, et cet usage, conservé pendant de longs siècles, pratiqué
quelquefois, souvent peut-être, avec le relâchement inhérent à chaque
coutume religieuse, fut l'origine d'une pratique adoptée par beaucoup
de peuples de l'antiquité, qui consistait à jeter une pierre sur la tombe
du mort. C'est ce qui forme ces tombelles élevées, appelées *gal-gals*,
dont quelques-unes existent encore.

« C'est sans aucun doute à cette idée votive qu'on doit attribuer le

Fig. 146. Un *tumulus* à l'époque de la pierre polie.

dépôt, dans les sépultures à ensépulturement, de ces belles pièces qui ornent les collections; seulement, les grandes haches taillées brutes, ainsi que les couteaux de la seconde époque, sont, à la troisième, remplacés par des haches polies, souvent même emmanchées, ainsi que par des couteaux beaucoup plus grands et bien mieux travaillés.

« Encore à l'appui de cette idée, j'ai constaté un fait curieux commun à deux sépultures de ce genre que j'ai fouillées, et dont l'interprétation ne peut s'expliquer qu'au moyen d'une hypothèse que chacun peut développer aisément.

« Elles contenaient chacune une hache longue, polie, mais cassée vers le milieu, et dont l'autre partie ne se trouvait pas dans la sépulture.

« L'une est au Musée de Cluny, où je l'ai déposée, l'autre est encore en ma possession, et il est incontestable qu'elles ont été brisées ainsi lors de l'ensépulturement.

« De nombreuses haches cassées semblablement ont été recueillies à Paris, dans le lit de la Seine, par M. A. Forgeais, ainsi qu'en divers autres endroits. Toutes sont cassées par le milieu, et j'ai toujours présumé qu'elles provenaient de sépultures semblables qui, placées sur les berges de ce fleuve, en auront été arrachées par le flot qui pendant de longs siècles en a rongé les bords [1]. »

Plus tard, c'est-à-dire à l'époque du bronze, les corps furent souvent, comme nous le verrons, réduits en cendres. en tout ou en partie, et les cendres renfermées dans des urnes.

1. *Mémoire* cité, pages 11-13.

AGE DES MÉTAUX

ÉPOQUE DU BRONZE

CHAPITRE PREMIER.

La découverte des métaux. — Diverses raisons proposées pour expliquer l'origine du bronze dans l'Occident. — Invention du bronze. — Une fonderie à l'époque du bronze. — Les fonderies permanentes et les fondeurs ambulants à l'époque du bronze. — La connaissance des métaux a-t-elle jailli en Europe des progrès de la civilisation, ou est-elle d'importation étrangère?

La conquête des métaux est le plus grand fait de notre histoire sociale. Le chimiste Thenard a dit que l'on peut juger de l'état de civilisation d'un peuple par le degré de perfectionnement auquel est parvenu chez lui le travail du fer. On peut dire, d'une manière plus générale, que si l'homme n'eût jamais connu les métaux, il serait demeuré éternellement à l'état sauvage.

C'est que l'usage ou la privation des métaux est pour les nations une question de vie ou de mort. Quand on voit le rôle immense que les métaux jouent dans les sociétés modernes, on doit rester convaincu que sans eux la civilisation aurait été impossible. Cet étonnant mouvement scientifique et industriel, dont le dix-neuvième siècle offre le plus remarquable exemple, ce bien-être matériel dont bénéficient les générations présentes, nos instruments mécaniques, les industries diverses, les livres, les arts, rien de tout cela n'aurait pu se produire en l'absence des métaux. Sans le métal, l'homme eût été condamné à végéter sans cesse misérablement; avec cet irrésistible levier, sa puissance a été centuplée, et son empire s'est graduellement étendu sur la nature entière.

Selon toutes probabilités, c'est l'or qui, de tous les métaux, arriva le premier à la connaissance de l'homme. L'or métallique est roulé par les eaux de bien des rivières, et son brillant éclat le signalait naturellement aux populations primitives. Les sauvages sont comme les enfants : ils aiment tout ce qui reluit. L'or dut, par conséquent, se rencontrer de très-bonne heure entre les mains des premiers habitants de notre globe.

L'or n'est pas rare dans les monts Ourals, et c'est peut-être de là qu'il s'est répandu dans le nord de l'Europe. Les rivières et les fleuves de certaines contrées du centre de l'Europe, telles que la Suisse, la Gaule, la Germanie, ont pu, d'autre part, en fournir une certaine quantité.

Après l'or, c'est le cuivre qui fixa l'attention des hommes, d'abord parce que ce métal se présente quelquefois à l'état natif, ensuite parce que les minerais cuprifères, et surtout les pyrites de cuivre, sont très-répandus. Cependant l'extraction du cuivre de ses minerais est une opération tellement délicate, qu'elle fut évidemment hors de la portée des moyens métallurgiques des hommes de la période historique qui nous occupe.

La connaissance de l'étain remonte également à une très-haute antiquité. Seulement la même remarque que nous faisions pour le cuivre, doit s'appliquer à l'étain. Si les hommes connurent les minerais d'étain, ils ne purent réussir qu'après un long intervalle à en extraire le métal.

L'argent n'a été connu des hommes que beaucoup plus tard, car on n'en rencontre presque pas dans les *tumuli* de l'époque du bronze. C'est que l'argent ne se trouve guère dans la nature qu'allié aux minerais de plomb; or le plomb n'a pas été connu avant le fer.

Le bronze est, comme tout le monde le sait, un alliage de cuivre et d'étain (neuf parties de cuivre pour une d'étain). C'est précisément cet alliage, c'est-à-dire le bronze, qui fut la première substance métallique employée en Europe, et employée seule, à l'exclusion du cuivre. Nous avons donc à expliquer cette circonstance, assez singulière, qu'un alliage, et non un métal pur, ait été la première substance métallique connue en Europe, et à rechercher ensuite comment le bronze put être fabriqué par les peuplades qui succédèrent à celles de l'époque de la pierre polie.

Il peut sembler étrange, à première vue, qu'un alliage comme le bronze ait fourni aux hommes la première substance métallique, au détriment du fer, dont les gisements sont très-abondants en Europe. Mais il faut remarquer que les minerais de fer s'imposent moins à l'attention que ceux du cuivre et de l'étain. En outre, l'extraction du fer de ses minerais est un travail des plus difficiles. En agissant sur les minerais ferrugineux on n'obtient, par la première opération, qu'une substance très-impure, la fonte, qui n'a presque aucune qualité des métaux, tant elle est aigre et cassante, et qui ne diffère pas beaucoup d'une pierre, quant aux emplois qu'elle peut recevoir. Pour retirer de cette fonte impure le fer proprement dit, il faut toutes les ressources d'une science métallurgique avancée. Au contraire, en fondant simplement ensemble des minerais de cuivre et d'étain, avec addition d'un peu de charbon, on obtient, du premier coup, le bronze, sans qu'il soit nécessaire d'avoir extrait et obtenu préalablement le cuivre et l'étain purs.

Voilà ce qui explique comment les premiers métallurgistes ont fabriqué du premier coup du bronze, sans connaître les métaux qui entrent dans sa composition.

On ne peut faire que des hypothèses sur la manière dont les hommes furent amenés à mélanger le cuivre et l'étain, et à préparer le bronze, alliage dur, résistant, fusible, et par conséquent susceptible d'être consacré sans peine à la fabrication, par fusion dans des moules, des haches, poignards, épées, comme à celle des instruments aratoires et mécaniques.

Le bronze était doué de qualités transcendantes pour l'industrie naissante de l'humanité. Il est plus fusible que le cuivre ; il est plus dur que ce métal, et sous ce rapport il rivalise avec le fer. Chose curieuse, il jouit de la faculté de s'endurcir par un refroidissement lent. Si on le fait rougir au feu, et qu'ensuite on le refroidisse brusquement, en le plongeant dans l'eau froide, le bronze devient plus ductile, il se laisse facilement marteler; puis il reprend sa dureté première si, après l'avoir de nouveau chauffé au rouge, on le laisse refroidir lentement. C'est le contraire, on le voit, des propriétés de l'acier.

En mettant à profit cette propriété du bronze, on pouvait le marteler, et après le travail du marteau, lui rendre, par un refroidissement lent, sa dureté première. De nos jours, les cymbales et les tamtams ne se fabriquent pas autrement.

Ces considérations expliqueront suffisamment au lecteur que l'usage du bronze ait précédé celui du fer, chez tous les peuples de l'Europe et chez ceux de l'Asie.

C'est sur cette quasi-absence du cuivre manufacturé dans les monuments préhistoriques de l'Europe que certains archéologues se sont fondés pour avancer que le bronze fut apporté en Europe par un peuple venu de l'Orient, peuple plus civilisé, et qui aurait passé par un âge de cuivre, c'est-à-dire aurait connu et employé le cuivre pur. Ce peuple, venu de l'Asie, aurait violemment envahi l'Europe, et se serait presque partout substitué aux populations primitives; de sorte que, dans nos contrées, le bronze aurait succédé brusquement à la pierre pour la confection des instruments, armes et outils.

A côté de ces savants qui représentent assez bien, dans les questions ethnologiques, les partisans des révolutions du globe en géologie, on en trouve d'autres qui veulent expliquer par une grande extension des relations commerciales l'apparition du bronze en Europe. Ils repoussent l'idée d'une conquête, d'une immense invasion, ayant amené avec elle un changement profond de mœurs, de coutumes et de procédés industriels. Ils croient que c'est par le commerce que le bronze fut apporté de l'Orient aux hommes de l'Occident. C'est l'opinion de l'archéologue anglais Cornewal Lewis et celle de M. Nilsson, qui attribue aux Phéniciens l'importation du bronze en Europe.

M. Nilsson s'est donné, sans grand résultat, beaucoup de peine pour appuyer cette idée de preuves acceptables. Il faudrait, en effet, admettre, avec l'archéologue danois, que les

Phéniciens, c'est-à-dire les habitants de Tyr et de Sidon, allaient chercher *avec leurs vaisseaux* l'étain dans la Grande-Bretagne, pour en fabriquer chez eux un alliage, qu'ils importaient ensuite en Europe [1].

C'est là de la fantaisie historique. Nous opposerons à ce roman de l'archéologie la simple explication que la chimie nous suggère. Nous croyons que le bronze a été fabriqué sur les lieux, par les peuples mêmes qui en firent usage. Pour obtenir le bronze, il suffit de mêler et de fondre ensemble les minerais de cuivre oxydé ou la pyrite de cuivre, et le minerai d'étain oxydé, avec addition d'un peu de charbon. Or les minerais de cuivre abondent en Europe ; ceux d'étain sont rares, il est vrai, et c'est cette rareté même des minerais d'étain que l'on invoque pour justifier la conjecture que nous combattons. Mais si les minerais d'étain sont rares aujourd'hui ailleurs qu'en Angleterre et en Saxe, ils se rencontrent pourtant dans le centre et le midi de l'Europe, et ils ont pu suffire, dans les premiers temps de l'humanité, aux très-faibles besoins d'une industrie à son aurore. On pourrait dire peut-être que les minerais d'étain ne sont si pauvres aujourd'hui dans le midi et dans le centre de l'Europe, que parce qu'ils ont été épuisés par l'exploitation de nos pères. C'est ainsi que bien des gisements de cuivre, d'argent et de plomb ont été épuisés par les Romains, et ne nous montrent plus que les restes de mines autrefois très-abondantes.

On voit qu'il n'est pas nécessaire, pour expliquer la présence du bronze en Europe aux temps primitifs de l'humanité, d'élever l'échafaudage que M. Nilsson a édifié si péniblement.

En résumé, l'emploi du bronze a précédé celui du fer, dans l'industrie primitive de l'Europe et de l'Asie ; les peuples de notre hémisphère ont connu le bronze avant le cuivre et l'étain purs : voilà tout ce que l'on peut affirmer.

Il aurait pu arriver que le cuivre et l'étain eussent été employés seuls, et que l'idée fût venue plus tard de les allier, pour les corriger l'un par l'autre. Mais les faits démontrent, en ce qui concerne l'Europe, que les choses ne se passèrent

---

1. Voir Lubbock, *l'Homme avant l'histoire*, p. 37-49.

pas de cette manière, et que le bronze fut employé dans l'industrie primitive avant que le cuivre et l'étain fussent connus isolément.

Disons pourtant que, dans le nouveau monde, il n'en fut pas ainsi. Les Indiens de l'Amérique du Nord, longtemps avant de connaître le bronze, martelaient le cuivre, extrait des mines du lac Supérieur, et en faisaient des armes, des ornements et des outils. 1

Après ces considérations théoriques générales, passons à l'histoire proprement dite de l'emploi du bronze chez les premiers hommes et à la description de leurs usines métallurgiques.

Les faits acquis par la tradition montrent bien que chez les peuples de l'Europe et de l'Asie l'emploi du bronze précéda celui du fer.

Homère dit que les soldats de l'armée grecque et troyenne étaient munis d'armes de fer, et il réserve pour les héros les armes de bronze. C'est que le bronze était plus ancien, et par conséquent regardé comme plus noble ; dès lors on le réservait aux chefs ou aux grands guerriers. Chez tous les peuples, ce qui est le plus ancien est toujours le plus noble, le plus sacré. C'est ainsi, pour n'en citer qu'un exemple, que chez les Juifs la circoncision s'opère encore, de nos jours, avec un couteau de pierre. Ici le couteau de pierre est un objet consacré par la religion, parce que l'antiquité de cet objet se perd dans la nuit des temps.

Il est souvent question du bronze dans la Genèse. Tubalcaïn, le forgeron de l'Écriture, qui forgeait le fer pour toutes sortes d'ouvrages, travaillait aussi le bronze. Cet alliage était consacré aux objets d'ornement.

On lit dans le *Livre des Rois :* « Salomon fit venir de Tyr Hiram, qui était fils d'une femme veuve de la tribu de Naphthali, dont le père était Tyrien, qui travaillait en cuivre. Cet homme était fort expert, intelligent et savant pour faire toutes sortes d'ouvrages d'*airain*. »

Airain doit s'entendre ici comme synonyme de bronze, et certainement le mot hébreu avait cette signification.

Comme pièce particulièrement remarquable en bronze, on peut citer la *mer d'airain* des Hébreux, qui contenait cent corbeilles d'aliments.

Hérodote[1] parle d'un autre bassin colossal en bronze, qui était soixante fois plus grand que celui dont Pausanias, fils de Cléobrontos, fit hommage au temple de Jupiter Orios, temple qui était bâti près du Pont-Euxin, aux frontières de la Scythie. Sa capacité était de six cents amphores, et son épaisseur de six doigts. Les Grecs faisaient servir ces bassins énormes à des cérémonies religieuses.

En Suède et en Norvége, des récipients semblables étaient employés autrefois dans les sacrifices : ils servaient à recevoir le sang des animaux qu'on égorgeait.

Pour produire des pièces d'un pareil calibre, il fallait posséder de grandes fonderies de bronze. Ces fonderies, qui existaient pendant les temps historiques, avaient été précédées de fonderies de moindre importance pendant la période antéhistorique que nous étudions, c'est-à-dire pendant l'époque du bronze.

Les vestiges de ces fonderies primitives ont été découverts, en Suisse, à Devaine, près de Thonon, à Walflinger, près de Wintherthur, et surtout à Échallens, où l'on a trouvé des pièces qui provenaient évidemment de l'outillage d'une fonderie antéhistorique.

A Morges, en Suisse, on a trouvé un moule en pierre destiné à couler des haches à ailerons. En coulant du bronze dans ce vieux moule, on a obtenu une hache semblable à celles de nos collections.

Le moulage s'effectuait aussi dans des moules de sable, ce qui est le cas le plus ordinaire et le plus facile.

D'après ces données, il est possible de se figurer ce que devait être une fonderie à l'époque du bronze.

Pour préparer le bronze, on prenait le minerai d'étain oxydé, on le mélangeait, dans la proportion que l'expérience avait enseignée, avec le minerai de cuivre oxydé ou avec la pyrite de cuivre, et l'on ajoutait à ce mélange une certaine quantité

---

1. Livre IV, p 81.

de charbon. On plaçait le tout dans un vase de terre, au milieu d'un fourneau allumé. Les deux oxydes étant réduits par le charbon à l'état métallique ; le cuivre et l'étain, rendus libres, s'alliaient et formaient le bronze.

Quand l'alliage était obtenu, il suffisait de le puiser avec des *poches* de métal, et de le verser dans les moules de sable ou de pierre, préalablement disposés.

L'art du mouleur en bronze dut jouer un rôle essentiel chez les peuples primitifs. Il n'était aucun instrument que l'on ne pût fabriquer en le coulant en bronze. Les lames d'épée mêmes étaient ainsi coulées. Pour endurcir le tranchant de l'arme, on commençait par le chauffer, puis on le refroidissait brusquement, et on le martelait alors avec un marteau de pierre.

Nous représentons ici (fig. 147) l'*atelier d'un mouleur de bronze* à l'époque qui nous occupe. L'alliage, préalablement fabriqué, est fondu dans un fourneau, et un ouvrier le coule dans un moule de sable. Un autre homme examine la lame d'une épée de bronze qui vient d'être coulée.

Le bronze étant cher, il est probable que dans la société de ces temps antiques les ustensiles et armes en bronze étaient réservés aux personnages riches et puissants, et que les armes de pierre restaient le privilége de la plèbe. Ce ne fut que par les progrès du temps que l'emploi du bronze put se généraliser.

La cherté du bronze amenait à économiser, autant qu'on le pouvait, cet alliage. Le Musée antéhistorique de Copenhague renferme des preuves irrécusables de cette pénurie, et de la manière dont on y remédiait. Parmi les haches de bronze qui existent au Musée de Copenhague, il en est qui n'ont pu servir que d'ornement, car elles contiennent un noyau d'argile, et le métal dont elles se composent n'a pas plus d'épaisseur qu'une feuille de papier.

Ajoutons que les vieux bronzes ou les ustensiles hors de service étaient conservés avec soin, pour être refondus et renaître sous d'autres formes, avec la même matière.

Nous venons de représenter un *atelier de mouleur en bronze;* mais il nous reste à ajouter qu'outre ces établissements fixes il devait exister, à l'époque dont nous parlons, des

Fig. 147. Un atelier de mouleur à l'époque du bronze.

fondeurs ambulants, qui, emportant sur leur dos tout leur bagage, voyageaient, pour offrir leurs services là où ils étaient utiles.

On connaît ces chaudronniers nomades, qui, de nos jours, descendent des montagnes de l'Auvergne, de la Forêt-Noire, des Alpes, ou des Cévennes, et que l'on désigne sous les noms de *péirerous* et d'*estama-brazaïres* dans le midi de la France, et d'*épingliers* en d'autres pays. Ils travaillent sur les places des villages et jusque dans les carrefours des villes. Voyageant avec un attirail réduit au strict nécessaire, ils suffisent pourtant à tout. Un creux pratiqué dans le sol est le foyer dans lequel ils dirigent le tuyau de leur soufflet portatif, et ils battent le fer sur une petite enclume fichée en terre.

Avec ces moyens rudimentaires, ils exécutent des pièces de métal de dimensions vraiment surprenantes. Ils fabriquent des clous et des pointes, ils taraudent même des vis, raccommodent les serrures, nettoient les horloges à poids, font des couteaux, restaurent les écumoires et rhabillent les carcasses des parapluies. Ils fabriquent des bagues de bronze avec un décime républicain, et vendent ce bijou populaire aux beautés villageoises.

Chaudronniers incomparables, ils n'ont pas leur égal pour rapiécer, étamer les vases de fer-blanc, de fer battu ou de tôle. Le raccommodage de la faïence rentre même dans leurs attributions multiples, et le rajustement, à l'aide d'un fil de fer, d'un plat brisé, est un jeu pour la dextérité de leurs doigts. Mais la fonte et le moulage, voilà leur triomphe. C'est à eux que la ménagère du bourg va porter sa vieille vaisselle d'étain, pour la voir renaître en un nouvel ustensile, brillant et poli. Les lampes, les burettes, les couverts, les assiettes et plats d'étain reviennent ainsi au jour avec leur éclat primitif.

La fusion et le moulage du bronze ne les embarrassent pas plus que celles de l'étain. Ils coulent divers ustensiles de bronze, tels que des chandeliers, des clochettes, des crochets, etc. Le creuset qui leur sert à opérer la fusion du bronze est un trou creusé dans le sol, et rempli de charbons allumés. Ils entretiennent la combustion à l'aide de leur soufflet.

dont le tube se prolonge de manière à déboucher au milieu du charbon. Sur ce foyer, ils placent leur creuset portatif, qui est une espèce de *pochon* en terre, muni d'un manche.

Quant à leur système de moulage, il est bien simple. Le sable comprimé qui leur sert de moule est emprunté au fossé de la route. Dans ce moule, ils coulent l'alliage, au moyen du creuset même où ils l'ont fondu.

Ces métallurgistes ambulants, ces *estama-brazaïres* que nous avons vus fonctionner dans notre enfance, dans les villages du bas Languedoc, et dont nous venons de nous complaire à tracer le portrait, ne sont que les descendants des fondeurs nomades de l'époque antéhistorique dite du bronze. Outre ces établissements permanents, ces fonderies dont on a recueilli les vestiges, en Suisse, dans le Jura français, en Allemagne et en Danemark, il y avait alors certainement des ouvriers qui allaient isolément exercer leur industrie d'un lieu à l'autre. Leur outillage était simple, comme les objets qu'ils avaient à confectionner ou à réparer. Le sable des fossés était leur agent de moulage, et leur combustible était le bois des forêts.

Ce qui prouve qu'il existait, à cette époque reculée de l'histoire de l'humanité, des *rafistoleurs*, ou des métallurgistes ambulants, c'est que l'on trouve dans les premiers temps historiques de semblables praticiens, déjà un peu perfectionnés par le progrès. Le législateur des Hébreux, Moïse, put faire fabriquer, dans le désert, un serpent d'airain, dont la vue guérissait les Israélites mordus par les reptiles; et pendant la retraite de ce prophète sur le mont Sinaï, Aaron ne fut pas embarrassé pour faire couler le Veau d'or, que réclamaient les murmures du peuple. Des fondeurs ambulants accompagnaient donc l'armée juive.

Nous avons dû nous étendre sur les considérations générales relatives à l'introduction du bronze chez les habitants de l'Europe primitive qui ont succédé aux hommes de l'âge de la pierre. Dans les chapitres qui vont suivre, nous allons tracer le tableau de cette période de l'histoire de l'humanité que nous nommons l'*époque du bronze*, et qui commence l'*âge des métaux*.

CHAPITRE II.

Moyens d'étude pour reconstituer l'histoire de l'époque du bronze. —
Cités lacustres de la Suisse. —Leur énumération et leur classifica-
tion. — Mode de construction. — Façonnage et pose des pilotis. —
Forme et dimensions des cabanes. — Population. —' Instruments
de pierre, d'os et de bois de cerf. — Poteries. — Vêtements. —
Alimentation. — Faune. — Animaux domestiques.

Pour reconstituer l'histoire primitive du genre humain, on
s'est naturellement adressé à tous les moyens d'investigation
qu'ont fournis l'étude ainsi que le hasard des choses. Les
grottes et les cavernes, les *abris sous roche*, les anciens camps,
les ateliers de silex, les rebuts des repas des anciens scandinaves (*kjoekken-mœddings*), les dolmens et les *tumuli* ont
apporté les éléments pour la restitution des premières époques de l'histoire de l'homme primitif, que nous avons par-
courues jusqu'ici. Les éléments pour recomposer l'époque du
bronze ne seront plus les mêmes.

De toutes les sources de révélation authentique sur les
mœurs et coutumes de l'homme aux premiers temps de son
existence, aucune assurément n'est plus curieuse que celle
qui a été mise à jour et explorée dans ces dernières années,
et qui porte le nom d'*habitations lacustres*.

Qu'est-ce donc que les *habitations lacustres*, et comment peuvent-elles servir à éclairer l'histoire de l'époque du bronze? C'est ce que nous allons développer.

Les grandes découvertes tiennent souvent à de bien petites causes. Cette assertion, devenue vulgaire à force d'être répétée, n'en est pas moins d'une exactitude parfaite. A quoi devons-nous de connaître une foule de détails curieux sur les populations antéhistoriques? A un abaissement accidentel, insolite, de la température de la Suisse. Expliquons-nous.

L'hiver de 1853 à 1854 fut tellement sec et froid en Suisse, que les eaux des lacs tombèrent à un niveau peu ordinaire. Les habitants de Meilen, situé aux bords du lac de Zurich, profitèrent de cette circonstance pour conquérir sur ce lac une portion de terrain, qu'ils se mirent en devoir de surélever et d'enclore de murs.

En exécutant ces travaux, on trouva, dans la boue du fond du lac, des pieux renversés ou plantés verticalement, de grossières poteries, des instruments de pierre et d'os et divers autres débris analogues à ceux des tourbières danoises.

Cette accumulation extraordinaire d'objets de toutes sortes sur le fond du lac desséché paraissait inexplicable, et l'on se perdait en commentaires, lorsque le docteur Keller, de Zurich, ayant examiné ces objets, en comprit immédiatement la signification. Il devint évident pour lui qu'ils appartenaient aux temps antéhistoriques. Par un rapprochement que personne n'avait fait encore, il aperçut une relation entre les pieux et les autres restes disséminés aux alentours; il vit clairement que les uns et les autres remontaient à la même époque. Il acquit ainsi la persuasion que les anciens habitants du lac de Zurich se construisaient des habitations au-dessus de l'eau, et que la même coutume avait dû exister dans les autres lacs de la Suisse.

Cette pensée fut développée par le docteur Keller, dans cinq mémoires, très-remarquables, publiés en allemand[1].

Telle fut l'étincelle vigoureuse qui alluma un flambeau,

---

1. *Pfahlbauten*, in-4°, Zurich, 1854-1856.

destiné à dissiper les ténèbres d'une période fort longue, et alors peu connue, de l'histoire du genre humain.

Antérieurement à la découverte faite sur le fond desséché du lac de Zurich, on avait bien retiré de la vase des lacs de la Suisse des instruments et des ustensiles singuliers, et l'on avait souvent aperçu des piquets plantés au fond de l'eau; mais on n'avait jamais su interroger ces vestiges d'un autre âge, on n'avait pas songé à leur assigner une antiquité aussi reculée que celle qu'on leur a reconnue depuis. C'est au docteur Keller que revient l'honneur de les avoir interprétés selon la vérité, alors que chacun n'y voyait que des objets bizarres. Il est donc juste de déclarer que le médecin de Zurich a été le créateur de la science *archéogéologique* en Suisse.

Après la publication du premier mémoire du docteur Keller, en 1854, on se mit à explorer les lacs suisses avec ardeur, et l'on ne tarda pas à y découvrir des traces nombreuses de stations humaines. On en connaît plus de 200 aujourd'hui.[1], et chaque année on en retrouve de nouvelles.

Grâce à l'activité déployée par une foule d'explorateurs, on a pu former de magnifiques collections de ces trésors archéologiques. Les pêcheurs connaissaient de longue date les emplacements d'un certain nombre de ces stations, pour avoir, en maintes occasions, déchiré leurs filets aux piquets plantés dans la vase. On les interrogea, on les prit pour guides, et bientôt toute une civilisation, jusqu'alors ignorée, sortit du fond des lacs helvétiques.

Parmi les lacs qui ont fourni le plus de restes des temps préhistoriques, nous citerons celui de Neuchâtel, où l'on comptait déjà 46 stations en 1867; — le lac de Constance (32 stations); — le lac de Genève (24 stations); — le lac de

1. Des savants distingués se sont imposé la tâche d'initier le public aux résultats des fouilles sans cesse poursuivies, et de faire revivre à ses yeux l'antique civilisation des vallées helvétiques. Au nombre des ouvrages qui ont le mieux atteint ce but, il faut citer les *Habitations lacustres des temps anciens et modernes*, par Troyon, les *Études géologico-archéologiques en Danemark et en Suisse*, par Morlot, et *les Palafittes, ou constructions lacustres du lac de Neuchâtel*, par M. Desor. Ces travaux, qui ont été traduits en diverses langues, renferment l'exposé de toutes les découvertes archéogéologiques accomplies en Suisse.

Bienne, canton de Berne (20 stations); — le lac de Morat, canton de Fribourg (8 stations).

.. Viennent ensuite d'autres lacs de moindre importance : le lac de Zurich (3 stations); — le lac de Pfæffikon, canton de Zurich (4 stations); — le lac de Sempach, canton de Lucerne (4 stations); — le lac de Moosseedorf, canton de Berne (2 stations); — le lac d'Inkwyl, près de Soleure (1 station); — le lac de Nussbaumen, canton de Thurgovie (1 station) ; — le lac de Zug, etc.

Enfin des pilotages ont été retrouvés dans d'anciens lacs transformés en tourbières. Il faut ranger dans cette catégorie la tourbière de Wauwyl, canton de Lucerne (5 stations).

Mentionnons en dernier lieu la station du pont de la Thièle, sur un cours d'eau qui réunit les lacs de Bienne et de Neuchâtel. Cette station a dû faire partie du lac de Bienne, alors qu'il s'étendait jusqu'au pont de la Thièle.

Toutes les bourgades lacustres de la Suisse ne correspondent pas à la même période. La nature des débris qu'elles renferment indique, à n'en pas pouvoir douter, que les unes sont plus anciennes que les autres. On y retrouve des vestiges de trois époques successives : l'époque de la pierre polie, l'époque du bronze et celle du fer.

Les stations lacustres de la Suisse, considérées sous le rapport de l'époque historique à laquelle elles se rattachent, peuvent se répartir de la manière suivante :

Age de la pierre : le lac de Constance (environ 30 stations); — le lac de Neuchâtel (12 stations); — le lac de Genève (2 stations); — le lac de Morat (1 station); — les lacs de Bienne, de Zurich, de Pfæffikon, d'Inkwyl, de Moosseedorf, de Nussbaumen, de Wanger, etc.; les stations de Saint-Aubin et Concise, la tourbière de Wauwyl et la station du pont de la Thièle.

Époque du bronze : le lac de Genève (20 stations) ;—le lac de Neuchâtel (25 stations); — le lac de Bienne (10 stations); — les lacs de Morat et de Sempach.

Époque du fer : les lacs de Neuchâtel et de Bienne.

Il peut sembler étrange que les premiers habitants de la Suisse aient préféré des habitations aquatiques à des demeures en terre ferme, qu'il aurait été beaucoup plus facile de construire. Nous dirons plus loin les avantages que les hommes trouvaient à cette disposition si particulière de leurs demeures; mais nous pouvons faire remarquer dès maintenant que cette habitude fut assez répandue chez les premiers habitants de l'Europe. L'histoire ancienne en fournit des exemples assez nombreux. Voici ce que rapporte Hérodote, parlant des Péoniens du lac Prasias, dans la Thrace :

« Leurs maisons sont ainsi construites : sur des pieux très-élevés, enfoncés dans le lac, on a posé des planches jointes ensemble; un pont étroit est le seul passage qui y conduise. Les habitants plantaient autrefois ces pilotis à frais communs; mais dans la suite il fut réglé qu'on en apporterait trois du mont Orbelur à chaque femme que l'on épouserait. La pluralité des femmes est permise en ce pays. Ils ont chacun sur ces planches leurs cabanes, avec une trappe bien jointe qui conduit au lac; et dans la crainte que leurs enfants ne tombent par cette ouverture, ils les attachent par le pied avec une corde. En place de foin ils donnent aux chevaux et aux bêtes de somme du poisson. Il est si abondant dans ce lac, qu'en y descendant par la trappe un panier on le retire peu après rempli de poissons. »

M. Lubbock affirme, sur la foi d'un de ses amis, résidant à Salonique, que les pêcheurs du lac Prasias habitent encore des huttes de bois construites sur l'eau, comme au temps d'Hérodote. Le fait n'a rien d'invraisemblable, puisque la ville de Tcherkask, en Russie, est bâtie de la même manière, au-dessus du Don, et que Venise n'est autre chose qu'une cité lacustre, bâtie dans les temps historiques, sur une lagune de la mer Adriatique.

Ajoutons que dans les temps modernes, cette coutume de bâtir des villages sur pilotis existe encore en quelques parties du monde. D'après les témoignages de Dampier et de Dumont d'Urville, on rencontre des habitations sur pilotis dans la Nouvelle-Guinée, aux Célèbes, à Ceram, à Mindanao, aux îles Carolines, etc. La ville de Bornéo est même tout entière construite de cette façon. Dans certaines îles de l'océan Pacifique, plusieurs peuplades sauvages habitent également au-dessus de l'eau. Les Indiens du Vénézuéla ont adopté cette coutume, dans le seul but de se mettre à l'abri des moustiques.

Il est permis de supposer que le besoin de sécurité fut le motif qui détermina les anciens habitants de la Suisse et d'autres contrées à camper et à vivre sur les lacs. Entourés de vastes marais et de forêts impénétrables, ils avaient à redouter les attaques de nombreux animaux. Ils s'ingénièrent donc à s'en préserver le mieux possible, et rien ne leur parut plus efficace que de s'entourer d'eau. Plus tard, quand les hommes commencèrent à guerroyer les uns contre les autres, ces habitations aquatiques devinrent plus précieuses encore. Elles constituaient des espèces de camps, ou de fortifications, à l'abri des coups de main, et où les populations de la contrée défiaient les efforts de leurs ennemis.

Il faut ajouter que dans les derniers temps ces habitations sur pilotis ne servirent plus, selon M. Desor, que de magasins destinés aux ustensiles et aux provisions, tandis que les véritables habitations se trouvaient sur la terre ferme.

Les constructions lacustres sont désignées sous différents noms par les auteurs. La dénomination la plus généralement employée en France est celle d'*habitations* ou de *cités lacustres*. Le docteur Keller, qui les a décrites le premier, leur a donné le nom allemand de *pfahlbauten* (constructions sur pilotis), que les Italiens ont traduit par *palafitta*. Cette dernière appellation, francisée par M. Desor, est devenue le mot *palafitte.* Enfin l'on nomme *ténevières* ou *steinbergs* (montagnes de pierres) des constructions d'un caractère particulier, dans lesquelles les pilotis sont maintenus par des amas de pierres transportées. C'est ce que M. Keller a appelé *packwerkbauten*.

Lorsqu'on examine l'ensemble des stations lacustres aujourd'hui connues, on s'aperçoit, en effet, que ceux qui les ont bâties possédaient deux systèmes différents de construction : ou bien ils enfonçaient des pieux dans le fond du lac, et ils posaient sur ces pieux la plate-forme qui devait supporter leurs cabanes; ou bien ils élevaient artificiellement le fond du lac au moyen de pierres amoncelées, et ils plantaient dans ces amas de pierres des piquets assez gros, qui avaient moins pour but de supporter les habitations que de faire de l'entassement de pierres un tout compacte et indivisible.

C'est ce dernier mode de construction que représente la

figure 148, d'après le dessin donné par M. Desor, dans son remarquable mémoire sur les *pàlafittes* [1].

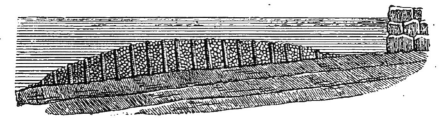

Fig. 148. Coupe de la ténevière de Hauterive.

L'un ou l'autre de ces modes de construction était employé, suivant la nature du fond du lac. Dans les lacs à fond vaseux, on pouvait appliquer le premier; mais lorsque le sol était rocheux, il fallait en venir au second. C'est pourquoi sur la rive septentrionale du lac de Neuchâtel, où les bancs de calcaire sont très-rapprochés de la surface, on observe un assez grand nombre de ténevières.

Voilà ce qu'on observe le plus souvent, surtout dans les lacs étendus et profonds; cependant l'édifice n'était pas toujours construit de cette façon. Dans les marais et les petits lacs, aujourd'hui changés en tourbières, on appliquait fréquemment un autre système, dont la tourbière de Wauwyl a fourni un remarquable exemple. On a trouvé là plusieurs places quadrangulaires, très-nettement circonscrites par des pilotis, entre lesquels s'élèvent jusqu'à cinq plates-formes les unes au-dessus des autres. Ces pilotis sont naturellement très-longs, et quelques-uns sont enfoncés de dix pieds dans le sol du fond, ce qui a dû exiger un travail énorme. Les intervalles des planchers sont remplis de branchages et d'argile, et les planchers eux-mêmes sont formés à peu près comme nous l'avons dit précédemment. Le moins élevé repose directement sur le fond du lac, et c'est sur le supérieur que s'installaient les cabanes.

Il arrive parfois que ces empierrements s'élèvent au-dessus des eaux : ils constituent alors de véritables îles artificielles, et les habitations qui les ont recouvertes ne sont plus, à

1. *Les Palafittes, ou constructions lacustres du lac de Neuchâtel*, in-8°, 1865, Paris, chez Reinwald, p. 13.

proprement parler, des habitations sur pilotis. Telle est la
station du lac d'Inkwyl en Suisse, tels sont les *crannoges* d'Irlande, auxquels nous accorderons une mention spéciale. Quelques-unes de ces îles ont bravé l'action destructive des siècles et sont encore habitées de nos jours. M. Desor cite l'île
des Roses, dans le lac de Starnberg (Bavière), qu'on n'a jamais connue déserte, et qui renferme encore aujourd'hui une
résidence royale.

Revenons au mode de construction des maisons aquatiques
de la Suisse.

Selon toutes probabilités, le transport des pierres s'opérait
du rivage à l'endroit désigné au moyen de pirogues, faites
de troncs d'arbres creusés. On aperçoit plusieurs de ces pirogues au fond du lac de Bienne, et l'une d'elles est même
encore chargée de cailloux, ce qui donne à penser qu'elle a
sombré avec son chargement. Mais il est très-difficile de les
relever, et d'ailleurs il est probable qu'exposées à l'air libre,
elles tomberaient en poussière. Il existe cependant une de ces
pirogues antiques au Musée de Neuchâtel.

On voit au Musée de Saint-Germain une pirogue assez semblable à celle de Neuchâtel. Elle est faite d'un tronc d'arbre
creusé. Une seconde pirogue, à peu près semblable, mais
toute en écorce et en mauvais état de conservation, se trouve
à l'entrée du même Musée de Saint-Germain. Elle fut retirée
de la Seine, comme nous l'avons dit en parlant, dans un chapitre précédent, de la découverte de la navigation à l'âge de
la pierre.

On peut très-bien s'expliquer comment les constructeurs
s'y prenaient pour abattre des arbres et en faire des pilotis.
M. Desor a remarqué que les pieux composant les pilotis ne
sont coupés nettement que sur leur pourtour; la partie centrale présente des inégalités tout à fait semblables à celles
qu'on observe lorsque, après avoir entaillé circulairement un
bâton, on achève de la briser avec la main. Les constructeurs
des cités lacustres agissaient donc comme il suit pour abattre
un arbre. Après l'avoir entaillé tout autour jusqu'à une profondeur de 8 à 12 centimètres, ils attachaient une corde au
sommet, et le cassaient en tirant dessus avec force. Ils le

coupaient ensuite, par le même moyen, avec des haches de
pierre ou de bronze, à la longueur voulue, et le taillaient en
pointe à l'extrémité inférieure, afin de l'enfoncer plus facilement dans la vase. Quelquefois le feu appliqué à la base de
l'arbre préparait et facilitait l'effet des instruments tranchants. Un grand nombre des pieux qu'on a retrouvés portent
encore aujourd'hui les marques du feu et des entailles faites
avec des haches de pierre. Pour les ténevières, le travail
d'apointissage était inutile, puisque les pilotis se trouvaient
calés par les pierres composant l'amoncellement que nous
avons représenté plus haut (fig. 148).

Lorsque les pieux étaient préparés, il fallait les transporter
dans les pirogues jusqu'au lieu de la bourgade, et les fixer
dans le fond du lac. Si l'on considère que, dans bien des cas,
la longueur de ces pieux atteignait jusqu'à 5 ou 6 mètres, on
se fera une idée de la difficulté d'une pareille entreprise. Pour
la construction des ténevières, on employait des pilotis beaucoup plus gros, et le travail était moins pénible. Dans les ténevières les plus anciennes du lac de Neuchâtel, par exemple,
on retrouve des pieux qui sont formés de troncs d'arbres entiers, et qui mesurent jusqu'à 25 ou 30 centimètres de diamètre.

L'esprit reste confondu lorsqu'il suppute la dose d'énergie
et de volonté qu'ont dû dépenser les premières populations
de la Suisse pour construire, sans l'aide du métal, les premiers
cantonnements lacustres, dont quelques-uns présentent une
fort grande étendue. La station de Morges, l'une des plus
vastes du lac de Genève, n'a pas moins de 60 000 mètres de
superficie. Celle de Chabrey, dans le lac de Neuchâtel, mesure
environ 50 000 mètres carrés ; une autre dans le même lac,
40 000 mètres, une troisième enfin, celle de la Tène, 3000 mètres carrés. Beaucoup d'autres sont plus petites, quoique conservant encore des dimensions respectables.

Ce qu'il est entré de pieux dans ces édifices est véritablement surprenant. M. Lohle a calculé qu'au seul village de
Wangen, dans le lac de Constance, il a été planté au moins
40 000 pilotis, et que plusieurs générations ont été nécessaires
pour terminer ce travail. L'interprétation la plus raisonnable
à donner à pareil fait, c'est que Wangen, fort exigu à l'ori-

gine, s'est peu à peu agrandi, à mesure que la population augmentait. On peut sans doute en dire autant de toutes les stations importantes.

Voilà comment on procédait pour la construction d'une habitation simple. Quand il s'agissait de bâtir tout un village en pleine eau, on suivait une marche méthodique. On commençait par placer une certaine quantité de pieux parallèlement au rivage, puis on jetait tout de suite le pont destiné à relier le village à la terre ferme, et qui devait rendre le transport des matériaux beaucoup moins pénible.

Le pont terminé, et avant d'avoir planté tous les pilotis, on commençait immédiatement la plate-forme, qui constituait une base d'opérations, à l'aide de laquelle on pouvait plus aisément achever le pilotage.

Cette plate-forme était élevée de trois ou quatre pieds au-dessus des eaux, de manière à n'avoir rien à redouter des vagues pendant les ouragans. Elle se composait ordinairement de branches et de troncs d'arbres non équarris, serrés horizontalement les uns contre les autres, et cimentés avec de l'argile, quelquefois aussi de plateaux épais et grossiers, obtenus en fendant des troncs d'arbres avec un coin. Des cordages la fixaient solidement sur le pilotage, et, dans certains cas, des chevilles rassemblaient entre elles les pièces de bois les plus considérables, afin que la cohésion et l'homogénéité du plancher fussent plus complètes. Dès que l'esplanade était terminée, on procédait à l'érection des cabanes.

Les cabanes s'ouvraient sur la plate-forme par une porte. Avaient-elles une fenêtre? On n'en sait rien. Mais il existait vraisemblablement une ouverture au sommet du toit. C'est par là que s'échappait la fumée du foyer. Pour éviter un incendie, un âtre de pierre était placé au milieu de l'habitation. Il devait venir assez de jour par l'ouverture du toit pour que l'absence de fenêtre ne se fît pas trop sentir.

Dans chaque demeure, il y avait sans doute une trappe établissant une communication directe avec le lac, ainsi que cela se pratiquait dans les habitations des Péoniens décrites par Hérodote. Sous cette trappe était établi un réservoir en osier, destiné à la conservation du poisson.

Fig. 149. Un village lacustre de la Suisse à l'époque du bronze.

Les hommes des cités lacustres ne vivant sur l'eau que pour augmenter leur sécurité, on ne comprendrait point qu'ils eussent jeté un grand nombre de ponts de leurs cantonnements à la rive du lac. Il n'y avait donc, en général, qu'un seul pont pour un des ces villages aquatiques.

Comment étaient bâties les cabanes? Quelles étaient leur forme et leurs dimensions? Ces questions semblent difficiles à résoudre, car on pense bien qu'aucun spécimen de ces antiques habitations n'est parvenu jusqu'à nous. Pourtant quelques vestiges, insignifiants en apparence, ont permis de répondre à cette question d'une manière plus ou moins satisfaisante.

Tout annonce que les cabanes étaient formées de troncs d'arbres, placés verticalement à côté les uns des autres, et reliés horizontalement par des branchages entrelacés. Un enduit de terre recouvrait cet entrelacement.

On a cru pouvoir conclure de la forme de quelques empreintes de branchages qui servaient à bâtir ces huttes, qu'elles étaient circulaires, comme celles que les historiens attribuent aux Gaulois. Telle était l'opinion de Troyon, et telle fut aussi d'abord l'opinion du Dr Keller. Cet auteur a même figuré une cabane circulaire dans une planche représentant une habitation lacustre restaurée, et qui accompagne un de ses mémoires. M. Lyell a reproduit cette même planche dans le frontispice de son ouvrage sur *l'Ancienneté de l'homme.* Mais depuis, M. Keller a abandonné cette idée, et dans un autre de ses mémoires il a donné un nouveau dessin présentant uniquement des cabanes à toit plat ou incliné.

C'est d'après ce dernier document, emprunté au mémoire du docteur Keller, que nous représentons ici *un village lacustre de la Suisse* (fig. 149).

Pour cette restauration, le docteur Keller s'est inspiré, non-seulement des indications de la science, mais encore et surtout d'un croquis d'habitations semblables, pris chez les Papous de la Nouvelle-Guinée, par Dumont d'Urville.

Suivant M. Keller, il y avait encore, au siècle dernier, sur la rivière Limat, près de Zurich, quelques cabanes de pêcheurs bâties de la même manière.

Quelle pouvait être la population d'un village lacustre?

C'est ce que Troyon a tenté d'évaluer, entreprise évidemment fort intéressante. Il a pris pour base de ses calculs le village lacustre de Morges (lac de Genève), qui a, comme nous l'avons dit, 60 000 mètres de superficie. Admettant que la moitié seulement de cette superficie était occupée par les huttes, et que l'autre moitié était réservée aux passages, puis adoptant pour chaque cabane un diamètre moyen de 5 mètres, Troyon arrive au chiffre de 311 pour le nombre des habitations du village antéhistorique de Morges. Supposant ensuite quatre personnes en moyenne dans chaque cabane, il trouve une population totale de 1244 habitants.

On pourrait à bon droit s'étonner que l'homme de l'époque du bronze, pourvu d'armes de métal, et par conséquent en état de résister aux agressions violentes, eût continué d'habiter exclusivement au milieu de l'eau, qu'il ne se fût point un peu éparpillé sur le sol, qui est notre plancher naturel. Il était donc tout simple de s'attendre à trouver des vestiges d'habitations terrestres renfermant des débris de l'époque du bronze. C'est ce qui est arrivé, en effet, et l'on a ainsi acquis la conviction que non-seulement les lacs, mais aussi les vallées de la Suisse, étaient occupés, à cette date, par un peuple industrieux et agriculteur.

A l'Ebersberg, canton de Zurich, on a découvert, ce qui est assez curieux, les restes d'un véritable pilotage, situé en terre ferme, et contenant des ustensiles analogues à ceux des stations lacustres. En 1864, M. le docteur Clément a fouillé aux environs de Gorgier (canton de Neuchâtel) plusieurs tertres, composés de cailloux portant des traces de feu. Un de ces tertres lui a fourni, mélangés avec des charbons, divers objets en bronze, notamment un bracelet et des faucilles, caractérisées par l'existence d'une proéminence, ou talon à la naissance de la lame.

Sur le plateau de Granges (canton de Soleure), le docteur Schild a étudié un emplacement qu'il croit être celui d'une ancienne fonderie de bronze, car il y a retrouvé, outre des cailloux et de la terre calcinée, un certain nombre de faucilles à talon, un tronçon d'épée et quatre beaux tranchets.

Un couteau-hache a été également recueilli dans les gorges du Seyon, près de Neuchâtel; un bracelet, aux environs de Morges, canton de Genève. D'autres bracelets, accompagnés d'ossements humains calcinés, ont été trouvés près de Sion. dans le Valais.

Enfin M. Thioly a extrait d'une caverne du mont Salève, près de Genève, de nombreux fragments de poteries de l'époque du bronze; et dans une grotte du canton de Neuchâtel, sur le bord de la Reuse, M. Otz a trouvé des restes de poteries, à pate plus fine, à côté d'une quantité d'ossements.

Ainsi les populations de cette époque n'étaient pas exclusivement cantonnées sur les eaux. Elles se bâtissaient sur la terre ferme des demeures pourvues de tout ce qui était nécessaire à la vie.

Ce qui a été observé en Suisse peut sans doute se généraliser, et l'on peut dire qu'à l'époque du bronze la résidence de l'homme était définitivement fixée. Aux cavernes de l'époque du grand ours et du mammouth, aux *abris sous roche* des époques du renne et de la pierre polie, avaient succédé les habitations peu différentes de celles des peuples civilisés qui commenceront l'ère des temps historiques.

CHAPITRE III.

Habitations lacustres de la haute Italie, de la Bavière, de la Corinthie et de la Carniole, de la Poméranie, de la France, de l'Angleterre. — Les *crannoges* d'Irlande.

Il était difficile de croire que la Suisse eût possédé le monopole des constructions sur pilotis. Il était à présumer que le versant méridional des Alpes, également semé de grands et beaux lacs, devait contenir des habitations semblables. C'est ce que pensa M. Desor. Après les nombreuses découvertes antéhistoriques qui avaient été faites en Suisse, le professeur de Zurich alla donc, en 1860, explorer les lacs de la Lombardie, convaincu qu'il y trouverait des restes d'habitations lacustres.

Ses espérances ne furent point trompées. Bientôt, en effet, M. Desor retira des tourbières du lac Majeur des pilotis et des objets analogues à ceux des lacs suisses. Ces recherches furent continuées avec succès par MM. Gastoldi et Moro, qui découvrirent dans les tourbières de ce lac plusieurs anciens villages sur pilotis.

Le lac de Varèse, également en Lombardie, visité en 1863 par MM. Desor, G. de Mortillet et l'abbé Stopani, a fourni cinq stations, dont plusieurs de l'âge de la pierre. Plus tard,

M. l'abbé Ranchet en a signalé quatre autres, ce qui porte à neuf le nombre des pilotages de ce lac. Pour rendre hommage à MM. Keller et Desor, qui ont tant contribué à la recherche et à la vulgarisation des antiquités lacustres, l'abbé Stopani a donné leur nom à deux de ces stations.

L'une de ces îles est fort curieuse, en ce qu'elle est encore habitée aujourd'hui. On l'appelle *Isoletta* (petite île), et la famille Litta y possède un château.

Dans les tourbières de la Brianza, partie de la Lombardie située au nord de Milan, on a retrouvé des débris de constructions lacustres, avec des ossements, des fragments de poterie, des charbons, de la paille carbonisée, des armes de bronze et de silex.

Le lac de Garde a été fouillé par divers explorateurs, qui y ont reconnu l'emplacement de plusieurs habitations lacustres. Les auteurs de ces découvertes sont le docteur Alberti, de Vérone, et deux officiers autrichiens, MM. Kosterlitz et de Silber, qui ont fait l'abandon des objets recueillis aux musées d'antiquités de Vienne et de Zurich. Les premières traces de pilotages furent aperçues, lors des travaux exécutés par les Autrichiens, en 1855, autour de la forteresse de Peschiera : ce qui prouve que les forteresses peuvent être bonnes à quelque chose.

Une station de l'âge de la pierre a été examinée par M. Paolo Lioy, dans un petit lac de la Vénétie, dont la longueur n'excède pas un kilomètre et la profondeur une dizaine de mètres : c'est le lac de Fimon, près Vicence. M. Lioy y a trouvé des pilotis en chêne partiellement carbonisés, ce qui prouve que la bourgade a été incendiée, des planches mal équarries, une pirogue creusée dans un tronc de chêne, des plaques d'argile provenant des habitations et portant l'empreinte de tiges de joncs, qui formaient sans doute un revêtement à l'intérieur des cabanes, des instruments variés, d'os et de silex, de grès, de granit et de bois de cerf, des rondelles ou pesons de fuseau en terre cuite, de nombreux fragments de poterie grossière, simplement séchée au soleil, et parmi ces débris, une douzaine de vases entiers.

Il y avait là aussi des provisions de glands, de noisettes,

de châtaignes d'eau, de fruits du cormier, quelques noyaux
de prunelles, etc. Les ossements d'animaux, également très-
abondants, ont permis de constater l'existence de l'aurochs,
du cerf, du sanglier, du renard et de quelques autres espèces douteuses. Tous les os longs étaient brisés, comme
d'habitude, pour l'extraction de la moelle, mais non point
avec la régularité ordinaire : on les avait simplement cassés
à coups de pierre.

La recherche des antiquités lacustres, inaugurée en Suisse,
et continuée dans la haute Italie, ne pouvait s'arrêter en si
bonne voie. On voulut découvrir des *palafittes* dans d'autres
pays, et l'on y réussit.

Grâce à l'initiative de M. Desor et à la libéralité du gouvernement bavarois, d'anciens pilotages ont été signalés dans
six lacs de la Bavière. La plupart remontent à l'âge de la
pierre, mais quelques-uns appartiennent à l'époque du
bronze. Parmi ces derniers, nous citerons celui du lac de
Starnberg, nommé *Ile des Roses*, qui n'est autre chose qu'une
île artificielle, comme l'*Isoletta* du lac de Varèse. Nous venons
de dire que cette dernière île n'a jamais cessé d'être habitée,
et qu'il y existe encore maintenant un château.

Le mouvement gagnait de proche en proche. L'Autriche
tint à honneur de ne pas rester en arrière de la Bavière, et
le professeur Hochstetter fut chargé par l'Académie des
sciences de Vienne de rechercher des palafittes dans les lacs
de la Carinthie et de la Carniole.

Ce travail d'exploration n'est pas resté stérile : M. Hochstetter a découvert dans quatre lacs de la Carinthie des pieux,
des restes de poteries, des ossements, des noisettes, etc. Dans
celui de Reutschach, qui a été le mieux étudié, il reconnut
un bas-fond pierreux, analogue aux steinbergs de la Suisse.
Les marais de Laybach ont aussi fourni des instruments en
corne de cerf, une pierre trouée et une pirogue.

Après l'Autriche, ce fut le tour de la Prusse. On trouva
des pilotages dans plusieurs provinces de ce royaume, entre autres dans le Brandebourg et la Poméranie, pays riche
en marais. Aux environs de Lubtow, les constructions lacus-

tres ont le même caractère que celle de Robenhausen, sur le lac de Pfæffikon (Suisse). On y distingue deux couches archéologiques : dans l'inférieure sont mélangés des instruments de pierre et de bronze, des fragments de poterie, du froment, de l'orge et des pois carbonisés ; la couche supérieure appartient à l'âge du fer.

Nous n'avons point encore parlé de la France ; cependant on a signalé des habitations lacustres dans nos départements limitrophes de la Suisse.

Les lacs du Bourget et d'Annecy, en Savoie, en contiennent plusieurs. Le premier de ces lacs a été fort bien exploré par M. Laurent Rabut, auteur d'un mémoire sur les *Habitations lacustres de la Savoie*, qui a obtenu une médaille d'argent au concours des Sociétés savantes en 1863. M. Rabut a reconnu dans le lac du Bourget cinq ou six stations de l'époque du bronze, dont trois surtout, celles de Tresserve, de Grésine et de Châtillon, ont fourni de nombreux débris antiques.

Le lac de Paladru (Isère), fouillé par M. Gustave Vallier, a donné des résultats semblables. On croit qu'il existe des pilotages dans d'autres petits lacs des mêmes parages, ceux de Sainte-Hélène sur la rive gauche de l'Isère, de Saint-Martin-de-Belleville, et de Saint-Marcel, près de Moutiers. On en a d'ailleurs reconnu un sur l'emplacement d'un ancien lac, au bord de la Saône ; et dans une région toute différente, au pied des Pyrénées, on en a signalé jusqu'à cinq.

Tout porte donc à croire que si l'on fouillait avec soin les tourbières et les étangs, qui sont très-communs dans un grand nombre de nos départements, on y découvrirait des vestiges des diverses époques antéhistoriques.

Pour compléter l'énumération des constructions lacustres de l'Europe, disons qu'on en a trouvé en Danemark, dans le lac de Maribo, et en Angleterre, dans le duché de Norfolk.

Il faut rapprocher de ces dernières les *crannoges*, ou îles artificielles de l'Irlande, dont la première fut découverte en 1836, par M. Wilde, membre de l'Académie royale de Dublin. Depuis cette époque, les recherches ont été dirigées de ce côté, et aujourd'hui l'on ne compte pas moins d'une cinquantaine de crannoges, répartis dans les différents comtés de l'Irlande.

La plupart de ces îlots se composent de pierres entassées et maintenues par des pilotis, à peu près comme dans les ténevières de la Suisse; ils diffèrent de celles-ci par leur élévation au-dessus de la surface de l'eau. Il en est pourtant qui sont formés par un assemblage de madriers horizontaux et de piquets verticaux, constituant une enceinte extérieure et même des compartiments intérieurs, dans lesquels on recueille toutes sortes de débris. On les appelle *stockaded island* (îles palissadées). Ils sont ordinairement de forme ovale où circulaire, et leurs dimensions se maintiennent toujours dans des limités assez étroites. Dans son ouvrage *l'Homme avant l'histoire*, M. Lubbock donne la figure ci-jointe d'un crannoge du lac Ardakillin.

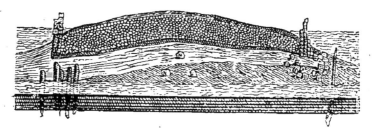

Fig. 150. Coupe verticale d'un crannoge du lac Ardakillin.

Le capitaine Mudje, de la marine royale britannique, a décrit une cabane qu'il a trouvée dans le marais de Drumkellin, à cinq mètres de profondeur. Elle mesurait un mètre et demi carré de superficie sur 3 mètres de hauteur, et comprenait deux étages ayant chacun 1^m,30. Le toit était plat, et la hutte était entourée d'une enceinte de pieux, destinée sans doute à l'isoler d'autres huttes voisines dont on aperçut les restes. Toute la construction avait été exécutée au moyen d'instruments de pierre, ainsi que le prouvait la nature des entailles qui étaient encore visibles dans certaines pièces de bois. D'ailleurs une hache, un ciseau et une tête de flèche en silex, trouvés sur le plancher de la cabane, ne pouvaient laisser aucun doute à cet égard. On se trouvait donc là en présence d'une habitation de l'âge de la pierre. Quelques noisettes entières et une grande quantité de coquilles brisées étaient répandues à terre. Une grande pierre plate, creusée d'un petit trou au milieu, servait probablement à casser ces noisettes au moyen des cailloux ronds recueillis à côté.

On a extrait de quelques-unes de ces stations des amas considérables d'ossements, qui ont été, hélas! utilisés comme engrais. M. Lubbock rapporte que le crannoge de Dunshauglin en a fourni, à lui seul, plus de cent cinquante charretées[1]! Ces ossements se rapportent aux espèces suivantes : le bœuf, le porc, la chèvre, le mouton, le cheval, l'âne, le chien, le renard, le chevreuil, le daim et le grand cerf d'Irlande, aujourd'hui éteint. En l'absence de toute autre preuve, la présence de ce dernier animal suffirait pour indiquer que certains crannoges remontent jusqu'à l'âge de la pierre; mais comme il s'agit évidemment, en ce cas, de l'époque de la pierre polie, elle prouve aussi que le cerf à bois gigantesque a vécu en Irlande beaucoup plus tard que sur le continent.

Plusieurs documents historiques constatent que les crannoges ont été habités jusqu'à la fin du seizième siècle. Ils constituaient alors des espèces de forteresses, où de petits chefs bravèrent longtemps la puissance royale. Ils furent complétement abandonnés lors de la pacification définitive du pays.

---

1. *L'Homme avant l'histoire*, in-8°, p. 125. Paris, 1867.

CHAPITRE IV.

Les habitations palustres, ou bourgades des marais. — Études de MM. Strobel et Pigorini sur les *terramares* de la Toscane. — Les terramares et marières du Brésil.

Après les habitations lacustres qui ont été découvertes en différentes parties de l'Europe, il faut signaler les habitations *palustres* comme propres à l'époque du bronze. On a désigné sous ce nom des espèces de bourgades, dont on a retrouvé les vestiges autour des marais et des étangs. C'est dans la haute Italie que ces stations ont été signalées.

On donne le nom de *stations palustres*, ou de *marières*, à des emplacements d'antiques bourgades établies, au moyen de pilotis, sur des marais ou des étangs peu importants, qui se sont à la longue remplis d'une terre tourbeuse renfermant une foule de détritus organiques et autres.

La découverte des *stations palustres* est due à MM. Strobel et Pigorini, qui les ont désignées sous le nom de *terramares*.

MM. Strobel et Pigorini appellent *terramares* des accumulations de cendres, de charbons, d'ossements d'animaux et de débris de toutes sortes qui ont été rejetés par l'homme autour de ses habitations, et qui s'y sont accumulés pendant des siècles. Le nom qu'on leur a donné vient de ce qu'elles

fournissent une sorte d'engrais terreux, ammoniacal, connu
dans le pays sous le nom de *terra mara.*

Les terramares représentent en Italie les Kjoekken-mœddings du Danemark, avec cette différence qu'au lieu de se
rapporter à l'époque de la pierre, elles correspondent à l'é-
poque du bronze.

Les terramares sont nombreuses dans le Parmesan et le
Modénais ; elles sont à peu près circonscrites dans la plaine
qui s'étend entre le Pô, les Apennins, l'Arda et le Reno, sur
une superficie d'environ 100 kilomètres de long et 50 de large.
En général, elles forment de petits mamelons, qui s'élèvent
de 2 à 4 mètres au-dessus du niveau de la plaine. Comme
elles s'enfoncent jusqu'à une certaine profondeur dans le sol,
leur épaisseur va quelquefois jusqu'à 6 mètres. On en voit
rarement dont la superficie dépasse 4 hectares.

Des fouilles pratiquées dans un certain nombre de marières
ont permis de se rendre compte à peu près exactement du
mode de construction adopté dans les stations palustres. La
marière de Castione a particulièrement fourni des renseignements précieux à cet égard, et nous la décrirons comme type.

Des pieux de 2 à 3 mètres de long, et de 12 à 18 centimètres
de diamètre (fig. 151), formés de troncs d'arbres entiers ou

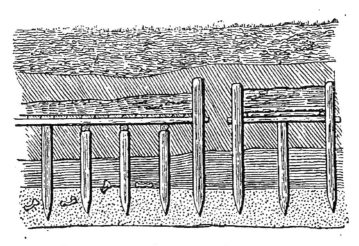

Fig. 151. Coupe verticale de la marière de Castione.

refendus, et apointés à l'extrémité par un outil grossier,
étaient enfoncés de quelques décimètres dans le fond du

bassin. Ils portent encore au sommet la trace des chocs qu'ils ont reçus lorsqu'on les a plantés, et sont espacés de 50 centimètres à 2 mètres. Des poutrelles horizontales et entre-

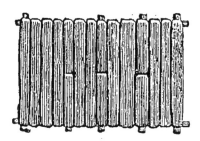

Fig. 152. Plancher de la marière de Castione.

croisées, de 2 ou 3 mètres et plus. reliaient les pilotis et assuraient la solidité de l'ensemble. Sur ces poutrelles reposait un plancher (fig. 152) formé de madriers épais de 3 à 8 centimètres, et larges de 16 à 33 centimètres sur 1ᵐ,50 à

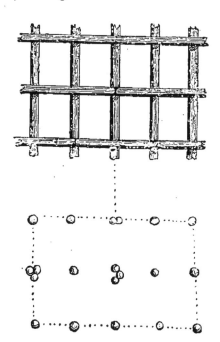

Fig. 153. Plan des poutrelles et plan des pilotis de la marière de Castione.

2 mètres de long. La figure 153 donne le plan des poutrelles et des pilotis de la marière de Castione, d'après le mémoire.

des auteurs[1]. Ces madriers n'étaient fixés de quelque façon que ce fût, ou du moins il n'en reste aucune trace. Ils semblent avoir été obtenus à l'aide de coins de bois enfoncés dans les troncs d'arbres, un certain nombre de ces coins ayant été retrouvés dans la terre tourbeuse. Ni la scie ni la vrille n'ont été employées, mais on a percé des trous carrés au moyen du ciseau. Les bois mis en œuvre sont principalement l'orme et le chêne.

Le plancher était recouvert de terre battue, sur une épaisseur de vingt-cinq à trente centimètres. On a retrouvé des fragments de cette espèce de pavé, répandus dans deux amas sableux presque entièrement dénués d'autres débris, tandis que la terre voisine, de couleur noirâtre, contenait en abondance des restes de toute nature. C'est probablement sur ces amoncellements sableux qu'étaient situées les cabanes des habitants de la marière, et la terre noirâtre est le résultat final de l'accumulation d'immondices et de nombreux détritus sur un même point.

On ignore si la couche de terre battue régnait sur toute la surface du plancher, ou si elle était restreinte à l'intérieur des habitations. Dans le premier cas, il est probable qu'on la tassait moins soigneusement au dehors qu'au dedans, comme il y paraît par la découverte d'un magasin à grains, dont le sol était simplement formé d'une couche de terre sableuse posée sur les planches. Ce magasin, qui, par sa destination même, ne servait de résidence à personne, mesurait quatre mètres de long sur trois de large. Il contenait des fèves et du froment carbonisés, répandus sur une épaisseur d'environ dix centimètres.

MM. Strobel et Pigorini n'ont trouvé dans la marière de Castione aucun débris de cabanes, probablement parce qu'étant bâties tout en bois, elles auront été complétement dévorées par l'incendie, dont il reste des traces nombreuses. Outre les grains et les baies carbonisés que nous venons de citer, on a en effet recueilli à Castione beaucoup d'objets portant les marques évidentes du feu. Entre autres, les plan-

---

1. *Les Terramares et les pilotages du Parmesan*, Milan, 1864. (Extrait des *Atti della Società italiana di science naturali*.)

ches, les poutrelles et les têtes des pilotis sont souvent à demi consumées.

Mais si les documents relatifs aux cabanes manquent à Castione, ils existent en d'autres endroits. MM. Strobel et Pigorini ont constaté que les habitations des marières avaient une grande analogie avec celles des lacs suisses. Elles étaient garnies de branchages et enduites d'argile à l'intérieur. En Italie, comme en Suisse, ce sont les fragments de l'enduit argileux, durcis et conservés par le feu, qui ont permis de tirer ces conclusions.

Plusieurs lits de cendres et de charbons contenant des débris de repas indiquaient, à Castione, les emplacements des foyers domestiques, autour desquels on se réunissait sans doute pour manger. Un autre lit de charbon, mélangé à de la paille, à du froment et des morceaux de poteries brûlés, a été trouvé dans une situation particulière; il se trouvait dans l'épaisseur d'un banc de cailloux calcaires, vitrifiés à la surface, lequel était large d'environ 1^m,50 sur 0^m,20 de hauteur. Les explorateurs pensent que c'était là peut-être un atelier pour la fusion des métaux.

Sur le bord du bassin, on a découvert une sorte de rempart, ou d'ouvrage défensif, composé de poutrelles atteignant jusqu'à cinq mètres de long et placées horizontalement les unes au-dessus des autres. Ces poutrelles étaient assujetties par des pieux enfoncés obliquement et posés également les uns au-dessus des autres, leurs extrémités étant intercalées entre les poutres.

Cette dernière trouvaille et d'autres indices ont conduit MM. Strobel et Pigorini à supposer que le pilotage de Castione et sans doute aussi tous ceux des marières, d'abord construits comme lieux de défense, ont ensuite été convertis en résidences fixes et permanentes. Le bassin ayant été comblé peu à peu par les débris accumulés résultant de la présence de l'homme, des habitations auraient été élevées sur un fond solide, et l'on aurait supprimé une grande partie de l'ancien plancher, ce qui expliquerait qu'il en reste si peu de chose.

Les objets recueillis dans les terramares et les marières ne

diffèrent pas essentiellement de ceux qui ont été trouvés dans
les pilotages de la Suisse. Ils sont presque tous usés ou brisés,
ainsi qu'on doit s'y attendre en les trouvant dans des amas
de rebuts. Il y a un grand nombre de fragments de poteries
à pâte grisâtre ou noirâtre, mélangée de grains quartzeux,
imparfaitement cuite et travaillée sans l'aide du tour à potier. Les ornements en sont généralement très-simples, mais
les formes des anses sont très-variées. Quelques vases sont
munis d'un bec ou de trous pour l'écoulement du liquide.
Les terramares renferment aussi des torches ou supports de
vases à fond sphérique ou conique.

Dans la marière de San Ambrogio, on a trouvé une plaque
de poterie, de forme elliptique, de 14 millimètres d'épaisseur, concave d'un côté et convexe de l'autre, et percée de
dix-sept trous circulaires de 9 millimètres de diamètre. On
croit qu'il s'agit là d'une grille de foyer, car elle portait les
traces d'une longue action du feu.

Les autres objets les plus communs sont des pesons de
métier à tisser en terre cuite, usés à l'endroit où passait la
corde de suspension ; des *fusaioles* ou boutons de vêtements,
très-divers de forme et de dimensions, également en terre
cuite ; de grandes meules à graines à surface polie. Puis viennent quelques poignards ou pointes de lance, des haches,
des épingles à cheveux, le tout en bronze. La marière de San
Ambrogio a fourni un moule indiquant qu'on fondait et coulait le bronze dans le pays.

Une étude attentive des ossements d'animaux contenus
dans les terramares a conduit aux renseignements suivants
sur la faune de l'époque du bronze dans la haute Italie.

En fait de mammifères vivant à l'état sauvage, on a constaté la présence d'un cerf beaucoup plus grand que l'espèce
actuelle, et de même taille à peu près que celui des stations
lacustres de la Suisse (fig. 54) ; d'un sanglier bien plus puissant aussi que notre sanglier de Sardaigne et même d'Algérie ;
de l'ours, du chevreuil, du rat et du porc-épic. On a retrouvé, en différents endroits, des os, des cornes de cerf et
des noyaux de prunelles qui avaient gardé les empreintes des
dents d'un petit rongeur. L'ours, le sanglier, le cerf et le

Fig. 154. La chasse à l'epoque du bronze.

chevreuil ont aujourd'hui disparu du pays. Quant au porc-
épic, il s'est retiré dans des régions plus méridionales, ce qui
donnerait à supposer que la température de la province du
Parmesan et du Modénais s'est un peu abaissée depuis l'é-
poque du bronze.

Il est à remarquer que, contrairement à ce que nous avons
observé en Suisse dans les habitations lacustres de l'âge de
la pierre, les débris d'animaux sauvages sont ici beaucoup
plus rares que ceux des animaux domestiques : cela tient à
la supériorité d'une civilisation plus avancée en Italie. Nous
signalerons, comme espèces domestiques : le chien, dont il
existe déjà deux races de taille inégale; — le porc des tourbières, le même dont on a retrouvé les ossements en Suisse;
— le cheval, dont les restes, d'ailleurs assez rares, accusent
l'existence de deux races, l'une grande et massive, l'autre de
moindres proportions et plus élégante; — l'âne, qui ne se révèle que par quelques ossements, et qui par conséquent devait être peu commun; — le bœuf, dont les débris sont au
contraire fort nombreux et qui se trouve représenté, comme
le chien et le cheval, par deux races distinctes, dont la plus
puissante paraît être la descendance du *Bos primigenius* ou
urus; — enfin le mouton et la chèvre, qu'il est difficile de
séparer bien nettement, à cause de leur grande ressemblance
anatomique.

Lorsqu'on compare la faune actuelle avec celle que nous
venons d'établir, on aperçoit des modifications assez notables. Ainsi le porc des tourbières, une race de bœufs et une
race de moutons (les plus petites) se sont totalement éclipsés; le mouton commun, la chèvre, le cheval et l'âne ont
pris des dimensions plus considérables. Quant aux Mammifères sauvages, nous avons dit que les uns se sont amoin-
dris, que d'autres ont disparu. Il ressort de là un fait incontestable, quoique souvent mis en doute, à savoir que l'action
intelligente de l'homme, s'exerçant sur la nature sauvage
par la domestication, parvient à l'améliorer, à la perfectionner, à la corriger.

Les crânes et les os longs des terramares sont presque toujours brisés, à l'effet d'en extraire la cervelle et la moelle,

— antique usage qui persiste jusqu'à cette époque. Mais au lieu d'être fendus longitudinalement, comme on le faisait dans les âges précédents, ils sont, en général, cassés transversalement à un bout. Les terramares présentent avec les kjoekken-moeddings cette analogie particulière, que tous les crânes de chiens qu'elles renferment sont brisés intentionnellement, ce qui prouve qu'en Italie, comme en Danemark, le fidèle commensal de l'homme était quelquefois, faute de mieux et bien à regret sans doute, utilisé comme aliment.

Nul débris de poisson n'a été retrouvé dans les marières : MM. Strobel et Pigorini en ont conclu avec raison que les habitants de ces pilotages n'étaient point pêcheurs, et qu'en tout cas l'eau environnante avait peu de profondeur et de surface.

On a également déterminé les espèces d'oiseaux, de mollusques et d'insectes dont les débris sont restés dans les terramares. L'existence de la poule domestique et du canard, vivant sans doute en liberté, a été parfaitement reconnue ; mais on croit qu'il ne faut pas faire remonter l'apparition de ces espèces plus haut que la fin de l'époque du bronze, et peut-être même au commencement de celle du fer.

L'examen des restes d'insectes a permis de s'assurer que les rebuts alimentaires et les immondices devaient séjourner assez longtemps à la porte des habitations avant d'être poussés dans l'eau, car des mouches, et d'autres Diptères, ont pu y naître, croître et accomplir toute la série de leurs métamorphoses, ainsi que le prouvent les enveloppes percées et vides de leurs chrysalides.

Nous donnons ce dernier résultat comme un des plus curieux exemples de ce que peuvent la science et l'induction combinées, dans l'étude, si intéressante et si nouvelle, des origines de l'homme. En revanche, il fournit une triste idée de la propreté des hommes de l'époque du bronze en Italie. Il semble que le sentiment de la dignité du corps et des soins qu'il réclame impérieusement, aurait dû être alors plus développé que lorsque les hommes vivaient confinés dans les cavernes. Il n'en est rien pourtant. Mais a-t-on le droit de s'en étonner lorsqu'on voit, de nos jours, des habitudes aussi dégoûtantes et aussi contraires à l'hygiène publique persister dans plusieurs grandes villes d'Amérique? Un voyageur italien, Osculati, rapporte qu'à tous les angles de la ville de Guyaquil, dans la république de l'Équateur, on rencontre des amas d'immondices qui exhalent une odeur insupportable. Des amas semblables existent aux portes mêmes de Mexico, où ils forment aujourd'hui de petites collines. Cela doit nous rendre indulgents pour les négligences corporelles de nos ancêtres de l'époque du bronze.

Tels sont les débris animaux recueillis dans les terramares. Quant aux restes végétaux, ce sont des grains de blé carbonisés, des noisettes brisées, des glands, des moitiés de pommes brûlées, des noyaux de cornouiller, des prunes et des raisins.

Pour en finir immédiatement avec les stations palustres, nous dirons qu'on en a récemment découvert dans la Moravie et dans le Mecklembourg. C'est à Olmutz, ville moravienne, qu'un savant viennois, M. Jeitteler, a trouvé des pilotis enfoncés dans la tourbe, avec des objets de pierre et de bronze, des poteries ornées, des charbons, du froment carbonisé, de nombreux ossements d'animaux et un squelette humain, de race brachycéphale. Tout porte à croire que ce ne sera pas la dernière découverte de ce genre.

Il faut ajouter que les terramares, ou dépôts de restes d'habitations des bords des marais, ne sont pas exclusivement propres à l'Europe. M. Strobel a trouvé sur la côte d'Afrique (à San-Vicente) des vestiges tout semblables, et un naturaliste distingué de Rio-Janeiro, M. le docteur Henrique Naegeli, a constaté sur la côte du Brésil l'existence de dépôts semblables, qu'il se propose d'étudier d'une manière approfondie[1].

---

1. *Matériaux pour l'histoire positive et philosophique de l'homme*, par G. de Mortillet, in-8°, Paris, 1865, t. I, p. 397.

CHAPITRE V.

Armes, instruments et ustensiles contenus dans les différentes stations lacustres de l'Europe, qui nous font connaître les habitudes de la vie à l'époque du bronze.

Nous venons de parler de la découverte et de l'exploration des habitations lacustres en différentes parties de l'Europe, ainsi que des bourgades palustres de l'Italie du Nord. Ces riches gisements ont considérablement éclairé l'histoire primitive du genre humain. Il sera possible, avec ces éléments, de reconstruire la vie domestique des peuplades de l'époque du bronze, c'est-à-dire de décrire les armes, instruments et ustensiles propres à la vie usuelle pendant cette période.

Nous avons rangé les habitations lacustres dans l'époque du bronze, pour la facilité et la clarté de l'exposition ou du récit. Mais il ne faut pas oublier que les cités lacustres ne contiennent pas seulement des objets se rapportant à l'époque du bronze; elles contiennent aussi un certain nombre d'objets de l'époque de la pierre polie, c'est-à-dire de la période précédente.

Que les villages lacustres aient été construits à l'âge de la pierre, comme on l'a inféré de la présence unique d'objets en pierre dans certaines stations, ou que ces habitations aient été construites à l'époque du bronze, mais en conservant l'usage des objets en pierre datant de la période précédente, c'est une question indifférente pour nous. Il est certain que le plus grand nombre des stations lacustres ne remontent qu'à l'époque du bronze. Seulement, comme des objets en pierre font partie du mobilier de beaucoup de ces anciennes habitations, nous devons commencer par décrire les objets de l'âge de la pierre, en abrégeant d'ailleurs beaucoup cette description, car nous ne pourrions que répéter ce qui a été dit dans les chapitres précédents.

Les armes et instruments de pierre sont, en Suisse comme

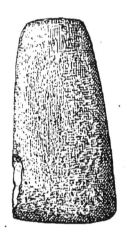

Fig. 155. Hache de pierre
des habitations
lacustres de la Suisse.

Fig. 156. Ciseau de pierre avec
manche en bois de cerf
des habitations lacustres de la Suisse.

ailleurs, des haches, des pointes de lances et de flèches, des marteaux, des couteaux, des scies, des ciseaux.

Les haches et les marteaux sont faits de substances très-diverses : silex, diorite quartzite, néphrite, jade, serpentine, etc. Mais les autres armes ou outils sont presque tous en silex.

La hache était d'un usage continuel, non comme arme, mais comme outil ; aussi en reste-t-il de très-nombreux spécimens dans les lacs de la Suisse.

En général les dimensions de ces haches sont petites. Leur longueur varie de 5 à 20 centimètres, et leur largeur, au tranchant, de 40 à 60 millimètres. La figure 155 représente une de ces haches de silex. Leur forme est celle des haches danoises de l'époque de la pierre polie.

Le système le plus simple pour emmancher la hache de petite dimension, c'est-à-dire le ciseau, consistait à la loger dans une portion de bois de cerf, évidée pour cette fin, à l'une de ses extrémités. On obtenait ainsi une espèce de ciseau qui se manœuvrait facilement. La figure 156 représente cet emmanchement.

Il y avait aussi un autre mode d'emmanchement. Le silex taillé était préalablement fixé dans sa gaîne de corne de cerf. Cette gaîne était percée elle-même en son milieu d'un trou rond, pour recevoir un manche en bois. C'était alors une véritable hache.

La figure 157 représente une de ces haches emmanchées comme on en voit plusieurs au Musée de Saint-Germain.

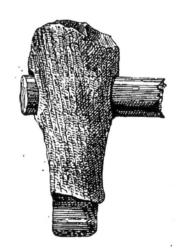

Fig. 157. Marteau en silex emmanché dans un bois de cerf.

Ce mode d'emmanchement est fréquent, nous l'avons d'ailleurs déjà signalé, d'après Boucher de Perthes, à l'époque de la pierre polie (p. 197, fig. 112)

Il y avait aussi une autre manière d'emmancher les haches et les ciseaux.

Voici comment on s'y prenait pour exécuter cet emmanchement. On introduisait le silex dans une courte emmanchure en bois de cerf fouillée à cet effet d'un côté, tandis que l'autre extrémité de ce même bois de cerf était taillée en carré. Cette partie carrée, plus étroite que le reste de la gaîne, venait s'adapter dans un manche en bois, percé d'un trou de même forme et de mêmes dimensions.

M. Desor, dans son *Mémoire sur les Palafittes*, donne la fi-

Fig 158. Hache de pierre avec double emmanchement en corne de cerf et de bois.

gure suivante (fig. 158) comme représentant ces haches doublement emmanchées.

Il est extrêmement rare que les haches de ce type se retrouvent complètes dans les habitations lacustres de la Suisse; généralement le manche a disparu. Dans d'autres localités où les haches sont très-nombreuses, on ne ramasse presque point de gaînes. Ne serait-ce point qu'on y taillait spécialement la pierre, mais non la poignée? Il y a eu, en effet, en Suisse comme en France et en Belgique, des ateliers de fabrication. Le grand nombre de haches ébauchées ou défectueuses, qu'on recueille dans les principaux cantonnements lacustres, ne permet pas d'en douter.

Les instruments les plus beaux, les plus soigneusement travaillés sont les marteaux et les haches-marteaux. La plupart sont en serpentine. L'une de leurs extrémités est ordinairement arrondie ou aplatie sur le dessus, tandis que l'autre s'amincit en lame tranchante ou en pointe, comme le représentent les figures 159 et 160 données par M. Desor. Ils sont percés d'un trou rond destiné à recevoir un manche en bois. Ce trou est si net et si régulier, qu'il est difficile de croire qu'il ait été pratiqué avec du simple silex. Le métal seul paraît capable de donner un travail aussi achevé. C'est ce qui peut faire croire que toutes les stations lacustres que l'on

range dans l'âge de la pierre appartiennent plutôt à l'époque
du bronze.

La figure 161 représente un autre marteau-hache en silex
tiré des lacs de la Suisse.

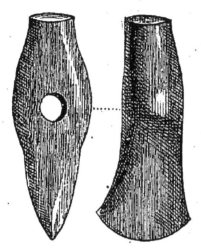
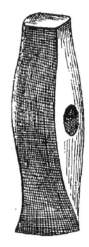

Fig. 159-160. Marteau-hache
en serpentine des
habitations lacustres de la Suisse.

Fig. 161. Autre marteau-hache des
habitations
lacustres de la Suisse.

Les couteaux et les scies n'ont rien de remarquable. Ce
sont de simples éclats de silex, étroits et longs, dont le tranchant ou les dents se trouvent sur le grand côté. On en possède qui sont encastrés dans des poignées en bois de cerf,

Fig. 162. Scie en silex emmanchée dans un bois de cerf.

comme le représente la figure 162, dessinée d'après le mémoire de M. Desor.

Le scellement a dû être fait avec du bitume, car on a
retrouvé sur quelques emmanchures les traces de cette substance. Le même moyen était employé pour fixer les haches
dans leurs gaînes.

Les pointes de lances (fig. 163) sont très-bien façonnées : la forme.en est régulière et la taille parfaite, quoique inférieure à celle du Danemark. Elles sont unies d'un côté, et présentent de l'autre une crête médiane longitudinale.

Les pointes de flèches sont très-variées de formes (fig. 164).

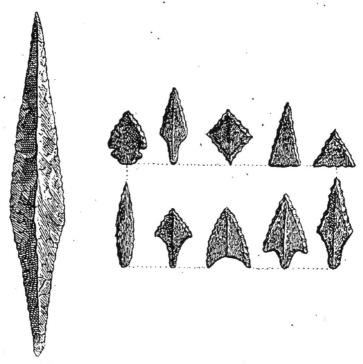

Fig. 163. Pointe de lance
en silex des
habitations lacustres
de la Suisse.

Fig. 164. Diverses formes de pointes
de flèches
des habitations lacustres
de la Suisse.

Elles ne le cèdent en rien, sous le rapport de la finesse d'exécution, aux pointes de lance ou de javelot.

La taille de ces petites pièces devait exiger beaucoup de travail et beaucoup d'habileté. Il en est de dentelées sur les bords, ce qui devait rendre leurs blessures plus dangereuses. La plupart de ces pointes de flèches sont en silex, mais on en a également recueilli en os, et même en bois de cerf.

Les pointes de flèches étaient fixées avec du bitume. C'est ce que représentent les figures 165 et 166, que donne M. de Mortillet dans ses *Promenades préhistoriques à l'Exposition universelle*.

D'autres fois elles étaient simplement fixées à la tige par une ligature de fil (fig. 167).

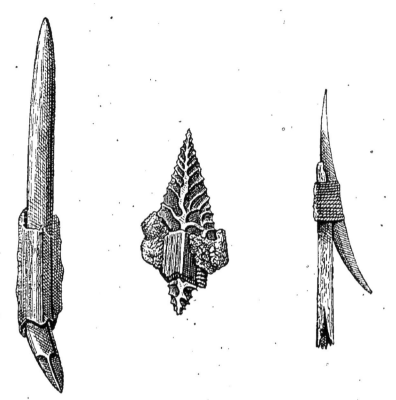

Fig. 165. Pointe de flèche
en os
scellée avec du bitume.

Fig. 166. Pointe de flèche
en pierre
scellée avec du bitume.

Fig. 167. Pointe de flèche
fixée
par une ligature de fil.

On a retrouvé quelques débris des arcs qui servaient à lancer ces flèches. Ils sont en bois d'if, grossièrement taillé.

Les outils et instruments en os étaient, comme ceux en silex, d'un usage très-fréquent. Indépendamment des pointes de flèches, dont nous venons de parler, on a retrouvé des poinçons de, différentes formes (fig. 168 et 169), des ciseaux pour le travail du bois (fig. 170), des épingles à tête lenticulaire (fig. 171) et des aiguilles percées tantôt d'un trou, tantôt de deux trous, tantôt enfin creusées près de la tête d'une rainure circulaire pour y attacher le fil.

Les figures 168, 169, 170 et 171 sont données par M. Desor, dans son *Mémoire sur les Palafittes.*

Il est probable que, comme à l'époque du renne, les coutures

Fig. 168. Poinçon en os
des habitations lacustres de la Suisse.

Fig. 169. Poinçon en os
des habitations lacustres de la Suisse.

Fig. 170. Ciseau de menuisier
des habitations lacustres de la Suisse.

Fig. 171.
Épingle en os.

des vêtements se faisaient à l'aide de l'aiguille et du poinçon,
celui-ci perçant les trous où l'on passait ensuite l'aiguille.

Il faut sans doute voir des hameçons dans des sortes d'aiguilles percées au milieu et pointues aux deux bouts, que l'on trouve en abondance dans les stations lacustres. Lorsque le poisson avait mordu à l'appât, ces deux pointes lui entraient dans les chairs, et il était facile alors de l'enlever. Quelques-uns de ces hameçons sont taillés dans des défenses de sanglier.

Le bois de cerf était également employé en maintes circon-

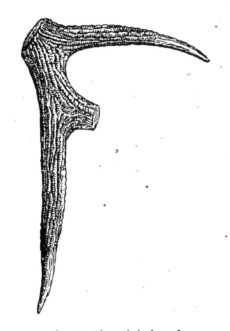

Fig. 172. Pic en bois de cerf.

stances. On en faisait quelquefois des marteaux qui se manœuvraient à l'aide d'un manche (fig. 172), des harpons (fig. 173), des harpons à double rangée de barbelures (fig. 174), et de petites écuelles de forme conique (fig. 175) percées d'un trou à la partie supérieure pour être suspendues.

Le goût de la parure n'était point étranger aux populations primitives de la Suisse. Des dents canines et incisives de divers animaux, des disques et des perles en os ou en bois de cerf, le tout réuni en collier, formaient leurs ornements habituels.

Elles faisaient aussi usage d'épingles à cheveux et de peignes en os. Terminées en boule et d'une élégante simplicité, .

Fig.. 173. Harpon en bois de cerf
des habitations lacustres de la Suisse.

Fig. 174. Harpon en bois de cerf .
des habitations lacustres de la Suisse.

ces épingles ne dépareraient pas trop la tête des femmes modernes.

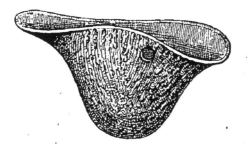

Fig. 175. Vase en bois de cerf.

Tels sont les instruments, ustensiles et engins à l'usage de la vie domestique trouvés dans les habitations lacustres de la Suisse propres à l'âge de la pierre. Passons maintenant aux objets de même genre propres à l'époque du bronze.

La quantité d'objets en bronze qu'on a recueillis jusqu'à présent dans les lacs de la Suisse est très-considérable. La plus belle collection du pays, celle du colonel Schwab, n'en contenait pas moins de 4346 en 1867, d'après une table dressée par le docteur Keller.

La plupart de ces objets sont coulés dans des moules, comme le prouvent les bavures dont plusieurs ont conservé des traces.

Parmi les restes les plus remarquables de l'époque du bronze trouvés dans les lacs de la Suisse, nous devons citer les haches. Elles mesurent de 10 à 20 centimètres de longueur, et pèsent de 300 à 750 grammes. Leurs formes sont variées; mais toutes ont pour caractère distinctif de s'emmancher longitudinalement, et non transversalement comme à l'âge de la pierre. Il est rare aussi qu'elles ne soient pas munies d'une anse, destinée à les suspendre à la ceinture, ou dans la maison.

Voici d'abord (fig. 176) la hache à ailerons repliés de cha-

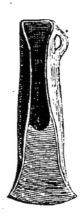

Fig. 176. Hache en bronze à ailerons des habitations lacustres de la Suisse.

que côté de la lame, de manière à constituer une sorte de douille à deux compartiments, dans laquelle entrait un manche fendu au milieu et coudé. Ce type est le plus répandu. Quelquefois, comme on peut le remarquer sur la figure 176, l'extrémité supérieure est percée d'un œil qui donnait sans doute passage à un rivet pour fixer le manche recourbé. Cette disposition est spéciale aux haches de grandes dimensions, c'est-à-dire à celles qui fatiguaient le plus.

Un type très-rare en Suisse et dont il existe un spécimen

seulement au Musée de Neuchâtel, c'est celui (fig. 177) dans
lequel les ailerons, au lieu de se recourber sur la lame per-
pendiculairement au plan du tranchant, se rabattent dans ce

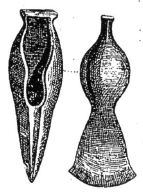

Fig. 177. Hache à ailerons (face et profil) des habitations lacustres de la Suisse.

plan même, ou si l'on aime mieux, sur l'épaisseur de la lame.
Il y a enfin la hache à douille ordinaire, soit cylindrique

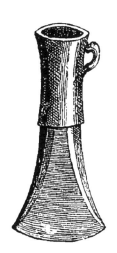

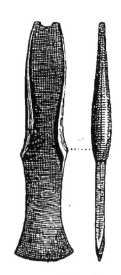

Fig. 178. Hache à douille
des habitations lacustres.

Fig. 179. Couteau-hache (face et profil)
des habitations lacustres.

(fig. 178), soit prismatique et quadrangulaire. Cette forme est
très-commune en France, où on la connaît sous le nom de *celt*.
M. Morlot a désigné sous le nom de *couteaux-haches* (fig. 179),
des instruments dont les oreillettes ne sont qu'indiquées
et ne peuvent servir en aucune façon à retenir un manche.

Il est probable qu'on saisissait ces outils directement avec la main, et que les rudiments d'ailerons avaient pour but de substituer une surface arrondie à une arète coupante. Les figures 176, 177, 178 et 179 sont tirées du Mémoire de M. Desor sur les palafittes.

Après les haches, nous pouvons mentionner des ciseaux pour le travail du bois (fig. 180), parfaitement taillés, et qui ne diffèrent guère de nos ciseaux actuels que par le mode d'emmanchement, lequel est à douille.

On a aussi trouvé une sorte de marteau prismatique hexágonal (fig. 181), également à douille, et dont la longueur est

Fig. 180. Ciseau de menuisier en bronze. Fig. 181. Marteau à six faces.

de 6 centimètres. Ce marteau fait partie de la collection Schwab.

De tous les instruments tranchants, les couteaux sont les plus nombreux. Le travail en est généralement très-soigné et la forme très-élégante. Le manche de quelques-uns est en métal ; mais la plupart se terminent par une queue, qui pénétrait dans un manche en bois, ou en corne de cerf, comme le représente la figure 182, donnée par M. Desor, dans son Mémoire.

On voit aussi des couteaux munis d'une douille (fig. 183). La lame mesure de 10 à 20 centimètres de longueur, et elle est souvent ornée de dessins ; dans certains cas, le dos en est fortement renflé.

A côté des couteaux, rangeons les faucilles. Elles ont été rè-
cueillies en assez grande quantité dans les stations d'Auver-

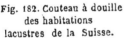

Fig. 182. Couteau à douille
des habitations
lacustres de la Suisse.

Fig. 183. Couteau à douille ·
des habitations
lacùstres de la Suisse.

nier et de Cortaillod (lac de Neuchâtel). Elles sont fort bien
façonnées et fréquemment ornées de nervures ou de renflements. La figure 184, que donne M. Desor dans son Mémoire,
représente une faucille de ce genre que l'auteur a recueillie
à Chevroux.

Les plus grandes de ces faucilles n'excèdent pas 15 centimètres de circonférence. Elles s'adaptaient dans un manche
en bois, au moyen d'une tige de bronze.

Nous ne pouvons évidemment décrire tous les objets de
bronze recueillis dans les lacs de la Suisse. A la suite de
ceux qui précèdent, nous nous contenterons de citer quelques scies de formes diverses, — des rasoirs, de véritables ra-

soirs, indiquant un soin assez accusé de la personne, — des
poinçons, — des aiguilles à chas terminal ou éloigné de l'ex-

Fig. 184. Faucille en bronze trouvée par M. Desor à Chevroux.

trémité, — des engins de pêche, tels que hameçons simples et
doubles (fig. 185, 186), à pointe unie ou barbelée, — des harpons, — plusieurs petits vases, etc.

Fig. 185. Hameçon de bronze
des stations lacustres de la Suisse.

Fig. 186. Hameçon double
des stations lacustres de la Suisse.

Nous nous arrêterons un moment sur les objets de parure
contenus dans les stations lacustres de la Suisse de l'époque
du bronze.

Mentionnons d'abord les épingles à cheveux, qui ont été
recueillies par centaines dans les différents lacs. Ce qu'il y a

de curieux, c'est qu'on n'en peut trouver deux absolument
semblables de forme et de dimensions. Nous empruntons au

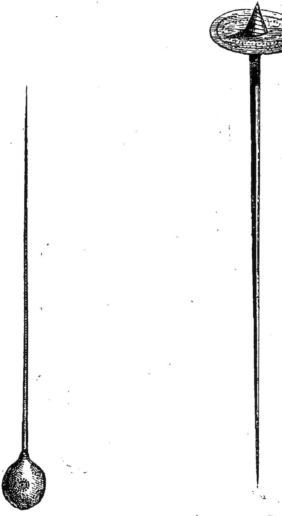

Fig. 187. Épingle à cheveux trouvée
par M. Desor
dans le lac de la Suisse.

Fig. 188. Épingle à cheveux trouvée
par M. Desor
dans le lac de la Suisse.

Mémoire de M. Desor les quatre figures suivantes représentant différentes formes d'épingles. Les unes sont à tête ronde
(fig. 187), les autres à tête plate (fig. 188) ou cylindrique
(fig. 189); quelques-unes se terminent par un enroulement
dans lequel est engagé un anneau mobile (fig. 190).

-: Les épingles à tête ronde sont tantôt massives et sans ornement, c'est-à-dire la copie exacte des épingles en os de l'âge de la pierre, tantôt, et même le plus souvent, percées

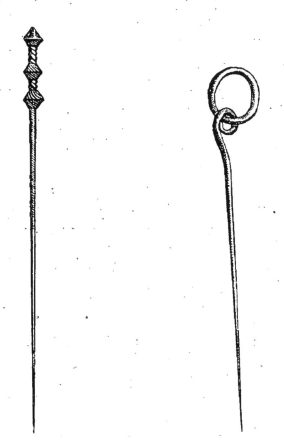

Fig. 189.
Épingle à cheveux.

Fig. 190.
Épingle à cheveux à tête enroulée.

d'un ou plusieurs trous ronds, et agrémentées de quelques ciselures.

Les épingles à tête plate diffèrent beaucoup les unes des autres par le diamètre du bouton, qui parfois est considérable. Il en est dont la tête n'est qu'un petit renflement, et il en est d'autres où l'on observe deux ou trois de ces renflements un peu espacés et séparés par une torsade. Leurs dimensions sont très-variables, et dans certains cas tellement exagérées qu'on n'a évidemment pas affaire à des épingles à

cheveux. La collection Schwab en contient une de 85 centimètres de long, et Troyon en a signalé de 50 et de 57 centimètres.

On pouvait admirer à l'Exposition universelle de 1867, dans
la collection envoyée par M. Desor, un certain nombre de ces
épingles, qui avaient été repolies par les soins du savant naturaliste suisse. Elles étaient fort élégantes, et les dames de
nos jours auraient fort bien pu se parer de cet ornement, qui
remonte à des milliers d'années.

Chez tous les peuples sauvages, le culte des cheveux, surtout pour les hommes, est poussé à un degré excessif. La
chevelure du soldat abyssin forme une espèce de haute fri-
sure, qui doit durer pendant sa vie entière. Il porte avec lui
une longue épingle, pourvue d'un épais bouton, à cause de
l'impossibilité où il se trouve d'atteindre le cuir chevelu avec
l'extrémité de ses doigts.

De même, les Néo-Zélandais ont un énorme chignon, haut
de deux pieds et orné de rubans.

Les Chinois et les Japonais ont également un culte excessif pour leur chevelure.

Il est donc probable que les habitants des cités lacustres,
hommes et femmes, avaient grand soin de leur chevelure.
On trouve dans les tombeaux de l'époque du bronze des
épingles de deux pieds et demi de long, avec de gros boutons,
semblables à celles des soldats abyssins de nos jours. Leurs
peignes, pareils à ceux des Néo-Zélandais, n'étant pourvus
que de six à huit dents, longues d'un demi-pied, devaient
leur servir plutôt à se racler la tête qu'à s'arranger les cheveux.

Les bracelets ont été retrouvés en assez grand nombre dans
les lacs de la Suisse. Ils sont très-variés dans leurs formes,
artistement travaillés et souvent enjolivés de dessins.

Les uns (fig. 191) se composent d'une seule tige plus ou
moins large, dont les extrémités rapprochées se terminent
par un bouton hémi-cylindrique; d'autres (fig. 192) sont un
assemblage de fils unis ou tordus, ingénieusement rattachés
les uns aux autres.

Il y a enfin des anneaux cylindriques et complétement fermés (fig. 193), qui se mettaient probablement autour des jambes.

Fig. 191. Bracelet de bronze, trouvé dans les lacs de la Suisse.

Parmi ces bijoux, quelques-uns se sont maintenus jusqu'à nos jours dans un parfait état de conservation. Dans une urne, retirée de la station de Cortaillod, on en a trouvé six dont

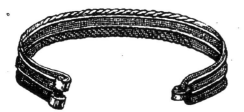

Fig. 192. Autre bracelet de bronze.

Fig. 193. Anneau.

les dessins étaient aussi nets que s'ils venaient d'être gravés.

Une chose à noter, parce qu'elle constitue un indice précieux relativement à la taille des populations suisses, à l'époque du bronze, c'est que beaucoup de ces bracelets sont tellement étroits, qu'ils ne pourraient plus être utilisés aujourd'hui. Ils s'adaptaient donc à des poignets très-minces, ce qui suppose tous les membres à l'avenant. Cette petitesse des bracelets coïncide fort bien d'ailleurs avec celle des poignées d'épée que l'on a trouvées dans les habitations lacustres de la Suisse.

Les boucles d'oreilles abondent dans les lacs. Ce sont des lames ou des fils, diversement façonnés, mais qui témoignent toujours d'un goût assez développé.

On peut ranger à la suite des bijoux et objets de parure un certain nombre de pièces d'un caractère particulier, qui

Fig. 194. Pendeloque en bronze
des habitations
lacustres de la Suisse.

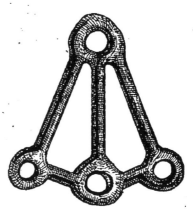

Fig. 195. Autre pendeloque en bronze
des habitations
lacustres de la Suisse.

devaient être des pendeloques ou des appendices aux colliers. Ces pièces sont en effet percées toutes, au sommet, d'un trou

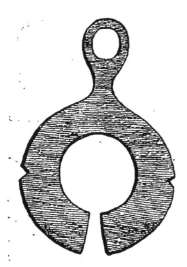

Fig. 196. Anneau de bronze
des habitations lacustres de la Suisse.

Fig. 197. Anneau
servant d'ornement.

circulaire, destiné sans doute à laisser passer un fil, par lequel on les suspendait au cou. Les unes (fig. 194) sont de petites plaques triangulaires, fréquemment ornées de dessins;

d'autres (fig. 195) sont à jour et comportent plusieurs branches, terminées chacune par une ouverture semblable à celle
du sommet. Quelques-unes enfin (fig. 196) affectent la forme
d'un anneau incomplétement fermé ou, si l'on veut, d'un
croissant à cornes larges et très-rapprochées. On peut rapporter à la même catégorie des anneaux (fig. 197) qui soutien-
nent des ornements mobiles en forme de spirale double.

Les quatre objets de bronze représentés plus haut sont figurés d'après les dessins donnés par M. Desor dans son Mémoire sur les palafittes.

Quelques bijoux en or ont été recueillis dans les stations
lacustres de l'époque du bronze; mais ces sortes de trouvailles sont fort rares. Ce sont des boucles d'oreilles. Elles
appartiennent à la collection du colonel Schwab.

CHAPITRE VI.

L'industrie et l'agriculture à l'époque du bronze. — L'invention du verre. — L'invention du tissage.

L'art du potier, qui était resté stationnaire dans l'âge de la pierre, prit un grand développement à l'époque du bronze. On lavait l'argile destinée à la confection des poteries, et l'on cuisait les pièces dans de véritables fours. On trouva à cette date l'art de recouvrir les poteries d'un vernis.

Les restes de poteries que l'on recueille dans les stations humaines de cette période sont aussi nombreux qu'intéressants; on a même retrouvé des vases tout entiers. La poterie accuse ici un progrès très-marqué sur l'âge précédent. Elle est encore façonnée à la main et sans l'aide du tour, mais les formes sont à la fois plus variées et plus élégantes. En outre, si la pâte des grands vases est grossière et mélangée de grains quartzeux, comme à l'âge de la pierre, celle des petits vases est beaucoup plus fine, et fréquemment recouverte d'un enduit de plombagine.

La plupart de ces vases sont caractérisés par leur base conique, forme que nous avons signalée dans quelques vases en bois de cerf de l'âge de la pierre. Il fallait donc, pour le maintenir debout, les enfoncer dans la terre, ou les placer sur des supports creusés pour les recevoir.

Ces supports ont été retrouvés. Ce sont des anneaux en terre cuite, appelés *torches*, ou *torchères*, par les archéologues.

Fig. 198. Vase en terre à fond conique, des habitations lacustres de la Suisse.

Les figures 198 et 199 représentent d'après le Mémoire de M. Desor un vase de bronze des habitations lacustres de la Suisse, et son support ou *torchère*.

Fig. 199. Vase de terre posé sur son support.

Fig. 200. Fragment d'un vase de terre muni d'une anse des habitations lacustres de la Suisse.

En général, les vases à base conique n'ont point d'anses; mais les autres sont pourvus d'une anse (fig. 200). Ils sont presque tous enjolivés de dessins, figurant soit de simples lignes parallèles au bord, soit des triangles, soit des chevrons, soit des rangées de points autour de l'anse ou du col. Les plus grossiers ne sont même point dépourvus d'ornements, et l'on y observe souvent, autour du col, un cordon, où les doigts du potier ont laissé leur trace.

Ces vases étaient destinés à contenir des boissons et des substances alimentaires. M. Desor a retiré de l'un d'eux des pommes, des cerises, des prunes sauvages et une grande quantité de noisettes. Quelques-uns de ces vases, percés de petits trous, servaient à la fabrication du fromage. On a aussi recueilli des plats, des écuelles, etc.

Les débris de poterie de l'âge de la pierre sont très-abondants dans les lacs de la Suisse, mais on y rencontre rarement des vases entiers. Il est cependant avéré qu'il en existait jadis des amas considérables, dont malheureusement on n'a connu l'importance que plus tard. Un vieux pêcheur du lac de Neuchâtel a raconté à M. Desor qu'étant enfant, il s'était quelquefois amusé à enfoncer *ces vieilles casseroles de terre* avec une longue perche, et que dans certaines parties du lac il y en avait de *véritables montagnes*. Aujourd'hui les vieilles casseroles sont brisées, et l'on n'en recueille que les restes.

Ces restes sont pourtant suffisants pour donner une idée à peu près exacte de la manière dont les Suisses primitifs façonnaient l'argile. Ils indiquent de grands vases cylindriques

Fig. 201. Vase en terre cuite
des stations lacustres de la Suisse.

Fig. 202. Vase en terre cuite
des stations lacustres de la Suisse.

(fig. 201 et 202), ou rebondis à fond plat, travaillés à la main, sans l'aide du tour à potier. La pâte en est grossière, de

couleur grise ou noire, et toujours mélangée de petits grains
quartzeux; la cuisson laisse beaucoup à désirer.

Quant à l'ornementation, elle est tout à fait ordinaire.
Elle consiste généralement en de simples sillons tracés
dans l'argile molle, soit avec le doigt, soit avec un bâton
pointu, soit avec une corde. Point de courbes ni d'a-
rabesques d'aucune sorte : les lignes sont presque toujours
droites.

Quelques vases sont pourtant mieux décorés. Il en est qui
portent des mamelons percés de trous, pour le passage d'un
fil de suspension; d'autres qui présentent sur tout leur pourtour, et immédiatement au-dessous du bord, une rangée de
boutons; d'autres enfin où ces boutons sont remplacés par
des dépressions. On en a rencontré plusieurs qui sont percés
de trous à différentes hauteurs : on a supposé qu'ils servaient à la préparation du lait caillé, les trous étant pratiqués pour laisser couler le petit-lait. Les vases de cette époque n'ont jamais d'anses : cet ornement n'apparaît qu'à l'âge
du bronze.

Les meules, ou pierres à écraser le grain, ne sont pas rares non plus dans les lacs de la Suisse.

C'est pendant la période qui nous occupe que l'on doit placer la découverte du verre. On trouve en effet dans les tombeaux de l'époque du bronze des perles en verre, de couleur
bleue ou verte. Quelle était leur origine? La chimie et la métallurgie se réunissent pour nous apprendre que, dès qu'il
existe des fonderies de bronze, le verre est connu. En effet,
qu'est-ce que le verre? Un silicate à base de soude et de po-
tasse, avec quelques parcelles de silicate de fer et de cuivre,
qui le colorent en bleu ou en vert. Comme ces silicates composent les scories des fonderies de bronze, il est indubitable
que le verre sortit des premières usines où se fabriquait cet
alliage. Il composait les scories ou résidus de l'usine.

Ainsi la tradition classique qui attribue l'invention du verre
à des marchands phéniciens qui auraient obtenu une masse
de verre en faisant chauffer sur le sable le *natron* apporté d'Égypte, c'est-à-dire la soude, assigne à l'invention du

verre une date trop récente. C'est à l'époque antéhistorique
du bronze qu'il faut reporter cette découverte.

Le travail de l'ambre jaune (succin) était poussé fort loin
chez les mêmes populations. Les ornements et objets en ambre jaune abondent dans les stations lacustres de la Suisse.

En résumé, si nous comparons l'industrie de l'époque du
bronze à celle de l'âge précédent, nous reconnaîtrons qu'elle
lui est bien supérieure.

C'est à l'époque du bronze que paraît avoir été inventé
l'art du tissage. On a des preuves certaines, irrécusables, que
les populations de cette époque savaient fabriquer des étoffes,
et c'est par là qu'éclate leur supériorité sur les peuples de
l'époque de la pierre polie. Tous les objets que nous avons
jusqu'ici passés en revue ne dépassent guère, en effet, ce
qu'on peut attendre de sauvages intelligents; mais l'art de
préparer et de tisser les matières textiles marque la première
conquête d'hommes civilisés.

Chacun peut voir et toucher, au Musée de Saint-Germain, des
morceaux de toile tressée et tissée, qui ont été recueillis dans
plusieurs stations lacustres de la Suisse, notamment à Robenhausen et à Wangen. Cette toile, que nous représentons
ici (fig. 203), d'après un échantillon du Musée de Saint-Ger-

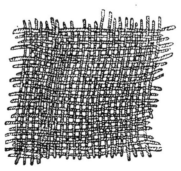

Fig. 203. Tissu de l'époque du bronze trouvé dans les habitations
lacustres de la Suisse.

main, est formée de mèches de lin grossièrement entrelacées,
mais elle n'en est pas moins fort remarquable pour l'époque. C'est à leur carbonisation et à leur enfouissement dans

la tourbe que ces débris de tissus antéhistoriques ont dû de se conserver parfaitement jusqu'à nos jours.

On a trouvé aussi des pelotons de fil et de ficelle, des bouts de cordes et de câbles en écorce, des filets à grandes ou moyennes mailles, que nous avons déjà représentés (page 166), faits avec ce fil et ces cordes, enfin des fragments de panier en paille ou en osier.

De nombreuses côtes d'animaux refendues et effilées à l'un des bouts ont été reconnues pour des dents de cardes ou des peignes pour le lin. Le peigne complet se composait de plusieurs de ces côtes réunies par un lien.

Enfin on trouve dans les lacs de la Suisse de grandes quantités de disques en terre cuite, percés d'un trou à leur centre, et tels que nous les représentons ici (fig. 204), d'après les nombreux échantillons qui existent au Musée de Saint-Germain.

Ces disques, pesants et percés d'un trou à leur centre, étaient destinés à supporter les fils de lin dans le métier à tisser. Le fil passait par le trou à disque, et était arrêté par un nœud à son extrémité. Nous ne croyons pas que cette interprétation puisse être révoquée en doute.

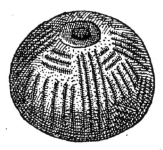

Fig. 204. Peson en terre cuite, pour les métiers à tisser, trouvé dans les habitations lacustres de la Suisse.

La coexistence, dans les stations lacustres de l'époque du bronze, des étoffes tissées, des fils et ficelles, des peignes à carder le lin, enfin de *pesons* de métier à tisser, prouve que l'on peut fixer à cette date l'invention du tissage. Le métier du tisserand remonte donc aux temps les plus reculés.

C'est d'après cette idée que nous [avons fait représenter

Fig. 205. Le premier tisserand.

dans la composition placée en regard de la page 320 *le tissage
à l'époque du bronze.*

Le métier à tisser est tellement simple, que les hommes de
l'époque du bronze ont dû le créer à peu près tel qu'il existe
aujourd'hui pour le tissage des étoffes composées d'un seul
fil et non *façonnées*, c'est-à-dire les toiles écrues, par exemple. Seulement, au lieu d'aiguilles de fer que l'on emploie
pour tendre les fils de la chaîne dans le métier à tisser moderne, on se servait, à l'époque du bronze, de *pesons* en terre
cuite. Là est la seule différence; mais, nous le répétons, le
métier du tisserand, dans son ensemble, ne devait pas être
bien différent de celui de nos jours. Ses œuvres en font foi.

Les armes et les outils en métal avaient été obtenus à
l'origine, par voie d'échange. Mais bientôt l'art de fabriquer
le bronze se répandit en Suisse, et des fonderies s'y établi-
rent. On ne peut conserver aucun doute à cet égard, puisqu'on
a découvert à Morges un moule à haches celtiques, et à Estavayer une barre d'étain.

A cette époque, les formes de poteries s'ennoblissent, l'ornementation devient la règle et non l'exception. Après l'indispensable vient le superflu. Le goût de la parure apparaît,
et se traduit en objets céramiques d'un style élégant. Les

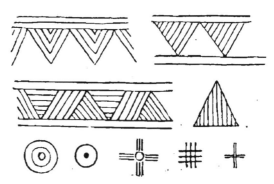

Fig. 206. Principaux dessins qui composent l'ornementation à l'époque du bronze.

poteries prennent des contours charmants et se parent de
dessins variés. Le progrès est évident, manifeste.

Une chose à noter, c'est la simplicité et la monotonie del'ornementation à cette époque. L'art est alors circonscrit à la représentation d'un certain nombre de lignes et de figures géométriques. Elles sont semblables à celles que nous retraçons figure 206, et s'appliquent à tous les objets : armes, vases, ustensiles, bijoux. Nulle part on n'a copié la nature ; cette idée ne semble pas avoir surgi dans le cerveau des hommes de l'époque du bronze. En cela, ils étaient inférieurs à leurs ancêtres, les hommes des cavernes du Périgord, contemporains du mammouth et du renne.

Les relations commerciales avaient, pendant la période où nous sommes parvenus, une tout autre activité qu'aux temps de l'âge de la pierre. Il fallait nécessairement se procurer l'étain, indispensable à la fabrication du bronze. Comme il n'existe pas en Suisse de minerais d'étain, les habitants de ce pays allaient sans doute le chercher en Saxe. Le trafic devait se faire par voie d'échange, comme cela se pratique chez tous les peuples enfants.

Le silex, qui n'existe pas non plus dans les terrains de la Suisse, se tirait nécessairement des contrées environnantes les plus favorisées sous ce rapport. Nulle n'était mieux partagée que la France : il y avait donc commerce entre les deux pays.

On a retrouvé à Concise, en Suisse, des morceaux de corail blanc, et à Meilen, sur les bords du lac de Zurich, des fragments d'ambre jaune : d'où la conclusion qu'à l'époque du bronze la Suisse trafiquait avec les bords de la Méditerranée et de la Baltique.

Parmi les autres objets de provenance étrangère, nous citerons le graphite, qui servait à vernir les poteries, des perles d'ambre et même quelques verroteries appliquées à la parure des femmes.

Passons à l'alimentation de l'homme à l'époque du bronze.

Des trouvailles faites dans différentes stations lacustres ont fourni des renseignements très-circonstanciés sur le mode d'alimentation des premiers habitants de la Suisse. Elles sont venues nous apprendre que ces hommes ne vivaient pas

seulement des produits de la pêche et de la chasse, mais
qu'ils possédaient des notions d'agriculture et se livraient à
l'élevage du bétail. Nous entrerons dans quelques détails sur
ce côté éminemment intéressant de leur histoire, en prenant
pour guides les professeurs Heer et Rütimeyer, qui ont fort
bien étudié, le premier les restes végétaux, et le second les
débris animaux des stations lacustres de la Suisse.

A Meilen, à Moosseedorf et à Wangen, on a recueilli des
céréales carbonisées, de l'orge et du froment. Ce dernier est
le plus abondant, et à Wangen notamment il y en avait plusieurs boisseaux, soit en épis, soit en grains battus et amon-
celés en grands tas. Ces grains ont à peu près la forme et la
grosseur de nos grains de blé actuels. On a retrouvé beaucoup d'épis de l'orge à six rangs (*Hordeum hexastichon*), qui
diffère de l'orge commune par des grains plus petits et disposés sur six rangs. D'après de Candolle, c'est cette espèce
que cultivaient les anciens Égyptiens, les Grecs et les Romains.

Les céréales se conservaient dans de grands vases en terre,
ainsi qu'on a pu s'en assurer par le contenu de quelques-
uns de ces vases, restés entiers.

Quelle préparation faisait-on subir aux grains pour les
rendre aptes à servir de nourriture? On a des données assez
précises à cet égard.

Le grain était écrasé à la main, soit entre deux disques de
pierre ou meules, soit dans un mortier, au moyen d'un pilon
arrondi. Dans presque toutes les bourgades lacustres, on a
ramassé de ces meules en grès ou en granit, dont quelques-
unes atteignent jusqu'à soixante centimètres de diamètre.
M. Heer pense que les grains étaient grillés avant le broie-
ment, puis déposés dans des vases légèrement mouillés. On
les mangeait en cet état.

Il paraît qu'à l'époque de la conquête des îles Canaries par
les Espagnols, les indigènes préparaient les céréales de cette
façon, et qu'aujourd'hui encore la plus grande partie de la
population des mêmes parages se nourrit avec des grains
torréfiés.

Toutefois les premiers habitants de la Suisse occidentale

confectionnaient également de véritables pains, où plutôt des
galettes de froment, car le levain n'était pas encore connu.
On a retrouvé des fragments carbonisés de ces pains, dont
le grain est mal broyé, ce qui permet de reconnaître quelle
espèce de céréales est entrée dans leur composition. Ces fragments sont plats et indiquent une forme circulaire pour le
gâteau tout entier. Sans doute le grain, broyé et humecté,
était réduit en une espèce de pâte qu'on faisait cuire entre
deux pierres chauffées, comme nous l'avons représenté déjà
(page 207) pour l'âge de la pierre.

Pour cultiver les céréales, il fallait nécessairement faire
subir au sol un travail préalable. Il fallait tout au moins l'a-
meublir, le diviser, et tracer un sillon dans lequel on déposait
la semence. Pour tout ce qui concerne ces opérations, nous
en sommes réduits aux conjectures, car aucun instrument
d'agriculture n'a été découvert dans les différentes stations
humaines de l'époque du bronze. Peut-être, comme le suggère M. Heer, se servait-on, pour faire l'office de la charrue,
d'un tronc d'arbre à branche recourbée.

Les fruits et les baies sauvages entraient pour une grande
part dans l'alimentation des premières populations lacustres,
et l'on a même reconnu, à des signes certains, que plusieurs
variétés d'arbres étaient l'objet de soins intelligents, en un
mot qu'on les cultivait dans des vergers et des jardins. La
station de Robenhausen, sur le lac de Pfæffikon, exploitée
par M. Messikommer, est celle qui a fourni les renseignements les plus précieux à cet égard. Celles de Wangen (lac
de Constance) et de Concise (lac de Neuchâtel) ont été également le théâtre de curieuses découvertes.

Dans ces divers cantonnements, on a recueilli un grand
nombre de pommes carbonisées, coupées en deux, et quelquefois en quatre morceaux, évidemment tenues en réserve
pour l'hiver. Ces pommes ne sont pas plus grosses que des
noix, et il existe encore aujourd'hui dans plusieurs forêts de
la Suisse une espèce de pomme qui paraît être celle qu'on a
retrouvée dans les habitations lacustres. La station de Wangen
seule a fourni des poires; elles étaient coupées et desséchées
comme les pommes.

Fig. 207. La culture des jardins à l'Époque du bronze.

On a encore trouvé dans la vase des lacs des noyaux de prunellier sauvage, de cerisier à grappes ou prunier Sainte-Lucie, des graines de mûres, de framboises, des coquilles de faînes, de noisettes et beaucoup d'exemplaires de la châtaigne d'eau, qui ne se rencontre plus maintenant qu'en deux points des Alpes suisses.

Nous ajouterons que M. Gilliéron a ramassé, dans la station de l'île Saint-Pierre, de l'avoine, des pois, des lentilles et des glands, ces derniers étant évidemment destinés à la nourriture des pourceaux. Cette trouvaille est importante, parce que l'avoine ne s'était encore montrée nulle part.

Nous compléterons cette nomenclature en énumérant les autres végétaux dont la présence a été constatée dans les lacs et dont les baies ou les graines ont pu servir d'aliment. Ce sont le fraisier, la ronce, le hêtre, l'if, le cormier rouge des haies, le lis d'eau, le nénufar, le jonc, le pin sylvestre et le pin des marais. Nulle trace de la vigne, du seigle ni du chanvre.

La planche 207, *la culture des jardins à l'époque du bronze*, a pour objet de résumer et de représenter matériellement les notions qui précèdent concernant les connaissances horticoles des hommes de l'époque du bronze. Un jardinier travaille la terre avec le pic en bois déjà figuré plus haut (fig. 172). D'autres cueillent des fruits d'arbres plantés et cultivés en vue des besoins de l'alimentation.

Les moutons et les bœufs, que l'on voit dans cette composition, sont l'indice de la domestication de ces animaux et de leur élevage comme bétail. Le chien, compagnon fidèle de l'homme, ne pouvait être oublié dans cette réunion d'animaux auxiliaires ou domestiques.

Les ossements d'animaux trouvés dans les habitations lacustres de la Suisse permettent de reconstruire assez exactement la faune de cette époque, et de reconnaître quelles espèces animales étaient alors soumises au joug de l'homme.

D'après le professeur Rütimeyer, l'ensemble des ossements

se rapporte à environ soixante-dix espèces animales, dont dix de poissons, trois de reptiles, vingt d'oiseaux, et le reste de mammifères.

Les restes les plus communs sont ceux du cerf et du bœuf, celui-ci domestique, l'autre sauvage. Vient ensuite le cochon, qui est encore assez abondant; puis le chevreuil, la chèvre, le mouton, beaucoup moins répandus. Le renard est à peu près aussi fréquent que ces derniers, et malgré son odeur fétide, il est certain qu'on le mangeait, comme le prouvent ses os fendus et entaillés par des couteaux. Il est probable pourtant qu'on ne se résignait à cette nourriture qu'en l'absence d'aliments plus convenables.

Comme ceux des cavernes, comme ceux des kjoekken-moeddings, les os longs que l'on a trouvés dans les lacs avaient été fendus, pour en extraire la moelle. Comme dans les amas coquilliers, également, les parties les plus tendres en sont toujours rongées, ce qui indique la présence du chien.

Un fait curieux, et qui montre combien certains préjugés sont difficiles à déraciner, c'est la répulsion qu'éprouvent encore plusieurs peuples pour la chair du lièvre. Cette répulsion remonte aux temps préhistoriques. Les bancs diluviens, les cavernes, les kjoekken-moeddings et les cantonnements lacustres n'ont présenté en effet presque aucune trace du lièvre. Or nous voyons aujourd'hui les Lapons et les Groenlandais bannir cet animal de leur alimentation.

Chez les Hottentots, les femmes le mangent, mais non les hommes. Les Juifs le regardent comme une nourriture impure, et il n'y a pas bien longtemps que les Bretons n'en voulaient pas entendre parler.

Cette antipathie de certains peuples modernes pour la chair du lièvre est, on le voit, un héritage des temps primitifs de l'humanité.

Les recherches de M. Rütimeyer l'ont amené à conclure qu'il existait en Suisse, à l'âge de la pierre, six espèces d'animaux domestiques : le bœuf, le cochon, la chèvre, le mouton, le chien et le cheval, ce dernier très-rare. L'espèce bo-

Fig. 208. Un repas à l'Époque du bronze.

vine aurait même formé trois variétés : aux deux espèces sauvages du genre du bœuf, savoir l'urus et l'aurochs, très-anciennement connues, venait s'ajouter le bœuf.

Les ossements de l'âge de la pierre indiquent une plus forte proportion de bêtes sauvages que de bêtes domestiques, et l'on devait naturellement s'y attendre. L'art de la domestication des animaux était encore dans l'enfance à cette époque ; mais il avait pris naissance, et il allait se développer rapidement dans l'âge suivant.

Pendant l'époque du bronze, en effet, l'agriculture et l'élève du bétail firent des progrès considérables. On utilise de nouvelles races de bestiaux. Le bœuf remplace l'aurochs ; le mouton est élève, ainsi que la chèvre. On consacre ces bestiaux à l'alimentation.

Arrêtons-nous ici un instant, et contemplons avec orgueil cette étonnante résurrection d'un passé enfoui dans les ténèbres des siècles.

Grâce aux investigations de la science, nous savons que les premiers habitants de la Suisse demeuraient dans des villages de bois, construits sur les lacs ; — qu'ils étaient à la fois chasseurs, pêcheurs, pasteurs et agriculteurs ; — qu'ils cultivaient le froment, l'orge, l'avoine ; — qu'ils avaient soumis à la domestication plusieurs animaux, et qu'ils consacraient aux besoins de l'agriculture le bœuf, le mouton, la chèvre ; — qu'ils possédaient les principaux rudiments de l'art du boulanger ; — qu'ils faisaient des provisions de pommes, de poires et autres fruits ou baies pour l'hiver, soit à leur usage, soit pour la consommation de leurs bestiaux ; — qu'ils connaissaient l'art du tissage et fabriquaient des étoffes de lin ; — qu'ils confectionnaient des cordes et des nattes d'écorce ; — qu'ils utilisaient enfin pour la confection de leurs outils et de leurs armes tout à la fois la pierre, le bronze, les os des animaux et le bois de cerf.

Il est également certain qu'ils entretenaient avec les pays voisins des relations commerciales ; ne fût-ce, comme nous l'avons déjà dit, que pour aller chercher les silex, qui manquent en Suisse, ainsi que l'ambre et le corail blanc, dont on

retrouve de nombreux débris dans les stations de Meilen et
de Concise.

S'il reste encore bien des pages obscures dans l'histoire
de l'humanité à l'époque du bronze, il faut convenir que
celle qui se rapporte au mode d'existence de l'homme de
cette période dans les régions helvétiques a été éclairée, dans
ces derniers temps, d'une vive lumière.

CHAPITRE VII.

L'art de la guerre à l'époque du bronze. — Épées, lances et poignards. — L'époque du bronze dans la Scandinavie, dans les îles Britanniques, en France, en Suisse et en Italie. — Existait-il quelque croyance religieuse ou superstitieuse chez l'homme de l'époque du bronze?

Les lacs de la Suisse nous ont fourni les éléments pour connaître l'état de l'industrie humaine à l'époque du bronze, pour apprécier les coutumes et usages des peuples de ces temps reculés. Si nous voulons maintenant nous renseigner sur ce qui concerne l'art de la guerre à la même date, nous nous adresserons au nord de l'Europe, c'est-à-dire aux populations scandinaves.

Toutefois, avant d'en arriver aux importants vestiges antéhistoriques trouvés dans le Danemark, nous dirons encore un mot des traces de l'art de la guerre qu'ont pu fournir les recherches exécutées au fond des lacs de la Suisse.

L'armement guerrier à l'époque du bronze se compose, comme à celle de la pierre, de pointes de lance et de flèches, de poignards et, en outre, d'épées. Les épées sont rares dans les lacs de la Suisse. Le petit nombre qu'on en a trouvé sont courtes, droites, à deux tranchants et sans garde. Le Musée de Neuchâtel en possède une (fig. 209) qui fut découverte il y a une quarantaine d'années, à Concise, alors qu'on ne soupçonnait nullement l'existence [des habitations lacustres; M. Desor l'a dessinée dans son Mémoire sur les palafittes. Elle mesure 39 centimètres, et porte quatre rainures,

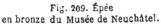

Fig. 209. Épée en bronze du Musée de Neuchâtel.

Fig. 210. Poignard en bronze tiré des lacs de la Suisse.

qui se rejoignent deux à deux sur la crête médiane de la lame. La poignée, qui se termine en double volute, est d'une exiguïté remarquable : elle n'a que 7 centimètres de longueur.

Les poignards (fig. 210) n'abondent guère plus que les épées dans les lacs helvétiques. D'après un exemplaire trouvé dans le lac de Bienne, on voit que la lame se fixait à la poignée au moyen de rivets rangés sur une seule ligne. Le même

spécimen est, comme l'épée de Concise, orné de rainures disposées symétriquement à droite et à gauche de la ligne saillante qui partage la lame en deux portions égales.

Il existe dans la collection du colonel Schwab deux poignards hors ligne, à garde enrichie d'argent.

Les pointes de lance (fig. 211) ne le cèdent ni aux épées ni
aux poignards, pour l'habileté et le fini de l'exécution. Elles
forment_à peu près une lame ovale, fortement consolidée au

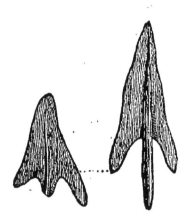

Fig. 211. Pointe de lance en
bronze, tirée des lacs de la Suisse.

Fig. 212. Pointe de flèche en bronze
des stations lacustres de la Suisse.

milieu par une nervure arrondie, qui se prolonge en une
douille apte à loger un épais manche de bois. Les dimensions
des poignards varient de 10 à 17 centimètres.

Les pointes de flèches (fig. 212) sont identiques, sauf la matière, à celles de l'âge précédent. Elles sont triangulaires, à
barbes plus ou moins aiguës, et munies d'une tige par laquelle
on les attachait à la hampe. On en a cependant trouvé quelques-
unes à douille. Leur longueur ne dépasse pas 3 ou 4 centimètres.

Nous allons passer maintenant à l'étude des débris recueillis dans les tombeaux de la Scandinavie, de la Grande-Bretagne, de l'Irlande et de la France, qui peuvent nous éclairer
sur les armes et instruments de guerre propres à l'époque
du bronze.

Les États scandinaves (Danemark, Suède et Norvége) sont très-riches en instruments de l'époque du bronze. Le travail des épées et autres armes de guerre est plus soigné que partout ailleurs, à cause de l'importation tardive du métal dans ces contrées. Ces armes sont presque toujours ornées de dessins assez compliqués, parmi lesquels dominent les courbes et les enroulements en spirale.

Les épées danoises de l'époque du bronze (fig. 213, 214) ont une forme toute particulière. La poignée est solidement

Fig. 213. Épée scandinave. Fig. 214. Poignée d'épée scandinave.

fixée à la lame, par deux ou un plus grand nombre de rivets. Les dagues et les poignards ne se distinguent des véritables épées que par leurs moindres dimensions.

Quant aux haches, il en est qui semblent copiées sur les modèles de l'âge de la pierre : ce sont les plus anciennes probablement; l'ornementation en est très-sobre. D'autres sont à ailerons, à douille, et l'on en a même trouvé quelques-unes percées d'un trou transversal, comme celles dont se servent depuis longtemps les peuples civilisés. Dans cet œil l'on insérait un manche en bois que l'on fixait par un lien ou même simplement en le faisant entrer à frottement dur. Les rares spécimens de ce type sont très-purs de forme et splendidement décorés.

Les figures 215 et 216, dessinées d'après l'ouvrage de M. Lubbock, reproduisent le mode probable d'emmanchement des différentes espèces de haches du Nord.

Les couteaux en bronze de la Scandinavie sont, comme ceux

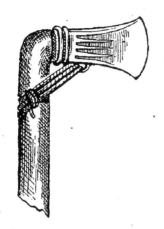

Fig. 215. Mode d'emmanchement
de hache scandinave.

Fig. 216. Mode d'emmanchement
de hache scandinave.

de la Suisse, à lame plus ou moins sinueuse ; mais le manche

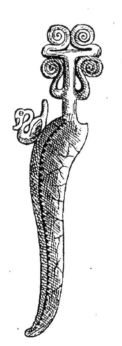

Fig. 217. Couteau de bronze
danois
de l'époque du bronze.

Fig. 218. Couteau de bronze
danois.
de l'époque du bronze.

Fig. 219. Lame de
rasoir danois
de l'époque du bronze.

est beaucoup plus orné. Deux de ces couteaux ont fourni les

seuls exemples connus de représentation d'êtres animés pendant l'époque du bronze. On voit sur l'un de ces couteaux que représente, d'après l'ouvrage de M. Lubbock, la figure 217, un cygne grossièrement sculpté à la naissance de la lame.

Dans un autre couteau, que représente, d'après le même ouvrage, la figure 218, le manche est formé par une figure humaine assez fidèlement exécutée. Le personnage est debout et tient devant lui [un vase de forme à peu près cylindrique; il porte des anneaux aux oreilles. Il y a tout lieu de croire que ce dernier objet appartient à la fin de l'époque du bronze, si ce n'est à une époque de transition entre cette époque et la suivante, car la lame est droite comme dans tous les couteaux de l'époque du fer.

On peut sans doute en dire autant de quelques rasoirs (fig. 219) à lame rectiligne, qui sont surchargés d'ornements, dont plusieurs semblent avoir la prétention de représenter un vaisseau.

Ces dessins indiquent évidemment une période très-avancée de l'époque du bronze. Peut-être même ces objets appartiennent-ils au commencement de l'époque du fer.

Quel était le vêtement de l'homme pendant la période que nous décrivons?

Une découverte fort importante, faite en 1861 dans un tumulus du Jutland (Danemark), est venue nous donner les renseignements les plus précis sur la façon dont s'habillaient les habitants des régions du nord de l'Europe pendant l'époque du bronze. Dans ce tumulus, MM. Worsaœ et Herbst ont trouvé trois cercueils de bois, dont l'un, plus [petit que les deux autres, était sans nul doute celui d'un enfant. L'un des deux grands cercueils, minutieusement examiné par [les savants explorateurs, mesurait à [l'intérieur 2^m,25 de long sur 0^m,50 de large. Il était fermé par un couvercle mobile. Par un hasard extrêmement rare, les parties molles du corps avaient persisté, et s'étaient changées[en une substance noire et graisseuse. Les os s'étaient désagrégés et transformés en une poudre bleue. Le cerveau avait conservé sa conformation normale. On le trouva à l'une des extrémités du cercueil (celle où avait reposé la tête), encore couvert d'un bonnet de laine, haut de 15 centimètres environ, auquel restaient encore adhérents quelques cheveux noirs.

Différents vêtements de laine, dans lesquels le corps avait été enseveli, furent également recueillis en plusieurs endroits du cercueil. Donnons la description de ces vêtements.

C'était d'abord un grossier manteau (fig. 220) d'apparence

Fig. 220. Manteau de laine de l'époque du bronze, trouvé en 1861 dans un tombeau du Danemark.

pelucheuse à l'intérieur, et échancré autour du cou. Ce manteau, long de 1m,10 à peu près, était large à proportion. Puis

Fig. 221. Châle de laine trouvé dans le même tombeau.

deux châles de forme presque carrée (fig. 221) et ornés d'une longue frange, mesurant 1m,50 de long sur 1m,15 de large.

Venait ensuite une chemise (fig. 222), échancrée aussi autour du cou, et qui se serrait à la ceinture au moyen d'une bande longue et étroite. Enfin, aux pieds du corps se trouvaient deux

Fig. 222. Chemise de laine du même tombeau.

morceaux d'étoffe de laine, longs de 36 centimètres sur 9 de large, et qui semblent être des restes de guêtres. Il y avait là aussi des vestiges de cuir provenant évidemment des chaussures.

Le corps tout entier avait été enveloppé dans une peau de bœuf.

Le cercueil renfermait, en outre, une boîte liée avec des

Fig. 223. Premier bonnet de laine
trouvé dans le même tombeau.

Fig. 224. Deuxième bonnet de laine
trouvé dans le même tombeau.

bribes d'osier ou d'écorce, et cette boîte en contenait elle-même une plus petite, d'où l'on retira deux bonnets de laine

Fig. 225. Guerriers à l'époque du bronze.

tissée (fig. 223, 224), un peigne (fig. 226) et un rasoir en bronze.

Il ne faut pas oublier une épée en bronze, placée au côté gauche du corps dans un fourreau en bois, et qui mesurait 65 centimètres de long environ.

Nul doute que tous ces restes ne soient ceux d'un guerrier

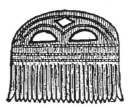

Fig. 226. Peigne de bronze trouvé dans le même tombeau.

de l'époque du bronze, d'autant plus que les objets recueillis dans les deux autres cercueils appartiennent certainement à cette période. Ce sont une épée, un couteau, un poinçon, une broche, une pince, un bouton double et un petit bracelet de bronze; puis un bouton double en étain, une boule d'ambre jaune et une pointe de lance en silex.

La forme des épées et des couteaux indique qu'il faut rapporter cette sépulture du Jutland aux derniers temps de l'époque du bronze, alors que peut-être on commençait à employer le fer.

C'est d'après ces documents et d'après l'ensemble des trouvailles faites dans d'autres tombeaux que nous avons fait représenter dans la composition 225 deux *guerriers à l'époque du bronze*.

L'armement de ce cavalier des temps préhistoriques se compose de l'épée de bronze telle qu'on la trouve dans les tombeaux du Danemark, de la hache et du ceinturon de bronze. Le cheval est paré de ces rondelles de bronze qui, plus tard, furent chez les Romains le principal ornement du fidèle et fier auxiliaire de l'homme dans ses combats. Le cavalier a la tête nue, car aucun casque, aucun couvre-chef métallique n'a été découvert, du moins à notre connaissance, dans les tombeaux de l'époque du bronze. La lance et la hache de bronze sont les armes du guerrier à pied.

Après les pays scandinaves, la Grande-Bretagne et l'Irlande tiennent une place importante dans l'histoire de la civilisation à l'époque du bronze. On retrouve là les mêmes types d'instruments qu'en Danemark et en Suisse.

On y retrouve aussi des moules à hachés (fig. 227) qui

Fig. 227. Moule à hache de bronze trouvé en Irlande.

prouvent que l'art du fondeur y était connu et pratiqué. Le Musée de Dublin renferme une fort belle collection de différentes pièces appartenant à l'époque du bronze.

Un certain nombre de départements français ont également fourni des objets de cette même période. Nous n'y voyons rien de particulier à signaler.

Existait-il un culte religieux chez l'homme à l'époque du bronze? Rien ne serait plus intéressant qu'une découverte de ce genre, mais on n'a jusqu'à présent retrouvé aucun vestige d'idole, ni quoi que ce soit, autorisant à conclure hardiment dans le sens affirmatif. Ce qui pourrait seulement faire admettre l'existence du sentiment religieux, c'est la présence, dans diverses stations lacustres, d'une certaine quantité d'objets en forme de croissant, la plupart en terre cuite fort grossière, quelques-uns en pierre.

Les dimensions de ces croissants sont très-variables : il en est qui mesurent jusqu'à 40 centimètres d'une corne à l'autre. Ils sont ornés de dessins tout à fait primitifs, comme le montre la figure 228, dessinée au Musée de Saint-Germain, sur un des nombreux spécimens de ce genre d'objets.

Plusieurs archéologues voient dans ces croissants des emblèmes religieux ou des talismans qui se suspendaient soit à l'intérieur, soit à l'extérieur des habitations. Le docteur Keller croit qu'ils se rapportent au culte de la lune, ce qui

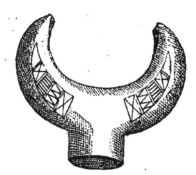

Fig. 228. Croissant en pierre trouvé dans les lacs de la Suisse.

n'aurait rien d'impossible, car tous les peuples qui n'ont pas atteint un certain degré de culture morale et intellectuelle adorent les astres, sources de lumière et de chaleur.

M. Carl Vogt n'admet pas que ces croissants, que l'on trouve en si grande abondance dans les stations lacustres de la Suisse, indiquent l'existence d'un culte religieux chez les anciens peuples. Il donne à ces objets un emploi fort différent, et, l'on va en juger, assez bizarre.

Dans les conférences sur l'*homme préhistorique* que M. Vogt a données à Anvers, en 1868, et qui ont été recueillies par les journaux belges[1], M. Vogt s'est exprimé comme il suit, à propos des croissants de l'époque du bronze.

« Mon opinion est que ces croissants servaient de reposoir pour la nuit. Nous voyons parmi les peuplades sauvages le culte des cheveux poussé à un degré excessif, surtout parmi les hommes; ce n'est que plus tard que la femme s'est, de son côté, livrée au culte de la cheve-

1. *Indépendance belge*, novembre et décembre 1868.

lure. Or, ce culte est poussé chez beaucoup de peuples à un degré vraiment curieux. On s'inflige les plus grandes tortures pour y satisfaire. Vous avez tous vu dans le *Magasin pittoresque* ou d'autres journaux illustrés les chevelures étranges des soldats abyssiniens. C'est une espèce de toison, et vous aurez remarqué que chaque soldat abyssinien porte dans sa chevelure une grande épingle.

« Eh bien, tout cela va nous expliquer l'usage du croissant. Dès qu'une jeune fille, en Abyssinie, s'est mariée, elle doit s'occuper de la chevelure de son mari. Cette chevelure reçoit une forme qu'elle doit garder pendant la vie entière. Le travail que cela nécessite dure trois ans. Chaque cheveu est enroulé autour d'une tige de paille et reste ainsi jusqu'à ce que la paille soit détruite. L'époux a alors la tête couverte de spirales dont l'extrémité est à un pied de la surface de la tête. Pendant tout le reste de sa vie, cette coiffure ne peut plus être dérangée. L'Abyssinien appuie, pendant son sommeil, la nuque sur un triangle qu'il porte partout avec lui. Il a aussi une longue épingle, parce qu'il lui serait impossible de parvenir jusqu'au cuir chevelu avec l'extrémité de son doigt.

« La même chose existe chez les Nouveaux-Zélandais, qui ont également un appareil sur lequel ils appuient leur chevelure en dormant. Ceux-ci portent un énorme chignon de deux pieds, orné de rubans, qui fait tout leur orgueil. Si ce chignon diffère de certains autres dont je ne veux pas parler, c'est en ce qu'il ne peut pas s'enlever à volonté. Cet objet, ainsi orné, repose pendant le sommeil sur une espèce de chaise.

« Les Chinois et les Japonais dorment de la même manière, sur un bois taillé en biseau, et dans les dessins hiéroglyphiques de l'Égypte, nous trouvons des instruments évidemment destinés au même usage.

« Il est fort probable qu'à l'époque du bronze il existait un culte de la chevelure, d'autant plus que dans chaque tombeau de cette époque nous trouvons des épingles de deux à deux pieds et demi pourvues de gros boutons, de même forme que les épingles des soldats abyssiniens; et qu'à l'époque de la pierre, comme à l'époque du bronze, on trouve le même peigne dont se servent aujourd'hui les Nouveaux-Zélandais, plutôt pour se racler la tête que pour se peigner. Les têtes d'épingles sont souvent excessivement ornementées; elles ont les formes les plus diverses, et sont extrêmement communes autant dans les tombeaux que dans les constructions lacustres.

« On ne doit guère s'étonner que nos ancêtres aient dormi sur une machine pareille à celle que nous venons de décrire, d'autant moins que nous savons que les hussards du grand Frédéric passaient la nuit à soigner leurs coiffures. »

Ainsi, tandis que M. Keller et beaucoup d'autres archéologues attribuent les *croissants* des lacs de la Suisse à quelque culte divin, M. Vogt, plus prosaïque, ne les rapporte à d'autre

culte qu'à celui des cheveux! Le lecteur choisira entre ces
deux explications. Nous ferons seulement remarquer à l'appui de l'opinion du docteur Keller que certains peuples gaulois avaient pour symbole religieux ce même croissant dont
M. Vogt veut faire un oreiller — oreiller de pierre, comme
on le voit, et qui nous semble bien dur, même pour l'homme
primitif.

Différents signes trouvés dans les stations humaines de
l'époque du bronze paraissent avoir été des symboles religieux. Tels sont les dessins que l'on rencontre si souvent
sur des épées, des vases, etc. Ces dessins ne reproduisent jamais des objets de la nature; on croirait voir des signes caba-
listiques ou des talismans. La plupart se rapportent au cercle;
tantôt ce sont des cercles simples, tantôt des combinaisons
de cercles. Beaucoup d'auteurs croient pouvoir les rapporter
au culte du soleil.

Un autre signe est encore plus souvent employé, et il était
d'ailleurs déjà connu à l'âge de la pierre; nous voulons
parler de la croix. La croix est un des plus anciens symboles
qui aient existé. M. G. de Mortillet, dans un mémoire intitulé
La croix avant le christianisme, a voulu établir que la croix a
toujours été le symbole d'une secte qui combattait le féti-
chisme. Il est certain, au moins, qu'elle est un des signes
symboliques les plus anciens, car on la trouve sur les objets
de l'âge de la pierre, et sur les premiers objets de l'époque
du bronze. Au temps des Étrusques ce signe se voyait partout. Plus tard le christianisme s'attribua exclusivement ce
symbole religieux.

Une troisième figure symbolique se voit quelquefois sur
divers objets de l'époque du bronze : c'est le triangle.

Il est bien probable, en résumé, que tous ces signes, qui
ne se rapportent à aucun objet connu, se rattachaient à certaines croyances religieuses ou superstitieuses des peuplades
de l'époque du bronze, et que, par conséquent, leurs cœurs
étaient animés d'un sentiment religieux.

CHAPITRE VIII.

Mode d'ensevelissement et sépultures à l'époque du bronze. — Caractère
de la race humaine pendant cette période.

Quel était le mode d'ensevelissement, quelles étaient les
sépultures à l'époque du bronze?

Dans les premiers temps de cette période, on continua
d'enterrer les morts dans ces mêmes chambres sépulcrales
auxquelles on donne aujourd'hui le nom de *dolmens*, et sur
lesquelles MM. Nilsson et Lubbock ont fait des distinctions
passablement confuses et arbitraires; mais vers la fin de
cette même période il est positif que l'on commença à brûler les morts.

Nous trouvons dans un ouvrage publié en 1869, *le Danemark à l'Exposition universelle*, sorte de catalogue des objets
qui figuraient dans les galeries de l'*histoire du travail* à l'Exposition du Champ de Mars en 1867, quelques pages que nous
rapporterons, parce qu'elles nous paraissent assez bien résumer les notions qui sont aujourd'hui admises dans la science,
concernant les sépultures et les usages funéraires à l'époque
du bronze.

« Les études qui ont été faites pendant ces dernières années, par

23

M. Worsaœ, sur les monuments de l'âge du bronze, ont porté beaucoup de lumière, dit M. Valdemar Schmidt, sur les commencements de la période du bronze en Danemark. Il paraît qu'à l'origine du bronze on a enterré les morts d'une manière analogue à celle de l'âge de la pierre, c'est-à-dire que l'on déposait les corps des défunts dans des chambres sépulcrales faites en pierre et couvertes par des tumulus ; seulement ces chambres sont assez exiguës et ne renferment ordinairement qu'un seul squelette. En revanche, quelquefois plusieurs de ces petites chambres sépulcrales, ou plutôt de ces cercueils en pierre, se rencontrent dans le même tumulus.

« Ces chambres offrent du reste, à certains égards, de grandes analogies avec celles de l'âge de la pierre ; ainsi, assez souvent on trouve répandue sur le sol une couche de silex qui a passé par le feu, et sur ce fond se rencontrent des squelettes qui paraissent avoir été accroupis avant d'être ensevelis, exactement comme cela se pratiquait dans l'âge de la pierre.

« Après cette classe de tombeaux, il en vient une autre où la chambre sépulcrale, quoique toujours en pierre, n'est pas couverte d'une pierre, mais d'un *plancher en bois*. D'autre part, on a trouvé des squelettes avec des armes en bronze déposées dans une espèce d'*encadrement en bois*, qui a très-souvent disparu, sauf quelques minimes fragments. Ces caisses ont été souvent couvertes de petites pierres qui semblent aujourd'hui reposer directement sur le squelette.

« Enfin dans toutes les provinces danoises se rencontrent de grands cercueils en bois de chêne, formés de troncs creusés ; ils contiennent également des corps humains qui paraissent avoir été ensevelis dans des vêtements de laine.

« Quant aux rites funéraires, ces tombeaux ne sont pas bien différents l'un de l'autre. Les corps y ont été déposés avec leurs instruments, leurs armes et leurs ustensiles, soit en bronze, soit en pierre ; seulement en plus, au fond de la tombe, on étendait des peaux d'animaux, ordinairement des peaux de bœufs.

« Puis survint une nouvelle période où l'on brûla les corps et où on en recueillit les restes. Toutefois, on ne renonça pas d'abord à toutes les anciennes coutumes. Ainsi, comme on avait autrefois enseveli les morts dans des vêtements de laine, on enveloppait maintenant les débris des ossements dans des pans de manteaux de même étoffe. Plus tard cependant cet usage devait à son tour disparaître, et l'on recueillit tout simplement les cendres et les débris des ossements dans des urnes. Cette coutume se conserva jusqu'à l'âge du bronze, et en caractérise pour ainsi dire la seconde et dernière période, qui fut du reste la plus longue.

« Il y a donc, en résumé, dans l'âge du bronze, deux époques bien distinctes : celle *où l'on enterra les morts tout simplement*, soit dans des petites chambres sépulcrales, soit dans des cercueils de bois, et ensuite celle *où l'on incinéra les corps des défunts.*

« Une des trouvailles les plus remarquables, concernant la première période du bronze, fut faite en 1861, dans les deux tertres désignés sous les noms de Treenhœi et Kengehœi, et qui se trouvent près du Kongeaa, en Jutland. Dans chacun des tumulus avaient été enterrés deux personnages ayant l'un et l'autre un double cercueil fabriqué avec de magnifiques troncs de chêne. Les squelettes étaient presque entièrement détruits par l'humidité, qui avait au contraire conservé les vêtements. Il paraît que ces personnages s'habillaient presque à l'écossaise, du moins ils doivent avoir porté une espèce de jupon en laine et des bandes en guise de pantalon, à peu près comme en portent les guerriers sur les miniatures carlovingiennes, et en outre un manteau, un bonnet, et peut-être aussi un châle. Avec ces vêtements furent trouvées des épées en bronze dans des fourreaux de bois, des couteaux en bronze, un peigne, des caisses, des gobelets et de petites caisses en bois, une boule d'étain, et enfin dans un des cercueils une petite pointe de flèche en silex. On voit un fragment du manteau au palais du Champ de Mars (n° 596).

« Une trouvaille faite à peu de kilomètres de ce tumulus, à Hœimp, dans le Slesvig du nord, fournit également des squelettes dans des cercueils de chêne, avec des instruments en bronze.

« Le Seeland n'a pas offert des découvertes moins intéressantes. Ainsi, en 1845, on rencontra dans un tumulus, à Hoidegaard, près de Copenhague, une tombe de la première période du bronze; elle fut fouillée en présence des principaux archéologues danois. Elle était disposée à une distance de plus de trois mètres au-dessous de la cime du tumulus. Construite en pierres, elle avait une longueur de plus de deux mètres; la largeur était du côté de l'est de soixante centimètres et du côté de l'ouest de quarante-huit centimètres. Le fond était tapissé d'une couche de petites pierres en silex, sur laquelle on trouva d'abord une peau, sans doute une peau de bœuf, et par-dessus, outre un morceau de tissu qui contenait des débris d'ossements humains, une épée en bronze avec le fourreau en bois, couvert de cuir et en état parfait de conservation, et enfin un étui renfermant les objets suivants : 1° un fragment d'une perle en ambre ; 2° un morceau de pierre rougeâtre; 3° une petite coquille, qui ne peut être autre que le *conus Mediterraneus* (Hvàss) ; elle est percée pour être portée comme pendant au cou; 4° un fragment d'une pointe de silex, sans doute une amulette ; 5° la queue d'un serpent (*coluber lævis*) ; 6° un petit cube de bois de sapin ou de pin, et 7° un couteau en bronze avec tranchant convexe et manche orné.

« Les ossements appartenaient, d'après les recherches des savants, à un homme qui, à en juger d'après les objets placés à côté de lui dans sa tombe, devait être un personnage distingué, guerrier et sorcier en même temps. Le cube de pin fait présumer que cet arbre n'avait pas encore disparu complétement, d'où il résulte que l'époque où vivait ce sorcier est bien reculée. Cependant il se pourrait aussi que ce morceau de pin ainsi que la coquille aient été importés de l'étranger. L'existence du *conus Mediterraneus* semble établir que le Danemark avait déjà quelques relations avec la Méditerranée.

« *La seconde période du bronze* est caractérisée par l'incinération des morts, qui avait lieu parfois de la manière suivante : le corps du défunt était assez souvent placé avec ses armes et ses parures sur le bûcher construit exactement sur la place destinée à être le centre du tumulus ; on allumait ensuite le feu et l'on recueillait à la fois les débris des ossements dans une urne. Le reste était laissé sur place, entouré de pierres et couvert de terre jusqu'à l'achèvement du tumulus. L'urne qui contenait les cendres était alors placée dans un autre endroit du tumulus. Ce procédé n'était pas le seul employé; les armes et autres objets de parure n'étaient pas toujours placés sur le bûcher, mais apportés plus tard et placés autour de l'urne.

« Le nombre des tombes datant de l'âge du bronze découvertes en Danemark est extrêmement considérable. Il existe des milliers de tumulus, et plusieurs contiennent beaucoup d'urnes funéraires. Une grande partie de ces tumulus ont été fouillés à diverses reprises et ont fourni une foule d'objets divers en bronze. Le Musée de Copenhague ne possède pas moins de six cents épées remontant à l'âge du bronze [1]. »

Du reste, on avait fait à Lubeck (Poméranie), il y a une vingtaine d'années, une découverte bien curieuse, en ce qu'elle mettait pour ainsi dire sous les yeux, dans un même monument, les trois modes de sépulture propres aux époques antéhistoriques de la pierre, du bronze et du fer.

A Waldhausen, près de Lubeck, on trouva un tumulus, haut de 4m,20 et large d'un demi-mètre. On rasa, par couches horizontales, ces tumulus, et voici ce qu'on mit à jour successivement :

Au sommet était une sépulture très-ancienne, appartenant évidemment à l'époque du fer, car le squelette qu'elle contenait était accompagné d'un objet de fer rouillé et de quelques poteries. Il était enfoui dans la terre libre.

Au-dessous et à moitié de la hauteur du tumulus, se présentèrent de petits encaissements, en murs secs, contenant chacun une urne cinéraire, remplie d'ossements calcinés, aux-

---

1. *Le Danemark à l'Exposition universelle de* 1867, par Valdemar Schmidt, 1 vol. in-8. Paris, 1868, chez Reinwald, pages 60-64.

.quels étaient joints des colliers, des épingles à cheveux et un .couteau en bronze.

Enfin, à la base du tumulus, on trouva une tombe de l'âge de la pierre. Elle était formée de gros blocs bruts, et renfer‐mait, outre les ossements, de la poterie grossière, avec des haches en silex.

Il est évident que les premiers habitants du pays avaient commencé par construire, sur le sol naturel, un tombeau, selon les usages du temps, et qu'ils l'avaient recouvert de terre. Pendant l'époque du bronze, on pratiqua sur cette base une autre sépulture, et un nouvel amoncellement de terre doubla la hauteur du monticule. Enfin, à l'époque du fer, on avait enseveli un mort en creusant sa fosse au sommet du même monticule. Ici donc se dessinent nettement les trois modes différentes d'ensevelissement aux trois périodes anté‐historiques.

En résumé, pendant l'époque du bronze, on ensevelissait les morts dans des chambres sépulcrales, et quelquefois, par exception, on les brûlait. La coutume des repas funéraires était toujours en vigueur. L'usage pieux de placer à côté des corps les instruments ou les armes que l'homme avait af‐fectionnés pendant sa vie, était toujours conservé, et c'est d'ailleurs grâce à cette circonstance que la science archéolo‐gique peut aujourd'hui recueillir de nombreux vestiges des anciennes coutumes de ces temps reculés.

Seulement nous ferons remarquer qu'à partir de cette épo‐que on place souvent dans les tombes, des haches et des instruments de plus petites dimensions que ceux qui servent aux usages habituels. Ce sont des haches mignonnes, des ha‐ches *votives*. On dirait que les héritiers, par un sentiment d'économie, se contentent de placer dans les tombes des diminutifs d'offrandes. Déjà la race humaine dégénère, puis‐qu'elle rapetisse ses hommages et ses offrandes aux morts!

Pour terminer ce qui concerne l'époque du bronze, nous nous demanderons quel était le type humain à cette époque, et s'il différait de celui de l'âge précédent? Malheureusement les lumières positives font défaut pour élucider cette quetion, vu la grande rareté des ossements humains dans les cantonnements lacustres de la Suisse, ainsi que dans les tombeaux de cette époque que l'on a pu fouiller en divers pays de l'Europe. L'ensemble des stations lacustres de la Suisse n'a

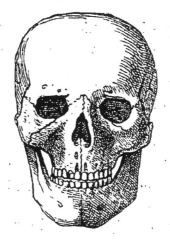

Fig. 229. Crâne de Meilen, vu de face.

encore fourni que sept squelettes, dont un trouvé à Meilen, deux à Nivau, un à Sulz, un dans la station de Bienne et

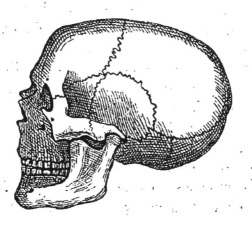

Fig. 230. Crâne de Meilen, vu de profil.

deux à Auvernier. Le premier, c'est-à-dire celui qui a été trouvé à Meilen, près du lac de Zurich, se rapporte seul à l'âge de la pierre; les six autres sont de l'époque du bronze.

Le squelette de Meilen est celui d'un enfant : le crâne, assez bien conservé quoique incomplet, tient le milieu entre les têtes longues et les têtes courtes, d'après les observations de MM. His et Rütimeyer.

Les figures 229 et 230 représentent ce crâne, d'après le Mémoire de M. Desor sur les Palafittes. Précisément parce qu'il provient d'un enfant, il n'est guère possible de le faire servir à la constatation des traits caractéristiques de la race, qui ne sont pas suffisamment accusés à cet âge. Ce crâne est de forme très-allongée, c'est-à-dire qu'il appartient au type *dolichocéphale*. Déprimé à la partie supérieure, il présente un développement occipital énorme, tandis qu'au contraire le front est presque nul. Si ces particularités pouvaient être généralisées, elles prouveraient peu en faveur de la capacité intellectuelle du peuple helvétien et de sa supériorité sur la race des âges antérieurs : c'est là, en effet, une conformation très-désavantageuse, qui s'harmonise parfaitement d'ailleurs avec les mœurs rudes et les pratiques cruelles des tribus gauloises.

Ce crâne était accompagné, lorsqu'on en fit la trouvaille, de divers ossements du tronc et des membres indiquant par leur volume extraordinaire des hommes d'une grande taille. Nous avons déjà remarqué cette grande taille chez les hommes de l'âge de la pierre, c'est-à-dire dès les premiers temps de l'apparition de l'humanité. Ainsi le type humain avait peu changé depuis sa première apparition sur le globe.

La station Auvernier, dans le lac de Neuchâtel, a donné, disons-nous, deux crânes. L'un appartient à un enfant de huit ans environ et l'autre à un adulte. Le crâne d'enfant diffère peu de celui de Meilen. Il est petit, allongé, à front bas et étroit. Celui d'adulte présente les mêmes caractères et, en outre, un développement extraordinaire de l'occiput, qui ne s'observe point sur le premier, probablement à cause du jeune âge du sujet. Ces deux crânes semblent donc indiquer que les populations des bourgades lacustres ne se sont point renouvelées au commencement de l'époque du bronze.

Une découverte faite aux environs de Sion est venue confirmer ces premiers aperçus. On a trouvé là, dans des tombes

en pierre brute, des corps repliés sur eux-mêmes, et accom
pagnés d'objets de bronze. D'après MM. His et Carl Vogt, les
crânes de Sion concordent assez bien avec ceux de Meilen et
d'Auvernier, et de plus la forme s'en serait perpétuée jusqu'à nos jours dans la Suisse allemande, où elle dominerait
fortement et où elle constituerait ce qu'on appelle le type
helvétique.

Les données recueillies jusqu'ici sont insuffisantes pour
avancer quelque chose de précis concernant le développement de l'intelligence de l'homme à l'époque du bronze.
Quelques crânes recueillis en petit nombre, et dans un état
toujours incomplet, ne permettent pas d'adopter une opinion
précise sur une telle matière.

Mais ce qui, mieux que tout fragment osseux, mieux que
tout débris de squelette, peut nous éclairer sur le degré d'intelligence de nos ancêtres, à cette période du développement
de l'humanité, ce sont les œuvres sorties de leurs mains.
Les arts ont déjà jeté de beaux germes, l'industrie est fondée, l'agriculture exercée, le bronze se plie à tous les caprices, à toutes les hardiesses de l'imagination. En faut-il davantage pour savoir que l'homme, à cette époque, était déjà fort
avancé sous le rapport intellectuel?

En terminant ce qui concerne l'époque du bronze, nous
nous demandons s'il est possible d'évaluer l'espace exact du
temps qu'embrasse cette période de l'histoire de l'humanité.
Nous essayerons de donner ici, non la solution du problème,
mais seulement une idée de la manière dont les savants l'ont
abordée.

Morlot, archéologue et naturaliste suisse, qui a beaucoup
écrit sur les stations lacustres, a essayé le premier d'évaluer
la durée de l'époque de la pierre et de celle du bronze, et
voici comment il a procédé :

Il existe auprès de Villeneuve un cône de gravier et d'alluvions, lentement déposé par le torrent de la Tinière, qui se
jette à cet endroit dans le lac de Genève. Ce cône fut coupé
en deux pour le tracé de la voie ferrée qui longe le lac. Sa
structure intérieure fut ainsi mise à nu, et se montra tout à

fait régulière, preuve qu'il s'est formé graduellement durant un grand nombre de siècles. On y observa trois couches de térre végétale, situées à différentes profondeurs entre les dépôts d'alluvion, parallèlement entre elles et à la surface actuelle du cône, et qui, chacune à une certaine époque, doivent avoir constitué cette surface.

La première couche, à partir du sommet, se trouvait à une profondeur de 1ᵐ,15 et avait de 10 à 15 centimètres d'épaisseur. On y a recueilli des débris de l'époque romaine.

La seconde, située à 1ᵐ,70 plus bas, mesurait 15 centimètres d'épaisseur et fut reconnue de l'âge du bronze : elle contenait une pince en bronze et des fragments de poterie non vernissée.

La couche inférieure gisait à une profondeur de 5 mètres et demi, et son épaisseur variait de 15 à 17 centimètres. Elle renfermait de grossières poteries, des charbons et des ossements d'animaux indiquant l'âge de la pierre, mais les temps les plus récents de cette période.

Ayant examiné ces diverses couches et constaté la structure régulière du cône, Morlot crut pouvoir calculer approximativement l'âge de chacune d'elles. Il prit pour base de son travail deux dates historiques : celle de l'entrée des Romains dans l'Helvétie, 58 ans avant Jésus-Christ, et celle de leur expulsion définitive, vers la fin du cinquième siècle de l'ère chrétienne. Rapprochant ces deux dates, il conclut que la couche romaine est âgée de dix-huit siècles au moins et de treize siècles au plus. Remarquant ensuite que, depuis cette époque, le cône s'est augmenté de 1ᵐ,15 centimètres, et conservant toujours l'hypothèse que l'accroissement a été le même dans les temps antérieurs, il arrive à ce résultat que la couche correspondant à l'époque du bronze est âgée de 2900 ans au moins et de 4200 ans au plus; que la couche de la pierre l'est de 4700 ans, et que le cône entier a environ 10 000 ans d'existence.

Un autre calcul, dont les conclusions concordent assez bien avec celles-ci, a été faite par M. Gilliéron, professeur au collége de Neuveville. Nous avons dit que les restes d'un pilotage de l'âge de la pierre avaient été découverts près du pont de la Thièle, entre les lacs de Bienne et de Neuchâtel. Il est évident que la vallée, dont la station lacustre occupe la partie la plus resserrée, était autrefois presque tout entière sous les eaux, car au-dessous de ce point elle s'élargit tout à coup et garde ces proportions jusqu'au lac de Bienne. Ce lac s'est donc retiré, et, de plus, il s'est retiré avec lenteur et régularité, ainsi qu'on peut s'en assurer par l'examen du limon qu'il a déposé. Par conséquent, si l'on connaissait son coefficient annuel de retraite, c'est-à-dire la quantité dont il s'est retiré chaque année, on pourrait évaluer à un degré suffisant d'approximation l'âge de la station du pont de la Thièle.

Or il existe non loin du lac, à environ 375 mètres du rivage actuel, une vieille abbaye, celle de Saint-Jean, que l'on sait avoir été construite vers 1100. Un document de cette époque mentionne pour le cloître le droit de pêche sur une certaine portion du lac : d'où l'on peut conclure qu'il a été édifié sur les bords mêmes du lac, supposition qui se présente d'ailleurs naturellement à l'esprit. Le lac s'est donc retiré de 375 mètres en 750 ans. Ceci posé, M. Gilliéron a facilement calculé le temps employé pour une retraite de 3375 mètres, ce nombre représentant la distance du rivage actuel à l'entrée de la gorge qui recèle la station du pont de la Thièle. Il a ainsi trouvé que cette station est âgée d'au moins 6750 ans, chiffre qui confirme ceux de Morlot.

Les calculs qui précèdent assignent à l'âge de la pierre, en Suisse, une antiquité de six mille à sept mille ans avant l'ère chrétienne, et à l'époque du bronze une antiquité de quatre mille ans avant la même ère. Il y a beaucoup d'in certitude encore dans ces chiffres donnés en pâture à la curiosité publique ; ce qui est toutefois incontestable, c'est qu'ils ont porté un coup funeste à la chronologie classique.

ÉPOQUE DU FER

CHAPITRE PREMIER.

Caractères essentiels de l'époque du fer. — Préparation du fer dans
les temps antéhistoriques. — Découverte de l'argent et du plomb.
— Les poteries fabriquées au tour. — L'invention des monnaies.

Sans les métaux, avons-nous dit dans un des précédents
chapitres, l'homme serait demeuré éternellement à l'état sauvage. Il nous reste à ajouter que la civilisation de l'homme
a marché avec le degré de perfectionnement des métaux et
alliages dont il a pu disposer. La connaissance et l'emploi du
bronze avaient imprimé une grande impulsion à la civilisation
naissante, et fondé les premières sociétés humaines. Mais le
bronze est loin de réunir toutes les qualités qui doivent appartenir aux métaux, pour les usages variés de l'industrie.
Cet alliage n'a ni la dureté, ni l'élasticité suffisantes pour
former d'excellents outils; en outre, il se compose de métaux
trop peu abondants dans la nature. Il fallait aux hommes
un métal à bas prix, dur, facile à travailler, et se prêtant
aux usages de toutes sortes qu'exige le travail industriel, si
multiple dans ses œuvres et ses besoins.

Ce métal fut enfin trouvé, et une ère nouvelle s'ouvrit à
l'avenir de l'humanité. On apprit à extraire de ses minerais
le fer, le véritable roi des métaux; par ses inappréciables

qualités. Du jour où le fer se trouva entre les mains des hommes, la civilisation posa ses fortes assises, et à mesure que le travail de ce métal se perfectionna, l'empire de l'homme, ses facultés, son activité intelligente s'étendirent dans la même proportion.

C'est donc avec raison que l'on nomme *époque du fer* la période la plus récente du développement de l'humanité primitive, et l'on ne sera pas étonné d'apprendre que les derniers moments de l'époque du fer soient le commencement des temps historiques. C'est, en effet, à partir de cette période que cesse pour l'homme cet état demi-sauvage, dont nous avons essayé de peindre les traits les plus saisissants.

L'emploi du fer caractérisant essentiellement cet âge de l'humanité, nous devons faire connaître les procédés de fabrication dont firent usage les premiers métallurgistes, c'est-à-dire rechercher comment on put procéder, dès cette époque, à l'extraction du fer de ses minerais naturels.

L'art de la métallurgie avait fait de réels progrès pendant l'époque du bronze. Il existait alors de grandes usines pour la préparation du bronze, et de petites fonderies pour fondre et mouler cet alliage. Une fois réduits en armes, instruments et outils, les objets de bronze étaient travaillés par les artisans de divers états. L'art du mouleur s'était déjà élevé à un haut degré de perfection, comme le prouvent ces pièces colossales en bronze que nous avons citées, ainsi que les objets creux que nous avons représentés en si grand nombre dans les pages qui précèdent. On connaissait le phénomène de la *trempe*, c'est-à-dire les modifications physiques que le bronze éprouve par son refroidissement, lent ou subit. On savait varier les proportions de l'étain et du cuivre, pour obtenir du bronze à divers degrés de fusibilité. On connaissait tous les moyens de soudure, et la damasquinerie intervenait même pour diversifier l'aspect des pièces métalliques ouvragées. On augmentait les qualités tranchantes des outils en les forgeant et les condensant par le martelage. On avait même découvert l'utilité de certains sels ajoutés dans les creusets du fondeur, pour faciliter la fusion du bronze.

Il nous semble bien difficile qu'à la fin de l'époque du bronze on n'ait pas connu le cuivre pur, ainsi que l'étain. Nous ne croyons pas que l'on ait pu manier longtemps, dans des usines, les minerais de cuivre et d'étain, pour en fabriquer du bronze, sans avoir obtenu le cuivre et l'étain à l'état de pureté.

Ainsi, à la fin de l'époque du bronze, les connaissances métallurgiques avaient acquis un grand développement. De là nous concluons que la substitution du fer au bronze dut s'opérer sans grandes difficultés. Le forgeron apparut sur la scène et succéda au mouleur en bronze par les progrès naturels et les perfectionnements successifs de la métallurgie.

Mais quel est le procédé qui permit aux premiers métallurgistes d'extraire le fer de ses minerais naturels?

Le fer natif, c'est-à-dire le fer métallique naturel, est éminemment rare. On ne le trouve guère que dans les aérolithes. D'après le naturaliste russe Pallas, quelques tribus de la Sibérie parviennent, à grand'peine, à extraire des aérolithes qui se rencontrent dans ces pays, quelques parcelles de fer, qui leur servent à faire des couteaux. La même pratique existe chez les Lapons. Enfin, d'après la relation d'Améric Vespuce, les Indiens de l'embouchure de la Plata fabriquaient, au quinzième siècle, des pointes de flèches et d'autres instruments avec des morceaux de fer extraits des aérolithes.

Mais, nous n'avons pas besoin de le dire, les pierres tombées du ciel sont trop rares, trop accidentelles, pour avoir jamais mis les hommes sur la voie de l'extraction du fer. Il est donc certain que ce métal fut retiré pour la première fois de ses minerais comme avaient été retirés le cuivre et l'étain, c'est-à-dire par la réduction de l'oxyde, sous l'influence de la chaleur et du charbon.

On opposerait vainement à cette explication la température prodigieusement élevée qu'exige la fusion du fer, ou, pour parler plus exactement, l'impossibilité de fondre le fer dans des fourneaux industriels. La fusion du fer n'était aucunement nécessaire à l'extraction de ce métal, et s'il avait fallu produire du fer coulé, jamais l'industrie d'aucun peuple n'y serait parvenu. Il suffisait d'obtenir, par suite de la réduction de l'oxyde de fer, le métal à l'état spongieux et sans fusion

aucune. Le martelage au rouge de cette masse spongieues
la réduisait ensuite en une véritable barre de fer.

Si nous jetons un coup d'œil sur l'industrie métallurgique
des peuples à demi barbares des temps modernes, nous y
trouverons un procédé d'extraction du fer qui justifiera complétement l'idée que nous nous faisons de la manière dont les
hommes ont dû, pour la première fois, obtenir le fer métallurgique. Le naturaliste Gmelin, dans son voyage en Tartarie,
fut témoin du procédé élémentaire dont se servaient ces peuples septentrionaux pour se procurer du fer. Là, chacun prépare son fer, comme chaque ménage confectionne son pain.
Le fourneau pour l'extraction du fer est placé dans la cuisine.
Ce fourneau n'est qu'une simple cavité de deux décimètres
cubes environ, que l'on remplit de charbon et de minerai de
fer. Il est surmonté d'une cheminée de terre. Au devant du
fourneau est une porte qui sert à introduire le minerai, et
que l'on ferme pendant l'opération. Un orifice latéral reçoit
le tuyau d'un soufflet. Un homme met le soufflet en mouvement, tandis qu'un second verse le minerai et le charbon,
par couches successives. Le fourneau ne reçoit jamais plus
d'un kilogramme et demi de minerai, pour chaque opération. Quand cette quantité a été introduite par petites portions successives, on se borne à entretenir, pendant quelques
instants, l'action du soufflet. Ensuite, on ôte la porte du fourneau, et tirant au dehors les cendres et les autres produits
de la combustion, on y trouve une petite masse de fer spongieux, qui provient de la réduction de l'oxyde de fer par le
charbon, sans aucune fusion du métal, bien entendu. On
nettoie ce lopin de fer avec un morceau de bois, et on le met
de côté, pour le joindre à d'autres, et plus tard marteler
ensemble plusieurs fois ces masses au rouge, et, au moyen
de diverses *chaudes*, les réduire en une seule barre.

Ce même procédé pour l'extraction du fer de son oxyde naturel sans aucune fusion est employé chez les nègres du
Fouta-Djallon, dans le Sénégal.

Avec cette connaissance des procédés élémentaires qui sont
mis en œuvre par les peuplades à demi barbares de nos jours,
on n'aura aucune peine à comprendre ce que le naturaliste

suisse Morlot a écrit sur les forges primitives et à se ranger à son opinion. Morlot, dans ses *Mémoires sur l'archéologie de la Suisse*, a décrit des vestiges de fourneaux antéhistoriques trouvés par lui dans la Carinthie (Autriche), destinés à la préparation du fer.

Selon Morlot, voici comment on procédait dans les temps antéhistoriques pour extraire le fer de son oxyde. Le long d'une pente exposée au vent, on creusait un trou. On en garnissait le fond d'un amas de bois, sur lequel on étendait une couche de minerai. On recouvrait cette couche de minerai d'un second amas de bois; puis, profitant d'un vent un peu fort, qui faisait office du soufflet absent, on allumait le bûcher par sa base. Le bois se transformait en charbon, par la combustion, et ce charbon, sous l'influence de la chaleur, réduisait l'oxyde de fer à l'état métallique. La combustion une fois terminée, on trouvait dans les cendres quelques parcelles de fer réduit.

On arriva à obtenir des produits plus considérables en augmentant la capacité de l'appareil. Morlot a trouvé en Dalécarlie (Suède) des forges dans lesquelles le fossé primitif dont il vient d'être question est entouré de pierres, de manière à former une sorte de cuve circulaire. Dans ce creuset de pierres, on plaçait des couches successives de charbon et de minerai de fer. Après quelques heures de combustion, on cherchait et l'on trouvait le fer spongieux mêlé aux cendres au fond du creuset.

La lenteur de l'opération et l'exiguïté du rendement amenèrent à agrandir la cuve de pierres. On lui donna la hauteur de 2 mètres, puis de 4 mètres. En même temps, on garnit ses parois d'argile. On obtint ainsi une sorte de vaste creuset circulaire, dans lequel on jetait les couches successives de bois ou de charbon et de minerai.

Dans cette disposition, tout à fait élémentaire, on ne faisait aucunement, on le voit, usage de soufflet. Cela revient à dire que la méthode primitive pour l'extraction du fer n'a pas été, comme on le pense communément, le *fourneau à la catalane*. Ce procédé, dont on fait encore usage aujourd'hui dans les forges des Pyrénées, ne date que de l'empire romain. L'action

c ontinue du soufflet en est la base, tandis que dans les forges antéhistoriques on ne fît jamais, répétons-le, usage du
soufflet.

Ces fourneaux primitifs servant à la réduction du fer, dont
le naturaliste Morlot avait reconnu les traces en Autriche et
en Suède, ont été trouvés récemment, en très-grand nombre,
dans le canton de Berne, par un savant ingénieur des mines,
M. Quiquerez. Ils consistent en des excavations cylindriques,
peu profondes, creusées sur le flanc des coteaux, et surmon-
tées d'une hotte d'argile, de forme conique. Le combustible
dont on faisait usage pour charger ces fourneaux était le
charbon de bois, car autour de ces anciennes forges on
trouve toujours des provisions de charbon de bois.

M. Quiquerez a réuni dans un mémoire excessivement
curieux, qui a été publié en 1866, par la Société jurassienne
d'émulation, sous le titre de *Recherches sur les anciennes forges
du Jura bernois*, le résultat de ses longues et minutieuses investigations. Quelques extraits du curieux travail de M. Quiquerez feront connaître la véritable constitution des forges
de l'humanité primitive, dont environ 400 ont été découvertes
par lui sur le territoire du Jura bernois.

Disons préalablement que M. Quiquerez avait représenté,
matérialisé en quelque sorte, le résultat de ses beaux travaux,
en construisant le modèle en miniature d'un établissement
sidérurgique de la première époque du fer. On voyait dans
ce curieux spécimen le fourneau d'argile appliqué aux flancs
d'un coteau, les amas de charbon, les scories, la cabane servant de demeure aux ouvriers, les outils de la forge, en un
mot tout ce qu'il résulte des patientes recherches du savant
ingénieur suisse.

Cet intéressant spécimen de l'antique industrie des hommes.
M. Quiquerez l'avait préparé pour l'Exposition universelle de
1867, avec les matières mêmes, les produits et les outils
trouvés dans ses explorations à travers le Jura. Mais la commission de réception des produits de l'Exposition universelle
de 1867 ne voulut pas lui accorder le modeste mètre d'espace
qu'il demandait pour placer son modèle. Quelle dérision!
Dans ce vaste Champ de Mars, où foisonnaient tant de choses

Fig. 231. Le fourneau primitif pour l'extraction du fer.

inutiles ou absurdes, on refusa un mètre carré à l'un des
plus curieux produits qui soient jamais sortis des industrieuses mains d'un savant.

De ce refus inintelligent il est résulté que le modèle de
M. Quiquerez ne parut point à l'Exposition universelle du
Champ de Mars, et qu'il manqua à cette curieuse *galerie de
l'histoire du travail*, qui a tant excité l'attention publique. Il
ne sera pas toutefois perdu pour nos lecteurs. M. Quiquerez
a bien voulu nous adresser de Bellerive, où il habite (près de
Délémont, canton de Bâle, en Suisse), la photographie de ce
curieux modèle d'un atelier antéhistorique pour la préparation du fer. C'est d'après cette photographie que nous avons
fait exécuter la planche ci-jointe (fig. 231) qui représente *le
fourneau primitif pour l'extraction du fer*.

Cette composition retrace assez exactement le modèle en
relief construit par l'auteur. On y voit le fourneau, composé
d'un simple creux, que surmonte une hotte conique, et ap-
puyé contre un coteau. Il est entouré, de chaque côté, de
marches d'escalier en pierre brute, permettant d'arriver jusqu'à son sommet. La hauteur de la hotte est de 2^m,80. A
droite du fourneau est la cabane des ouvriers, formée d'un
assemblage de rondins de bois; depuis des siècles on les fait
de la sorte en tous pays.

Sur le premier plan, on voit à droite un tas de charbon,
destiné à être introduit dans le fourneau pour la réduction
du minerai ; et à gauche la provision de minerai, ou ce qu'on
appelle dans les ateliers le *parc à mine*. La provision de minerai est resserrée entre quatre bûches de bois, formant un
espace quadrangulaire. Au milieu sont les scories, provenant
des opérations. Un ouvrier retire des cendres du fourneau le
gâteau de fer spongieux ; un autre martèle, sur l'enclume,
le fer retiré du fourneau, pour le mettre en barre. Autour de
la forge sont répandus divers outils tels que l'enclume, la
pince, le marteau, etc. Tous ces instruments sont dessinés
d'après les pièces trouvées par l'auteur.

Après ces explications, nous pouvons donner quelques
extraits du Mémoire de M. Quiquerez. On n'aura aucune peine
maintenant à comprendre les descriptions que donne le savant

ingénieur des fourneaux primitifs pour l'extraction du fer qu'il a découverts dans le Jura bernois.

M. Quiquerez a remarqué deux espèces de fourneaux primitifs pour la fabrication du fer, ou plutôt deux degrés de perfectionnement dans leur construction. Les premiers, ceux que l'auteur regarde comme remontant à la plus haute antiquité, sont peu nombreux; les seconds forment la généralité de ceux qu'il a explorés.

« Les fourneaux de la première espèce, dit M. Quiquerez, ne consistent qu'en une petite excavation cylindrique, peu régulière, à fond en calotte creusé dans le flanc d'un coteau, pour donner plus de hauteur naturelle d'un côté, et dont le devant était fermé par des argiles réfractaires contre-butées par quelques pierres. Cette cavité était garnie de 10 à 15 centimètres d'argile, en général de couleur blanche, passant au rouge après le contact du feu. Ces creusets n'avaient guère que 30 à 40 centimètres de profondeur, comme semblent l'indiquer les bords supérieurs arrondis et plus ou moins scoriacés. Le devant, toujours ébréché, avait une ouverture à sa base pour le tirage de l'air et pour le travail de la matière fondue, mais cette brèche semble indiquer que c'est en éventrant le devant du creuset qu'on pouvait retirer le lopin de métal qui s'était formé durant l'opération.

« La seconde espèce de fourneaux, de beaucoup la plus nombreuse et la plus répandue, n'est qu'un perfectionnement de la précédente par l'exhaussement des bords du creuset. Ils s'élèvent d'une manière variable de 2^m,30 à 2m,50, avec un diamètre de 0m,48 à 8m,40 très-irrégulier, et une épaisseur de 0m,30 à 2m,34. Ils sont également en argile réfractaire. La contenance moyenne est d'environ 100 litres.

« Le bâtisseur, après avoir creusé une ouverture circulaire, ou plutôt demi-circulaire à la base et dans le flanc du coteau, d'un diamètre à peu près triple du creuset futur, arrangeait au centre de ce creux, ouvert d'un côté, une espèce de fond de chaudière en argiles plastiques par la base, revêtues d'une couche d'argiles très-réfractaires à la partie supérieure. Ce fond de creuset, qui repose directement sur le sol naturel mal aplani, a généralement moins d'épaisseur que les parois latérales, en argiles sableuses ou siliceuses, toujours réfractaires du côté intérieur, mais parfois plus plastiques du côté opposé. L'espace resté vide entre les parois du creuset et le sol intact était rempli avec de la terre et autres matériaux. Sur le devant, le creuset était contenu par une grossière muraille, quelquefois en ligne droite, d'autres fois un peu circulaire, construite à sec avec des pierres calcaires brutes et garnie de terre par derrière pour combler les vides. En avant du fourneau, dans ce revêtement, était ménagée une ouverture de 15 centimètres de côté, prenant naissance à quelques centimètres au-dessus du fond du creuset, et allant en s'élargissant du dedans au dehors, de manière à voir et travailler par cette ouverture dans le fourneau....

« Le travail ainsi commencé se poursuivait jusqu'à la hauteur voulue, et quand l'entaille faite dans la colline n'était pas assez haute, on exhaussait le tour du fourneau en contre-butant l'enveloppe réfractaire, afin d'empêcher l'éboulement de la terre. Lorsque les fourneaux étaient posés presque en plaine, ce qui arrivait quelquefois, ils formaient un cône tronqué dont la base était plus ou moins large, selon la hauteur de l'appareil.

« Le creuset n'était pas bâti verticalement, il déviait souvent de la verticale, penchant plus ou moins, jusqu'à la différence de son diamètre, vers l'un ou l'autre côté, sans que nous ayons pu y reconnaître de règle constante. La forme intérieure n'est pas plus régulière, passant de la circulaire à l'ovale, sans autre motif que le défaut de soin de l'ouvrier. Les creusets vont parfois en s'élargissant un peu de bas en haut et parfois en sens contraire, mais toujours avec une extrême irrégularité. Nous en avons observé qui offraient, à 25 ou 30 centimètres au-dessus du creuset, un rétrécissement très-sensible de trois côtés, représentant le premier rudiment de l'étalage de nos fourneaux modernes. Peut-être n'était-ce qu'un caprice de l'ouvrier.

« Le fourneau ainsi monté, on retirait le bois qui avait servi de noyau, si toutefois on en avait employé, et l'on ajoutait au fond de l'ouverture ménagée à la base du creuset une motte de terre réfractaire plastique de quelques centimètres de hauteur, pour former la dame et retenir dans le creuset le métal en fusion ou en pâte, tandis que les scories, plus légères, surnageaient et trouvaient leur issue au-dessus de la dame. Comme elles étaient peu liquides, on aidait à leur sortie au moyen de ringards ou de perchettes de bois vert et peut-être mouillé avec lesquelles on brassait également le métal dans le creuset.

« Dans ces deux espèces de fourneaux, on ne voit aucune trace de soufflets, et le tirage devait s'établir plus ou moins fort, par l'ouverture d'où s'échappaient les scories, suivant l'élévation plus ou moins grande des fourneaux. C'est probablement pour accroître ce tirage que nous avons retrouvé dans certains fourneaux des pierres calcaires, provenant de la partie supérieure de la cuve où elles avaient dû former l'orifice du gueulard, tout en donnant plus d'élévation au fourneau. Ce moyen si élémentaire a dû être employé également pour les premiers creusets. Le mode de tirage que nous indiquons se révèle de la manière la plus évidente par la scorification des parois du fourneau du côté opposé à l'ouverture donnant passage à l'air, et qui a évidemment éprouvé une chaleur plus intense, tandis que du côté opposé on retrouve en général les parois beaucoup moins atteintes par le feu, et parfois le minerai y est encore attaché comme il se trouvait, à l'état pâteux ou en semi-fusion, au moment où le travail du fourneau a cessé....

« L'absence de toute machine soufflante dans les fourneaux de l'ancienne sidérurgie du Jura nous paraît d'autant plus remarquable que
les soufflets étaient connus des Grecs et des Romains, d'où l'on doit
inférer que non-seulement ce n'est point de ces peuples que l'art sidérurgique est arrivé dans cette contrée, mais qu'il leur est fort anté-
rieur. Il faut aussi remarquer que les ouvertures des fourneaux ne
sont point placées dans la direction des vents régnants, qui auraient
pu accroître le tirage, mais au hasard, selon que la forme du terrain
rendait la construction des fourneaux plus facile.

« .... Sous le rapport du combustible, on doit remarquer que tous
les établissements sidérurgiques que nous avons découverts indiquent
l'emploi exclusif du bois carbonisé en meule. Les places à charbon sont
près des fourneaux; ceux-ci sont trop petits pour l'emploi du bois, et
le charbon, fait en meule, existe constamment tout à l'entour des emplacements, dans les scories et dans tous les débris. Nous signalerons,
en outre, la découverte, à Bellelay, d'une place à charbon de 2ᵐ,49 de
diamètre, sous une couche de tourbe compacte de 6 mètres d'épaisseur. Elle était établie sur le terrain solide, avant la formation de la
tourbière. Or même cette tourbière a restitué un rouleau de monnaies du
quinzième siècle, sur lequel il n'avait crû que 60 centimètres de tourbe
en quatre cents ans. Là encore, à 3ᵐ,60 de profondeur, les ossements
épars d'un cheval ont laissé un pied encore ferré avec un de ces petits
clous à bords onduleux, à trous allongés et fortement étampés, dans
lesquels s'encastrait la base des clous en forme de T, dont le haut
était conique. Ces sortes de fers se retrouvent dans les établissements
celtiques, oppides, habitations, forges, dans les pâturages et les forêts
du pays, rarement dans les camps romains, où ils sont toujours en
beaucoup plus petit nombre que les fers plus larges de métal, plus
grands et à rainure indiquant la ligne de l'étampage des clous. Les
calculs que nous avons établis d'après les monnaies du quinzième siècle (1478) donnent au moins un âge de vingt à vingt-quatre siècles au
fer du cheval précité, animal péri et dévoré sur le sol, et non enfoncé
dans la tourbière, puisque ses os, au lieu d'être groupés, ont été trouvés dispersés. Ces mêmes calculs font remonter la place à charbon à
quatre mille ans.

« Vu l'imperfection des fourneaux, la consommation du charbon
devait être au moins quadruple de celle actuelle. Le métal réduit tombait successivement dans le fond du creuset. A mesure qu'il s'y amas-
sait, un ouvrier, au moyen d'une perchette de bois vert mouillé, facilitait la sortie des scories surnageantes, et brassait le métal pour
l'affiner. L'emploi de ces perches ou ringards en bois est prouvé à tous
les emplacements de forge. On y voit une multitude de morceaux de
scories qui, étant à l'état pâteux, ont conservé l'empreinte de la pièce
de bois dont le bout était carbonisé. M. Morlot, dans une notice sur
des forges romaines à Wocheim in Ober-Krain, a signalé aussi dans

les scories des traces fréquentes de ringards, tantôt ronds, tantôt à trois coins, mais qui devaient être en fer, tandis que nous n'avons pu reconnaître que les traces de ceux en bois dans tout le Jura.

« L'imperfection des fourneaux et surtout le manque de soufflerie ne permettait de réduire que très-imparfaitement le métal contenu dans le minerai ; aussi les scories sont encore tellement riches en fer, qu'un directeur des forges d'Undervelier, il y a environ vingt ans, a essayé de les employer comme minerai. On en voit des accumulations de cent à deux cents mètres cubes auprès de certains fourneaux, ce qui suppose une production de fer très-considérable. L'examen de ces scories prouve qu'on faisait alors le fer par une seule opération et non de la fonte liquide propre à être moulée ou à être convertie en fer forgé par un second travail.

« Le fer produit était livré au commerce en d'immenses masses affectant la forme de deux pyramides quadrangulaires réunies par la base, pesant de cinq à sept kilogrammes. Une de ces pièces a été trouvée près d'un fourneau qu'on a démoli pour y établir une place à charbon, dans la commune d'Undervelier, et une autre dans les scories d'une des forges de Boécourt.

« On a trouvé auprès des fourneaux de nombreux débris de cette poterie grossière, mal cuite, confectionnée à la main, sans emploi du tour, avec des grains de quartz dans la pâte, poterie dite celtique. On y a aussi trouvé des bouts de bois de cerf qui ont dû servir de manches d'outils, et diverses haches en fer. L'une d'elles est à douille terminale, dans le sens de la longueur de l'outil ; c'est un instrument des temps les plus reculés du fer. Les autres sont à douilles transversales, comme dans nos haches actuelles. Une de ces dernières est en acier tellement dur qu'on ne peut l'attaquer à la lime. En fait de monnaies, il y en avait de gauloises et de romaines ; quelques-unes même de ces dernières descendaient jusqu'aux Constantins. Cette persistance dans la pratique routinière des procédés les plus anciens s'explique par le monopole de l'industrie sidérurgique, qui s'est maintenu dans les mêmes familles. Cela doit d'autant moins nous surprendre que nous voyons les bûcherons et charbonniers modernes, quand ils doivent séjourner longtemps dans une localité et y tenir leur ménage, avoir certains arrangements qui ont sans doute été empruntés aux temps les plus primitifs. Pour garantir leur couche de l'humidité, ils établissent des espèces de rayons en perches de sapin, qui servent de bois de lit. Nous en avons vu à deux étages ; le dessous était destiné aux enfants, et celui au-dessus aux grands parents. De la mousse, des fougères, des herbes sèches composent le matelas. Des couvertes impossibles à décrire ne laissent pas que de faire bon usage, et nous en avons vu faites en branches de sapin. Ces lits tenaient lieu de bancs et de chaises. Un âtre en pierres grossièrement arrangées au centre de la cabane remplissait le double office de chauffoir en hiver et de moyen de préparer les repas toute l'année. Nous devrions ajouter que le feu, presque toujours allumé, et les cendres répandues sur le sol environnant préservaient la hutte de certains insectes incommodes, qui perdent la vie en sautant imprudemment sur ce piége peu connu. La fumée n'avait d'autre issue qu'une ouverture ménagée sous le toit[1]. »

On vient de lire la description donnée par M. Quiquerez des fourneaux de fer véritablement antéhistoriques, c'est-à-dire ceux que caractérise l'absence de tuyaux soufflants. Nous pensons toutefois qu'il devait exister au-dessous du foyer des ouvertures qui donnaient accès à des courants d'air, et qui, libres ou bouchées, servaient à accroître ou à diminuer l'intensité du tirage. Mais de véritables soufflets destinés à activer la combustion et la réaction chimique entre l'oxyde de fer et le charbon, il n'en existait pas alors.

L'addition du soufflet aux foyers des fourneaux apporta un perfectionnement essentiel à l'art de la fabrication du fer.

Un autre perfectionnement consista à pratiquer au bas de la cuve de pierre où l'on faisait brûler ensemble le combustible et le minerai, une porte, composée de quelques briques, susceptibles d'être enlevées. A la fin de chaque opération on retirait par cette porte le gâteau de fer, que l'on n'aurait pu extraire commodément par la partie supérieure du fourneau, en raison de sa trop grande hauteur. Le martelage, aidé de plusieurs *chaudes*, débarrassant ensuite, comme à l'ordinaire, le fer spongieux de ses parties étrangères, le condensait et le réduisait à l'état de barre de fer susceptible d'être livrée aux forgerons pour la fabrication des ustensiles ou outils.

Ces fourneaux primitifs déjà perfectionnés sont connus des mineurs allemands, sous le nom de *fourneaux à lopins* ou *à morceaux* (*stuckhofen*). Selon les pays, on les modifia de différentes manières, et d'après la disposition du fourneau, et surtout selon la nature des minerais ferrugineux, on créa les méthodes, ou manipulations du fer, qui sont connues aujour-

1. *De l'âge du fer, Recherches sur les anciennes forges du Jura bernois*, par A. Quiquerez, ingénieur des mines du Jura, in-8°, Porrentruy, 1866, pages 35-39, 77-80, et *Matériaux pour l'histoire positive de l'homme*, par G. de Mortillet, tome II, Paris, 1866, pages 505-510.

d'hui sous le nom de méthodes suédoise, allemande, sty-
rienne, carinthienne, corse et catalane.

Les anciens fourneaux pour l'extraction du fer doivent être
réunis sous le nom de *bas fourneaux*.

L'invention des fondants siliceux appliqués à l'extraction du
fer, permettant d'obtenir une scorie liquide, que l'on faisait
écouler au dehors, sous la forme d'un ruisseau de feu, vint
apporter le dernier sceau à la préparation du fer. Comme on
augmenta alors considérablement la hauteur du creuset de
pierre dans lequel on jetait le combustible et le minerai,
mêlé cette fois à un fondant siliceux, on donna naissance au
haut fourneau, c'est-à-dire au système actuel de préparation
du fer.

Mais, nous n'avons pas besoin de le dire, les *bas fourneaux*,
pas plus que les *hauts fourneaux*, n'appartiennent aux temps
primitifs de l'humanité, qui sont l'objet de cet ouvrage. Dans
l'époque du fer que nous étudions, le fourneau sans soufflerie était le seul connu ; le fer se préparait en très-minimes
quantités à la fois, et c'est au milieu des cendres retirées
de la cuve de pierre qu'il fallait aller chercher le maigre
gâteau métallique provenant de chaque opération.

L'or, avons-nous dit, avait été connu des hommes dès
l'époque du bronze. L'argent, au contraire, ne fut en usage
qu'à l'époque du fer. C'est qu'on ne peut obtenir l'argent
qu'en le séparant du plomb, auquel il est toujours uni
dans ses gisements naturels. La séparation du plomb et du
fer constitue la *coupellation*, opération métallurgique très-
compliquée. Ce n'est qu'à l'époque du fer que l'on sut effectuer la *coupellation*, c'est-à-dire séparer, au moyen d'un creuset de cendres convenablement préparé, le plomb et l'argent,
dans le plomb argentifère.

Ce qui caractérise encore l'époque que nous étudions, c'est
l'apparition des poteries fabriquées au tour et cuites dans
un four perfectionné. Jusque-là les poteries avaient été fabriquées à la main et cuites en plein air. A partir de la période
du fer, le four à potier est inventé. Les poteries sont travail-

lées sur ce tour, et cuites d'une manière irréprochable dans
un four spécial.

Enfin, ce qui caractérise également l'époque du fer, c'est
l'apparition des monnaies. C'est à cette date que l'on voit
apparaître les premières monnaies connues. Elles sont en
bronze et portent une figure ou effigie, non frappée, mais
obtenue par la fusion et le moulage.

Les plus anciennes monnaies que l'on connaisse sont grecques, et remontent au huitième siècle avant Jésus-Christ.
Ce sont les monnaies d'Égine, d'Athènes et de Cyzique. On
les a recueillies, il y a déjà longtemps, dans le duché de
Posen.

Dans la station lacustre de Neuchâtel on a également
trouvé des monnaies d'une haute antiquité. Nous représentons ici de grandeur naturelle (fig. 232), d'après le Mé-

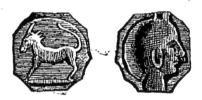

Fig. 232. Monnaie en bronze du lac de Neuchâtel.

moire de M. Desor, une monnaie de bronze trouvée à la station de la Tène, dans le lac de Neuchâtel. Mais ces monnaies ne sont pas plus anciennes que les monnaies grecques
de Cyzique et d'Égine. Elles sont gauloises, comme le montre le cheval cornu, emblème gaulois.

A la Tiefénau, près de Berne, on a trouvé des monnaies à
peu près semblables, associées à d'autres, à l'effigie d'Apollon, et portant l'empreinte de *Massilia* (Marseille). La fondation de cette colonie phocéenne remontant au sixième siècle
avant Jésus-Christ, on peut dire que ces monnaies sont des
plus anciennes qui existent.

Le verre étant connu, comme nous l'avons dit, dès l'époque
du bronze, par suite de la fabrication de cet alliage, son in-

vention ne peut donc caractériser l'époque que nous avons à décrire.

En résumé, les instruments et outils de fer venant se join- dre à ceux de bronze, pour remplacer la pierre dans tous ses antiques usages, — la connaissance de l'argent et du plomb, — le perfectionnement des poteries, — l'emploi des monnaies,—tels sont les traits essentiels, caractéristiques, de l'époque du fer. Quant à sa date chronologique, nous adop- terons celle de 2000 ans avant l'ère chrétienne, pour être d'accord avec la généralité des auteurs, celle du bronze étant fixée à 4000 ans avant Jésus-Christ.

Après ces considérations générales, nous pouvons passer à l'exposé des us et coutumes de l'humanité à l'époque du fer, ou du moins dans les premiers temps de cette période, qui né tarde pas à se confondre avec les temps historiques.

Quand nous aurons étudié l'homme dans les premiers temps de l'époque du fer, nous aurons terminé la rapide esquisse que nous nous sommes proposé de tracer de l'hu- manité primitive et de ses œuvres. Cette période commence, ainsi qu'il vient d'être dit, environ vingt siècles avant Jésus- Christ, et elle se termine en se confondant avec les premières lueurs des temps historiques. Hâtons-nous donc de décrire ce que nous savons sur l'homme à cette date de la civilisation naissante. Ce seront ensuite les premiers historiens, ce sera Hérodote, père de l'histoire, qu'il faudra consulter pour le récit des actions et des exploits de la race humaine en Eu- rope.

CHAPITRE II.

Armes. — Outils, instruments, ustensiles, poteries. — Les tombeaux de Hallstadt et du plateau de Lonima. — Les stations lacustres de la Suisse. — Sacrifices humains. — Type de l'homme à l'époque du fer. — Commencement des temps historiques.

Les plus précieux vestiges des coutumes de l'humanité, aux premiers temps de l'époque du fer, ont été fournis par le vaste cimetière découvert récemment en Autriche, à Hallstadt, près de Salzbourg. M. Ramsauer, directeur des salines de Salzbourg, a exploré, dans cette localité, près de mille tombes, · et il en a donné la description dans un ouvrage plein d'intérêt, dont une copie manuscrite, que nous avons consultée, existe au Musée archéologique de Saint-Germain.

Comme les tombeaux de Hallstadt appartiennent précisément aux premiers temps de l'époque du fer, ils forment pour nous la transition naturelle entre l'époque du bronze et celle du fer. En effet, sur un grand nombre d'objets renfermés dans ces tombeaux, tels que poignards, épées, ornements divers, le bronze et le fer sont unis. Une épée, par exemple, est formée d'une poignée de bronze et d'une lame de fer. C'est ce que montrent les figures 233, 234, 235 et 236, dessinées d'après le manuscrit de l'ouvrage de M. Ramsauer, *les Tombes de Hallstadt*, et dans lesquelles on remarque cette alliance des deux métaux, dont l'un forme la poignée et l'autre la lame.

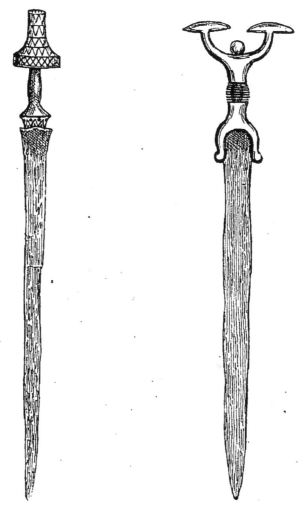

Fig. 233. Épée des tombes de Hallstadt.
(Poignée de bronze et lame de fer.)

Fig. 234. Épée des tombes de Hallstadt.
(Poignée de bronze et lame de fer.)

En parcourant rapidement les objets trouvés dans les tombes de Hallstadt, nous donnerons une idée exacte de l'époque du fer à ses débuts.

Et d'abord ce qui frappe, c'est un changement profond dans la manière dont se faisait alors l'ensevelissement des morts. Dans l'âge de la pierre, les morts étaient placés dans de petites cryptes souterraines, c'est-à-dire dans des dolmens, ou *tumuli*. A la fin de l'époque du bronze et aux premiers temps de celle du fer, on commença à brûler les corps. Cette coutume dut grandir de siècle en siècle, et dans les temps historiques elle devint universelle chez beaucoup de peuples.

On voit, en effet, dans les tombes de Hallstadt, beaucoup

Fig. 235.
Poignard des tombes de Hallstadt
(Manche de bronze et lame de fer.)

Fig. 236.
Autre poignard des tombes de Hallstad.
(Manche de bronze et lame de fer.)

de petits vases de terre contenant des cendres. Quelquefois c'est une partie du corps seulement qui a été brûlée, de telle sorte que l'on trouve dans ces tombes une portion du squelette, et près de lui les cendres des parties que le feu a consumées.

Les tombes de Hallstadt se partagent à peu près également entre ces deux modes d'inhumation. La moitié environ contient simplement des cendres; dans l'autre moitié, les cadavres sont couchés, selon l'usage le plus général à l'époque du fer.

25

Enfin, comme nous venons de le dire, quelques-uns renferment des squelettes partiellement brûlés. C'est tantôt la tête,

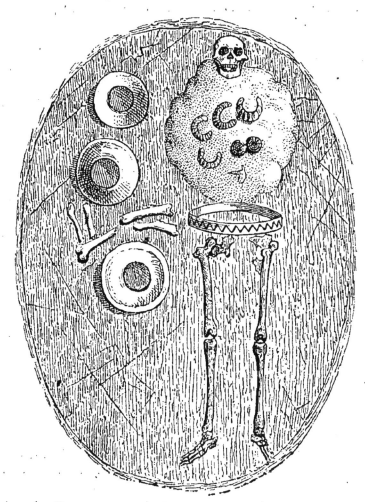

Fig. 237. Corps à demi brûlé des tombes de Hallstadt.

tantôt le buste tout entier, tantôt les membres inférieurs,
qui sont consumés, les cendres reposant à côté de la portion intacte du squelette. La figure 237, dessinée au Musée
de Saint-Germain sur l'une des planches du manuscrit de
M. Ramsauer, *les Tombes de Hallstadt*, nous montre un squelette dont une partie (la poitrine) a été brûlée. Les cendres
sont contenues dans les petits vases en terre qui se voient
près du corps.

Fig. 238. Funérailles à l'époque du fer.

C'est d'après la connaissance de cet usage de brûler les corps à l'époque du fer que nous représentons dans la composition qui précède cette page, *les funérailles à l'époque du fer*.

Le cadavre est placé sur un bûcher, et la porte en pierre du *tumulus* est enlevée pour recevoir l'urne funéraire. Les parents du défunt accompagnent le cortége, couverts de leurs plus beaux vêtements, et parés des ornements de bronze et de fer alors en usage. On voit l'un des assistants jeter dans les flammes du bûcher quelques objets précieux en l'honneur du défunt.

C'est dans les tombes de Hallstadt que l'on a recueilli le plus grand nombre d'objets, armes, instruments et outils, pouvant éclairer l'histoire de l'époque du fer. Tous ces objets sont en bronze ou en fer. mais ce dernier métal prédomine dans les armes. Épées, pointes de lance, poignards, couteaux, haches à douille et à ailerons, tel est le bilan des instruments tranchants. Nous avons représenté dans les pages qui précèdent (fig. 233, 234, 235 et 236) des épées et poignards dessinés d'après les moulages qui existent au Musée de Saint-Germain. Dans toutes ces armes, la poignée est en bronze, tandis que la lame est en fer. Beaucoup de ceinturons de guerriers sont formés de lames de bronze et sont décorés d'ornements repoussés au marteau.

Nous représentons encore un collier à breloques (fig. 239) d'une exécution remarquable. On voit que l'art est décidément hors de page. Il prélude aux merveilles qu'il fera bientôt éclore sous les cieux de la Grèce.

Les bracelets que l'on a trouvés par centaines, les épingles à cheveux, les fibules en bronze, sont travaillés avec goût et souvent garnis de pendants très-élégants. Nous représentons dans les figures 240 et 241 deux bracelets, d'après les dessins du manuscrit des *Tombes de Hallstadt*.

De nombreux grains de colliers en ambre, et quelques-uns en émail, voilà pour les objets de parure.

On a trouvé dans les tombes de Hallstadt près de deux cents vases en bronze, dont quelques-uns atteignent jusqu'à 90 centimètres de haut. Ces vases de bronze se composent de plu-

Fig. 239. Collier à breloques des tombes de Hallstadt.

sieurs pièces habilement rivées, mais non soudées. Les figures

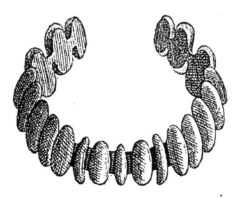

Fig. 240. Bracelet des tombes de Hallstadt.

242 et 243 sont la reproduction de deux beaux dessins du même manuscrit.

On a trouvé dans les mêmes tombes de Hallstadt de petits vases en verre.

Fig. 241. Bracelet des tombes de Hallstadt.

Les restes de poteries sont très-abondants et témoignent d'une fabrication assez perfectionnée. Quelques bijoux d'or

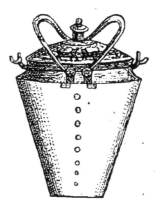

Fig. 242. Vase en bronze des tombes de Hallstadt.

existent dans ces tombes. L'or était sans doute extrait des mines de la Transylvanie.

Fig. 243. Vase en bronze des tombes de Hallstadt.

L'ivoire africain abonde dans ces tombeaux. C'est l'indice de relations commerciales très-lointaines. Ce produit était apporté en Europe par les Phéniciens, ainsi que le verre. Les peuples de l'Europe centrale obtenaient l'ivoire de Tyr et de Sidon par voie d'échange.

Les objets d'ivoire recueillis à Hallstadt consistent en têtes d'épingles à cheveux et en pommeaux d'épée.

Les monnaies manquent absolument, car l'usage des monnaies n'était pas encore établi dans cette partie de l'Europe.

La population qui vivait autour des mines du Salzbourg actuel était riche, car les mines de sel étaient pour elle une source de fortune, à une époque où les gisements du sel gemme de la Pologne, enfouis dans les profondeurs du sol, étaient encore inconnus ou inaccessibles. On s'explique de cette manière l'opulence générale de ces populations commerçantes, et par suite l'élégance et le goût des objets que l'on a trouvés dans les tombeaux de Hallstadt.

Grâce à ces différents vestiges, il n'est pas difficile de reconstituer comme nous avons essayé de le faire dans la figure 244, des *guerriers à l'époque du fer*. Les différentes pièces de l'ornement du cavalier, du guerrier à pied, ainsi que du cheval, sont empruntées aux objets qui figurent au Musée de Saint-Germain, et qui proviennent des moulages exécutés à Hallstadt. Le casque est dans un état parfait de conservation. Il ressemble à celui que porteront bientôt les soldats gaulois. Les plaques du harnachement du cheval se trouveront également bientôt chez les Gaulois et chez les Romains.

Après les tombes de Hallstadt, il faut citer, comme ayant apporté un tribut utile à l'histoire des premiers temps de l'époque du fer, les tombes trouvées sur le plateau de la Somma, en Lombardie.

On a découvert sur ce plateau des tombes composées de pierres brutes et de forme rectangulaire. A l'intérieur existaient des vases contenant des cendres et qui sont d'une facture assez convenable. D'une pâte fine et façonnés au tour, ils sont ornés de dessins variés et pourvus de cordons saillants. On voit même sur quelques-uns des représentations d'animaux, indiquant un progrès notable dans le domaine de l'art. La date historique de ces urnes nous est indiquée par des fibules (agrafes de manteaux), par des anneaux et des bracelets de

Fig. 244. Guerriers à l'époque du fer.

fer, par des ceinturons mi-bronze et fer, et de petites chaînes
en bronze. Les tombes de la Somma appartiennent donc à une
époque de transition entre l'époque du bronze et celle du fer.
Suivant une estimation de M. de Mortillet, elles remonteraient
environ au septième siècle avant Jésus-Christ.

Nous citerons, au même titre, les sépultures de Saint-Jean
de Belleville, en Savoie. Là de nombreuses tombes du commencement de l'époque du fer ont été explorées par MM. Bo-
rel et Costa de Beauregard. Ce dernier a donné, dans un ouvrage de luxe publié en Savoie, la description détaillée de
toutes ces sépultures[1].

Plusieurs squelettes sont étendus sur le dos, d'autres ont
été brûlés en partie seulement, comme nous l'avons signalé
pour les tombes de Hallstadt. Divers objets, consistant surtout en bijoux et ornements, ont été recueillis dans ces tom-

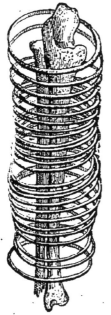
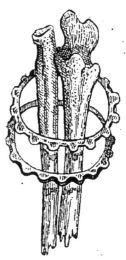

Fig. 245-246. Avant-bras entourés de bracelets, trouvés dans les tombes
de Belleville (Savoie).

bes. Citons des fibules, des bracelets, des colliers en ambre
et en verre émaillé, etc.

1. *Les sépultures de Saint-Jean de Belleville*, in-4°, avec planches lithographiées.

Nous représentons dans les figures 245 et 246 deux bras de squelettes entourés d'une quantité de bracelets, tels qu'ils ont été trouvés dans ces sépultures.

Les stations lacustres de la Suisse ont fourni leur tribut utile pour la reconstitution historique de l'époque du fer.

Il existe, en divers points des lacs de Bienne et de Neuchâtel, des pilotages qui renferment des objets en fer, associés à des débris des âges antérieurs; mais on ne peut citer en Suisse qu'une seule station lacustre appartenant exclusivement aux premiers temps de l'époque du fer : c'est celle de la Tène, sur le lac de Neuchâtel.

La plupart des objets recueillis dans cette station lacustre ont été retirés du limon, où ils se sont conservés d'une façon remarquable, à l'abri du contact de l'air. Il s'en faut de beaucoup qu'on en ait trouvé partout où se montrent des pieux, et si des recherches ultérieures produisent des résultats, on sera forcé d'accorder à l'établissement de la Tène une importance considérable, car on y aperçoit des pilotis sur une étendue de 15 hectares.

Les restes de toutes sortes provenant de cette station sont évidemment d'origine gauloise. Il a été facile de s'en assurer en comparant les armes qu'elle a fournies, avec celles ramassées dans les fossés d'Alise-Sainte-Reine, l'antique Alesia, où vint expirer l'indépendance de la Gaule dans sa lutte suprême contre César.

M. de Rougemont a fait remarquer que ces armes répondent très-exactement à la description que Diodore de Sicile nous a laissée de celles des Gaulois. La Suisse a donc été habitée, au premier âge du fer, par des tribus gauloises, c'est-à-dire par une race différente de celle qui occupait la contrée aux époques de la pierre et du bronze, et c'est cette nouvelle population qui importa en Suisse l'usage du fer.

Parmi les objets recueillis dans la *palafitte* de la Tène, les plus nombreux sont les armes, consistant en épées, fers de lance et javelots. La plupart ayant été préservées de toute oxydation par le limon tourbeux qui les recouvrait, sont d'une conservation parfaite.

Les épées sont toutes droites, d'une faible épaisseur (3 millimètres au plus) et absolument plates. La lame a de 80 à
90 centimètres de long, et se termine par une poignée d'environ 15 centimètres. Elles n'ont ni garde ni croisière. Beau-

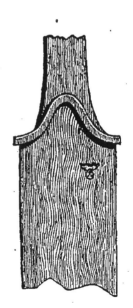

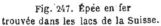

Fig. 247. Épée en fer
trouvée dans les lacs de la Suisse.

Fig. 248. Épée à lame damassée
trouvée dans les lacs de la Suisse.

coup sont encore dans le fourreau, d'où plusieurs ont pu
être retirées dans un état parfait et même coupant très-bien.

La figure 247 représente l'une des épées en fer des lacs de
la Suisse dessinée dans le Mémoire de M. Desor.

Une autre épée que nous figurons en même temps présente, sur presque toute sa surface, une sorte de damassure
(fig. 248), et les bords seuls sont entièrement lisses.

Un archéologue, M. de Reffye, a expliqué ce fait de la manière suivante. D'après lui, le corps de la lame est en fer très-
dur et peu souple, tandis que les tranchants sont faits de
petites bandes de fer doux, soudées après coup et façonnées
au marteau. Il résultait de ce mode de fabrication que le soldat pouvait lui-même réparer son épée par le martelage,
lorsqu'elle était ébréchée. C'était là une ressource précieuse
à une époque où les armées ne traînaient à leur suite aucun
approvisionnement, et où le bagage du guerrier se réduisait
à peu près à ce qu'il portait sur lui. On a trouvé beaucoup
de ces lames damassées dans les fossés d'Alise.

Les fourreaux, dont nous constatons l'existence pour la
première fois, ont une grande importance à cause des dessins
qui les décorent. La plupart de ces dessins sont gravés au
burin, d'autres sont faits au repoussé. Tous ont une origina-

Fig. 249. Fourreau d'épée trouvée dans les lacs de la Suisse.

lité, un caractère propre, qui ne permet pas de les confondre
avec les productions de l'art romain. L'un de ces fourreaux
(fig. 249) appartenant à la collection de M. Desor, et figuré dans
son Mémoire, représente le cheval cornu, emblème des Gaulois, ce qui établit suffisamment l'origine gauloise des armes

du lac de la Tène. On remarque au-dessous de cet emblème une espèce de granulation, qui a l'aspect de la peau de chagrin.

Ce fourreau se compose de deux feuilles très-minces de fer battu, appliquées l'une sur l'autre, excepté dans le bas, où le joint est fait au moyen d'un cordon en fer habilement travaillé. A l'extrémité supérieure existe une plaque portant, d'un côté les dessins dont nous avons parlé, et de l'autre un anneau, pour suspendre l'arme à la ceinture.

Les fers de lance sont très-remarquables par leurs formes

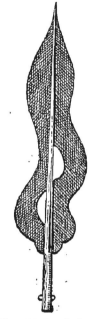 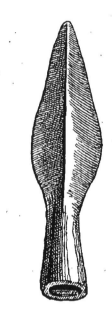

Fig. 250. Fer de lance trouvé dans les lacs de la Suisse.

Fig. 251. Fer de javelot trouvé dans la station lacustre de la Tène (lac de Neuchàtel).

bizarres et leurs grandes dimensions. Ils mesurent jusqu'à 40 centimètres de long sur 4 à 6 de large, et sont à deux tranchants, contournés de façons fort diverses. Ils présentent des ailerons, des échancrures non symétriques. Quelques-uns sont même ajourés en forme de demi-lune (fig. 250). La hallebarde du moyen âge pourrait bien n'être qu'un perfectionnement ou une déviation de ces lames singulières.

On a retrouvé des morceaux de la hampe de bois qui s'a-

daptait dans ces pointes de lance : elle était mince et garnie
à son extrémité d'un revêtement en fer.

Ce qui fait qu'on a vu là des fers de lance, et non de simples
traits, ou des javelots destinés à être lancés au loin, et par
conséquent perdus, c'est le soin avec lequel ils sont travaill-
lés. Évidemment on ne se serait pas donné tant de peine pour
confectionner une arme appelée à servir une fois seulement.

· Il en est tout autrement des javelots qui ont été recueillis
en assez grand nombre dans la station lacustre de la Tène.
Ce sont de simples fers à douilles (fig. 251), terminés en
feuille de laurier et longs d'environ 10 à 12 centimètres.

Il résulte d'expériences faites par ordre de l'Empereur que
ces javelots ne pouvaient servir que comme arme de jet, et
qu'ils étaient lancés, non à la main et par le seul secours
d'une hampe (ce qui n'aurait pu se faire, vu leur trop faible
poids), mais au moyen d'une corde, ou d'une lanière, que l'on
désignait chez les Romains sous le nom d'*amentum*. Ces expériences ont démontré qu'un trait, qui ne pourrait être lancé
qu'à 20 mètres seulement avec la main, serait projeté à une
distance quadruple à l'aide de l'*amentum*. Il existait probablement, chez les Gaulois, des corps militaires que l'on exerçait
à se servir de l'*amentum*, c'est-à-dire au maniement des *javelots à lanière*, et qui lançaient ce javelot comme d'autres
lançaient des pierres au moyen de la fronde. Cette conclusion,
tirée par M. Desor, nous semble très-juste.

Les javelots du type précédent sont fort communs dans les
fossés d'Alise. On trouve, en outre, dans cette localité un
grand nombre de flèches en fer, qui manquent totalement
dans la station lacustre de la Tène.

Ce n'est pas seulement pour les usages de la guerre que
ces javelots se trouvaient entre les mains de l'homme de l'é-
poque du fer. La chasse s'exerçait au moyen de ces mêmes
armes de jet. L'arc et le *javelot à lanière* étaient les armes de
chasse de cette époque. C'est ce que nous avons figuré dans la
composition ci-jointe, qui représente *la chasse à l'époque du fer*.

Après les armes viennent les outils. Mentionnons d'abord
les haches (fig. 253). Elles sont plus grandes, plus solides et

Fig. 252. La chasse à l'époque du fer.

à tranchant plus large que celles de l'époque du bronze. Plus

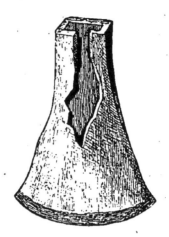

Fig. 253.
Hache en fer, à douille carrée, trouvée dans les lacs de la Suisse.

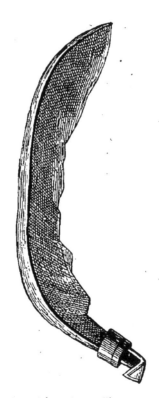

Fig. 254. Faucille.

d'ailerons, seulement une douille carrée, dans laquelle s'en-
châsse un manche en bois, probablement coudé.

: Les faucilles (fig. 254) sont également plus grandes et à la fois plus simples que celles de l'époque du bronze ; elles ne portent ni dessins ni ornements d'aucune sorte.

A côté des serpes ou faucilles, il faut placer de véritables faux (fig. 255), avec virole d'emmanchement, dont la station

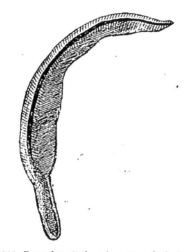

Fig. 255. Faux des stations lacustres de la Suisse.

lacustre de la Tène a fourni deux exemplaires. Leur longueur est d'environ 35 centimètres, c'est-à-dire qu'elles sont d'un tiers plus petites que les faux actuelles des moissonneurs suisses. On tire de l'existence de ces faux une déduction importante : c'est que les hommes du commencement de l'époque du fer faisaient des provisions de foin, et par conséquent élevaient des bestiaux.

Les garnitures de fer qui terminaient les gaffes employées par les bateliers pour se diriger sur le lac sont assez communes à la Tène ; elles se terminent en pyramide quadrangulaire, ou en cône (fig. 256). Il en est qui conservent encore l'extrémité de la perche en bois qui y était fixée au moyen d'un clou.

A la suite de ces objets, nous mentionnerons des mors et des fers de chevaux, les premiers construits d'une manière très-simple et tels qu'ils restèrent pendant longtemps. Ils se composent d'un chaînon en fer (fig. 257), qui se plaçait dans la bouche du cheval, et se terminent, à chaque bout, par un anneau auquel s'attachaient les rênes.

Les *fibules*, ou agrafes de manteaux, attirent surtout l'attention dans cette classe d'objets : les formes en sont très-
élégantes et très-variées, leurs dimensions varient de 6 à

Fig. 256. Pointe de gaffe en fer des bateliers de la Suisse de l'époque du fer.

12 centimètres. Elles sont toutes formées (fig. 258) d'une
épingle en communication avec un ressort à boudin con-

Fig. 257. Mors de cheval trouvé dans le lac de Neuchâtel.

tourné de diverses façons. Toutes sont pourvues d'un étui
pour loger l'extrémité de l'ardillon, et rendre toute piqûre
impossible. Un grand nombre sont très-bien conservées, et
pourraient être utilisées aujourd'hui.

Ces agrafes, que nous avons déjà signalées dans les tombeaux de Hallstadt, et dont les Étrusques et les Romains firent
plus tard usage, tendent à prouver que, comme ces peuples,
les Helvétiens et les Germains portaient la toge ou le manteau. Ces fibules ont un caractère particulier, et il est impos-

sible de les confondre avec les fibules romaines. Elles sont
d'ailleurs semblables de tous points à celles que l'on trouve
à Alise.

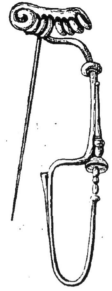

Fig. 258. Fibule, ou agrafe de fer, trouvée dans le lac de Neuchâtel.

On a trouvé avec les fibules, dans les lacs de la Suisse,
beaucoup d'anneaux (fig. 259) dont l'emploi est encore problématique. Les uns sont unis, les autres ciselés de différen-

Fig. 259. Boucle de ceinturon en fer trouvée dans le lac de Neuchâtel.

tes manières. On pense que certains ont dû servir de boucles
pour les ceinturons de soldats, mais il en est qui ne se prêtent
pas à cette explication. On ne peut non plus y voir des bracelets, car la plupart sont trop petits pour un pareil usage.
Quelques-uns portent de nombreuses entailles régulièrement

espacées sur tout leur pourtour, d'où la supposition que
c'étaient peut-être des monnaies.

La station lacustre de la Tène (lac de Neuchâtel) a également
ment fourni des pinces (fig. 260), qui servaient sans doute à

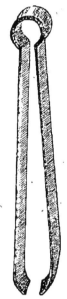

Fig. 260. Pince de fer
trouvée dans le lac de Neuchâtel.

Fig. 261. Ciseaux à ressort en fer
trouvés dans le lac de Neuchâtel.

épiler et dont la facture est parfaite, une paire de ciseaux à
ressort (fig. 261), les deux branches étant d'un seul morceau,
et quelques lames minces (fig. 262) qui ont dû être des rasoirs.

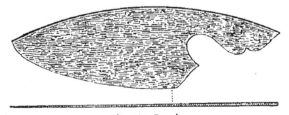

Fig. 262. Rasoir.

Les poteries se rapportant à cette date n'accusent pas un
progrès réel sur celles de l'époque du bronze : la pâte en est
encore mal cuite et de couleur noirâtre. Il est vrai qu'à côté
de ces débris on a ramassé quantité de fragments de vases,
et même des vases entiers, façonnés à l'aide du tour et cuits
au four, offrant, par conséquent, la coloration rouge des po-

teries modernes. Mais les archéologues pensent que ces poteries ne remontent pas plus haut que l'époque romaine,
opinion que semblerait confirmer la présence, au milieu des
pilotis de la Tène, d'une masse de tuiles d'origine évidemment
romaine. La conclusion à tirer de là, c'est que plusieurs pilotages des lacs helvétiques ont continué d'être utilisés sous la
domination romaine.

Ce qui caractérise l'époque du fer, c'est, avons-nous dit,
l'apparition des monnaies. M. Desor a retiré, en 1864, du lac
de la Tène cinq pièces de monnaie incontestablement gauloises. Elles sont en bronze et portent, d'un côté le cheval
cornu, de l'autre un profil humain. Nous avons représenté
plus haut (page 380, fig. 232) le curieux échantillon de monnaie des stations lacustres trouvé par M. Desor dans le lac
de Neuchâtel. Les bavures qui persistent de chaque côté
montrent qu'on les coulait par séries dans des moules, et
qu'après la fonte on les détachait l'une de l'autre avec la lime.

Des monnaies toutes semblables ont été découvertes, avons-
nous dit également, à la Tiefenau, près de Berne, avec d'autres à l'effigie de Diane et d'Apollon et portant l'empreinte
de Marseille. Ces dernières, ne pouvant être antérieures au
sixième siècle avant notre ère, datent de la fondation de
Marseille; il y a des probabilités pour que celles qui les accompagnent soient à peu près de la même époque.

Tels sont les débris d'instruments, d'outils, d'armes, etc.,
confectionnés en fer, recueillis dans la station lacustre de la
Tène, c'est-à-dire dans le lac de Neuchâtel. Nous ajouterons
que près de Berne, dans un lieu que l'on désigne sous le nom
de *champ de bataille de la Tiefenau*, parce qu'il semble avoir été
le théâtre d'une grande lutte entre les Helvétiens et les Gaulois, on a ramassé une centaine d'épées et de fers de lances,
semblables à ceux de la Tène, des fragments de cottes de
mailles, des anneaux, des fibules, des cercles de roues de cha-
riots, des mors de chevaux, et enfin des monnaies gauloises
et marseillaises en argent, en bronze et en étain. Ce champ
de bataille paraît donc contemporain de la station de la Tène.

Outre ces deux sources précieuses de renseignements, —
la Tène et la Tiefenau, — la Suisse possède, comme archi-

ves bonnes à consulter relativement à l'époque du fer, les *tumuli* et les simples tombeaux. Il faut seulement remarquer à ce propos qu'il est souvent difficile de les rattacher en toute sécurité à la même époque que les deux emplacements précédents, et qu'une grande réserve est recommandée en ce qui concerne une telle identification.

En résumé, l'époque du fer, considérée même dans ses premiers temps, les seuls que nous ayons à envisager ici, est la date de la véritable civilisation chez les peuples européens.

L'industrie, s'exerçant au moyen des matières premières, telles que le fer et les produits textiles, fournissait tout ce que réclament les usages de la vie. Le commerce était déjà florissant, car il ne s'exerçait plus par la seule voie des échanges. Les monnaies, signe conventionnel des richesses, étaient employées dès cette époque, et devaient singulièrement favoriser le trafic. Quant à l'agriculture, elle était aussi avancée qu'elle pouvait l'être à cette aurore de la civilisation. Les débris de céréales trouvés dans les stations lacustres de la Suisse, joints aux instruments de fer pour le travail de la terre, tels que les faux et les faucilles, que nous avons représentées plus haut (fig. 254 et 255), nous disent suffisamment que l'agriculture constituait alors la richesse principale des peuples. Le cheval, l'âne, le chien, le bœuf, le porc étaient depuis longtemps consacrés à servir d'auxiliaires à l'homme pour les travaux des champs, ou à accroître les ressources de son alimentation. Les arbres à fruit étaient cultivés en grand nombre.

Nous ne connaissons, à la vérité, aucun des instruments de fer ou de bronze qui pouvaient servir à la culture de la terre chez les peuples de l'époque du fer. On n'a recueilli que des faucilles en fait d'instruments agricoles. Mais ces instruments, joints à la quantité considérable de restes osseux de bétail, que l'on trouve dans les stations lacustres et palustres, prouvent que l'art de travailler la terre et d'extraire de son sein, fécondé par des pratiques que l'expérience avait consacrées, était en pleine vigueur chez les hommes de la période qui précède immédiatement les temps historiques.

C'est à représenter matériellement l'état de l'agriculture à l'époque du fer qu'est consacrée la planche qui accompagne cette page. On y voit la moisson des céréales exécutée à l'aide des faucilles trouvées dans les stations lacustres de la Suisse. Un homme bat, avec un simple bâton, les gerbes, pour en extraire les grains. Ces grains sont ensuite broyés dans un moulin circulaire à manche horizontal. Ce moulin, composé de deux disques superposés et roulant l'un sur l'autre, avait remplacé le grossier moulin primitif, et il fut plus tard le moulin des Romains, le *pistrinum*, à la manœuvre duquel on condamnait les esclaves.

Des indices non équivoques ont permis de constater que les sacrifices humains étaient pratiqués chez les Helvétiens. On sait d'ailleurs, par les récits des anciens historiens, que cette coutume barbare existait chez les Gaulois et chez les peuples du nord de l'Europe. Dans un tumulus situé près de Lausanne, qui contenait quatre urnes funéraires, on trouva en même temps quatre squelettes de jeunes femmes. Leurs ossements brisés n'attestaient que trop le supplice qui avait terminé leur existence. Les débris de leurs parures gisaient çà et là, et tout porte à croire qu'elles avaient été écrasées sous la masse de pierres qui constitue le tumulus, victimes malheureuses d'une cruelle superstition. Non loin de là, un autre tumulus contenait douze squelettes dans des poses désordonnées. Il est probable que ces restes proviennent d'individus qui furent immolés ensemble sur l'autel d'une divinité implacable.

Quel était le type de la race humaine à l'époque du fer? Évidemment celui d'aujourd'hui. Les crânes et les troncs de squelettes trouvés dans les tombeaux de cette époque indiquent une race identique à celle de nos jours.

Nous ne pousserons pas plus loin cette étude de l'humanité primitive. Nous sommes arrivés à une époque suffisamment éclairée par la tradition et les documents historiques. La tâche de naturaliste finit où commence celle de l'historien.

Fig. 263. L'agriculture à l'époque du fer.

L'HOMME PRIMITIF

EN AMÉRIQUE

L'HOMME PRIMITIF EN AMÉRIQUE.

Le développement de l'humanité a été sans doute le même dans toutes les parties de la terre, de sorte que dans quelque contrée qu'on le considère, l'homme a dû passer par les mêmes phases, pour arriver à son état actuel. Il a dû avoir partout son âge de la pierre, son époque du bronze et son époque du fer, se succédant dans l'ordre que nous avons constaté en Europe. Si nous avons concentré notre attention sur l'Europe dans l'esquisse qu'on vient de lire, c'est que cette partie du monde a été seule jusqu'à ce jour le sujet d'études particulières et attentives. L'Asie, l'Afrique et l'Amérique ont été à peine explorées en ce qui concerne l'antiquité de notre espèce; mais il est probable que les faits qui ont été découverts en Europe se reproduisent à peu près identiquement dans les autres parties du monde.

C'est ce que l'on a déjà vérifié pour les dolmens. Ces tombeaux de l'âge de la pierre, que l'on croyait d'abord particuliers à la France, et même à une province de la France, à la Bretagne, se retrouvent aujourd'hui dans toutes les parties du monde. Non-seulement on les retrouve dans toute l'Europe, mais les rivages de l'Afrique nous en révèlent de très-nombreux vestiges, et dans toute l'Asie, presque au fond des Indes, ces mêmes formes de sépulcres attestant une époque bien déterminée de l'histoire de l'homme ont été signalées récemment par les voyageurs.

Ainsi les connaissances que nous possédons en ce qui concerne l'Europe peuvent se généraliser et s'appliquer aux autres parties du monde, à l'Asie, à l'Afrique, à l'Amérique et à l'Océanie.

Toutefois l'Amérique a déjà été le théâtre de quelques explorations fructueuses concernant l'homme primitif. Nous consacrerons donc les dernières pages de ce travail à l'examen des vestiges antéhistoriques recueillis en Amérique, et à l'exposé des conditions probables d'existence de l'homme, qui nous sont révélées par ces débris.

Les renseignements qui ont été publiés concernent seulement l'Amérique du Nord.

Il est inutile d'insister sur les instruments en pierre et en os du Nouveau monde. Ils diffèrent très-peu, par leur forme, de ceux d'Europe. Ils s'appliquaient aux mêmes usages, et ne s'en distinguent d'une manière sensible que par la matière qui les compose. Nous retrouvons là les haches, les couteaux, les têtes de flèche, etc. Seulement ces instruments ne sont pas taillés dans le silex, roche qui n'existe pas dans ce pays. L'obsidienne et d'autres pierres dures remplacent le silex.

Un âge qu'il faut créer particulièrement pour l'histoire de l'homme primitif dans l'Amérique du Nord, c'est l'âge du cuivre. En Amérique, l'emploi du cuivre a précédé celui du bronze. C'est ce qui devait arriver chez une nation qui possédait de si riches minerais cuprifères. Il existe sur les bords du lac Supérieur de très-importantes mines de cuivre natif, et les Indiens les ont exploitées de bonne heure. Les traces de cette antique exploitation ont été parfaitement reconnues par divers voyageurs.

M. Knapp, agent de la Compagnie des mines du Minnesota, a le premier signalé ces mines antéhistoriques. En 1847, ses recherches l'ayant conduit dans une caverne hantée par des porcs-épics, il découvrit, sous des terres amoncelées, une veine de cuivre natif contenant un grand nombre de haches de pierre. Peu après, d'autres excavations, profondes de 8 à 10 mètres, sur une étendue de plusieurs milles, s'offrirent à ses regards. Les déblais avaient été jetés à droite et à gauche, et des arbres puissants y avaient poussé. M. Knapp compta, dans le tronc d'un sapin, situé de la sorte, 395 anneaux de croissance, et cet arbre a pu être précédé d'autres géants, non moins vénérables. Dans les tranchées elles-mêmes, qui ont été lentement comblées par des débris végétaux, il s'était jadis élevé des arbres, qui, après avoir vécu des centaines d'années, sont tombés en pourriture, et ont été remplacés par d'autres générations, dont la durée n'a pas été moins considérable. On est donc forcé de faire remonter l'exploitation des mines de cuivre natif du lac Supérieur à une époque extrêmement reculée.

Dans beaucoup de ces excavations, on a trouvé des marteaux de pierre, parfois en quantité considérable. L'une de ces excavations contenait de grandes haches en diorite, qui se manœuvraient à l'aide d'un manche, et de gros rouleaux de la même substance, creusés à l'intérieur pour recevoir un manche. Ces rouleaux, trop lourds pour être soulevés par un seul homme, servaient sans doute à détacher des blocs de cuivre, et à les réduire ensuite en fragments, qu'il était facile de transporter. S'il faut en croire un explorateur, le professeur Mather, certains rochers portent encore la marque des chocs qu'ils ont reçus de ces rouleaux de granit.

Le travail du cuivre natif était des plus simples. Les Indiens le martelaient à froid, et, vu sa malléabilité, ils lui donnaient assez facilement la forme qu'ils souhaitaient.

En Amérique, comme en Europe, un grand nombre de poteries préhistoriques ont été recueillies. Elles sont, il faut le reconnaître, bien supérieures à toutes celles de l'ancien monde. La pâte en est très-belle, excepté dans les vases d'un usage courant, où elle est mélangée de quartz réduit en poudre ; leurs formes sont des plus pures, et le travail en est fort soigné. Elles ne paraissent pas avoir été façonnées à l'aide du tour ; mais MM. Squier et Davis, archéologues américains très-compétents, pensent que les Indiens se servaient pour cette besogne d'un bâton tenu par le milieu. L'artisan tournait ce bâton à l'intérieur de la masse d'argile, qu'un aide empilait tout autour.

En fait de poteries, les plus intéressantes sont les pipes ;

qu'on devait s'attendre à rencontrer dans ce pays natal du classique calumet. Beaucoup de ces pipes sont sculptées en forme d'animaux, très-fidèlement reproduits. Ces figures sont très-variées; elles comprennent des quadrupèdes, des oiseaux de tous les genres. On a même trouvé dans l'État de l'Ohio sept pipes, où le morse est si bien représenté qu'il est impossible de s'y méprendre. Cette découverte est curieuse en ce sens que le morse ne se rencontre aujourd'hui qu'à trois ou quatre cents lieues de l'Ohio.

Les bijoux et ornements préhistoriques de l'Amérique du Nord consistent en bracelets, colliers, pendants d'oreilles, etc. Les bracelets sont des anneaux en cuivre, courbés au marteau, de façon que les deux extrémités viennent se rejoindre. Les colliers se composent de grains d'écaille, dont on a recueilli des quantités considérables, de coquillages, de dents d'animaux, de petites plaques de mica, le tout percé d'un trou pour être enfilé. Les mêmes éléments constituaient les pendants d'oreilles.

Tous ces objets, — armes, outils, poteries, ornements, — ont été retirés d'ouvrages gigantesques, présentant une certaine analogie, quelquefois même une ressemblance frappante, avec les grandes constructions mégalithiques de l'ancien continent. Les archéologues américains les ont classés, d'après leur destination probable, en un certain nombre de catégories, sur lesquelles nous nous arrêterons quelques instants.

Il y a d'abord les *tertres funéraires*, ou *tumuli*, qui se comptent par dizaines de milliers. Leur hauteur varie de 2 à 40 mètres. Ils sont isolés ou par groupes, et affectent généralement la forme circulaire. On n'y trouve le plus souvent qu'un squelette, soit réduit en cendres, soit — ce qui est plus rare — à l'état ordinaire et dans une position accroupie. A côté du cadavre sont déposés des bijoux, et dans peu de cas seulement, des armes. C'est le contraire qui se fait aujourd'hui en Amérique, d'où l'on peut conclure une profonde modification d'idées chez les Indiens depuis les temps antéhistoriques.

Il est à peu près avéré maintenant que certains petits *tumuli* ne sont que des débris de huttes en terre, attendu qu'ils ne renferment ni cendres ni ossements. D'autres, au contraire, parmi les plus grands, contiennent une quantité considérable d'ossements. Il faut rapprocher de ceux-ci les *puits à ossements*, dont quelques-uns renferment les restes de plusieurs milliers d'individus.

On ne s'expliquerait pas l'existence de semblables amas, si l'on ne savait, par les récits d'anciens auteurs, que les Indiens avaient l'habitude de se réunir, tous les huit ou dix ans, en un endroit convenu, pour y ensevelir tous ensemble les ossements de leurs morts préalablement exhumés. Cette singulière cérémonie s'appelait la « fête solennelle des morts. »

Nous dirons peu de chose des *tertres à sacrifices*, par la raison qu'on n'est pas bien d'accord sur leur signification. Ils ont pour caractères principaux de se trouver presque toujours à l'intérieur des enceintes sacrées, dont nous parlerons plus loin, et de recouvrir une sorte d'autel, situé au niveau du sol, et fait d'argile cuite ou de pierre. Pour certains archéologues, ce prétendu autel pourrait bien n'être que l'emplacement d'un ancien foyer, et le tertre lui-même une habitation transformée en tombeau après la mort de son possesseur. Il convient donc de réserver son jugement au sujet des sacrifices humains dont ces lieux ont pu être le théâtre, jusqu'à connaissance plus complète de la matière.

Les *tertres-temples* sont des monticules en formes de pyramide tronquée, avec des avenues en gradins, montant jusqu'au sommet, et quelquefois des terrasses à différentes hauteurs. Ils se terminent invariablement par une plate-forme plus ou moins étendue, et atteignent parfois des dimensions considérables. Celui de Cahokia, dans l'Illinois, mesure environ 30 mètres de haut, sur 200 de long et 150 de large à la base. Ces monticules n'étaient sans doute point exclusivement des temples, et il est permis de penser, en s'autorisant de divers exemples pris dans l'histoire indienne, qu'on élevait sur l'esplanade supérieure les demeures des chefs.

Les travaux de terrassement les plus curieux sont sans contredit ceux que les archéologues américains ont désignés sous le nom de *tertres-animaux*. Ils consistent en bas-reliefs gigantesques taillés à la surface du sol, et représentant des

hommes, des mammifères, des oiseaux, des reptiles, même
des objets inertes, tels que des croix, des pipes, etc. Ils existent par milliers dans le Wisconsin, où on les trouve surtout
entre le Mississipi et le lac Michigan, le long du sentier de
guerre des Indiens. Leur hauteur n'est jamais bien considérable, et il est rare qu'elle atteigne 2 mètres; mais les
autres dimensions ont souvent un développement énorme.
Beaucoup de ces figures sont des copies très-exactes de la
nature; mais il y en a qu'on éprouve de la difficulté à défi-
nir, parce qu'elles ont été altérées par les agents atmosphé-
riques agissant durant une longue suite de siècles.

Le comté de Dale renferme un groupe intéressant, composé d'un homme aux bras étendus, de six quadrupèdes,
d'un simple tumulus et de sept tertres sans prétentions artistiques. L'homme mesure environ 40 mètres de long et près
de 50 mètres de l'extrémité d'un bras à l'autre. Les quadrupèdes ont de 30 à 40 mètres de longueur.

On reconnaît fréquemment dans ces monstrueuses images
des lézards et des tortues. Un groupe de tertres situé près
du village de Pewaukee comprenait, lorsqu'on le découvrit,
deux lézards et sept tortues. L'une de ces tortues mesurait
150 mètres de long. A Waukesha, on a aussi trouvé une
tortue monstrueuse admirablement exécutée, dont la queue
se développait sur une étendue de 80 mètres.

Dans l'État de l'Ohio, près de Granville, sur une haute colline, est sculpté le reptile connu aujourd'hui sous le nom
d'alligator. Ses pattes ont 12 mètres de long, et sa longueur
totale dépasse 80 mètres. Dans le même État, se trouve un
vaste serpent, le plus remarquable ouvrage du genre. Sa tête
occupe le sommet d'une colline, le long de laquelle le corps
se déroule pendant 240 mètres, avec des replis et des ondu-
lations agréables. La gueule est toute grande ouverte, comme
si le monstre avalait une proie. Cette proie est représentée
par une masse de terre, de forme ovale, qui repose en partie
sur ses mâchoires. Cet ovale mesure environ 25 et 50 mètres
sur les deux sens, et sa hauteur est de 1^m,20.

Dans certaines contrées, les éminences sont remplacées par
des excavations, c'est-à-dire qu'au lieu d'être figurés en re-

lief, les animaux sont en creux : étrange variété de ces ouvrages étranges!

On se perd en conjectures sur l'origine et le but de semblables travaux. Ils ne contiennent ordinairement aucun débris humain, et n'ont pu être destinés, par conséquent, à servir de sépulture. Le plus grand mystère couvre donc jusqu'à présent les circonstances qui ont accompagné l'érection de ces monuments antéhistoriques, remarquables entre tous.

Il nous reste à parler des enceintes. Elles sont classées par les archéologues américains en *enceintes défensives* et *enceintes sacrées*. Cette distinction ne repose toutefois que sur des fondements bien incertains, et il est probable qu'une bonne partie des enceintes soi-disant sacrées ont été simplement élevées dans un but défensif. En général, elles se composent d'un mur de pierre et d'un fossé, intérieur ou extérieur. Elles affectent souvent la forme d'un parallélogramme et même d'un carré ou d'un cercle parfait, d'où l'on a conclu que les anciens Indiens devaient posséder quelque unité de mesure et quelque moyen de déterminer les angles. Elles embrassent quelquefois une étendue considérable, et il n'est pas rare de voir à l'intérieur de l'enceinte principale d'autres enceintes plus petites, flanquées de tertres défensifs faisant office de bastilles. Dans certains cas, des enceintes de formes diverses sont groupées à côté les unes des autres et reliées par des avenues, ou bien elles restent indépendantes.

Le plus important de ces groupes est celui de Newark, dans la vallée de Scioto : il recouvre une superficie de quatre milles carrés et se compose d'un octogone, d'un carré et de deux grands cercles. Le mur extérieur de l'un de ces cercles mesure encore aujourd'hui 17 mètres de largeur à la base sur 4 mètres de hauteur ; il est percé de plusieurs portes, auprès desquelles sa hauteur est augmentée d'un mètre. A l'intérieur existe un fossé de 2 mètres de profondeur et de 4 mètres dans le voisinage des portes, sa largeur étant de 12 mètres. L'enceinte tout entière est aujourd'hui couverte par des arbres gigantesques, âgés de cinq ou six cents ans, ce qui indique une très-grande antiquité pour l'époque de sa construction.

Quand on réfléchit à la masse innombrable et aux proportions grandioses des monuments que nous venons d'énumérer, on est contraint de reconnaître que les vallées américaines devaient être beaucoup plus peuplées autrefois qu'à
l'époque où les Européens y pénétrèrent. Ces populations
formaient des sociétés considérables, parvenues à un état de
civilisation avancé, et dans tous les cas, bien supérieur à celui qui est aujourd'hui le partage des tribus indiennes. Des
peuples qui auraient été obligés de chercher quotidienne-
ment dans la chasse leurs moyens d'existence, ne seraient jamais venus à bout d'élever de pareilles constructions. Il faut
donc qu'ils aient trouvé des ressources dans l'agriculture.

Cette induction est d'ailleurs confirmée par les faits. Il
existe en maints endroits, sur le sol des États-Unis, de petits mamelons, connus sous le nom de *buttes à maïs*, et qui
proviennent de ce que le maïs, planté chaque année sur le
même point, a fini par former des monticules de terrain, après
bien des siècles. On a aussi découvert des traces d'anciens jardins, disposés symétriquement en sillons et rangées parallèles.

Peut-on assigner une date à cette période de demi-civilisa-
tion qui, au lieu de grandir toujours, comme celle de l'Europe, s'éclipsa tout à coup, par des causes inconnues? La
réponse à cette question serait négative, si l'on demandait
une date se traduisant par un chiffre. Cependant une conclusion générale à laquelle sont arrivés les archéologues américains, c'est que l'histoire du Nouveau-Monde contient quatre grandes périodes.

La première période comprend la naissance de l'agriculture et de l'industrie, la seconde l'édification des tertres et
des enceintes, la troisième la création des jardins. Dans la
dernière période les peuples américains retournent à la vie
sauvage, et à la libre occupation des lieux dont l'agriculture
s'était emparée.

M. Lubbock, qui nous fournit ces renseignements, dans son
ouvrage *l'Homme avant l'histoire*[1], estime que cette succession

---

1. Article intitulé *l'Archéologie de l'Amérique du Nord* (*l'Homme avant l'histoire*, pages 2:0-298).

d'événements n'a pas nécessité une durée de plus de trois mille ans, tout en reconnaissant que ce chiffre pourrait être plus considérable. Mais un autre savant, le docteur Dowler, voit autrement les choses. Le docteur Dowler a trouvé près de la Nouvelle-Orléans un squelette humain et des restes de foyer auxquels il attribue, sur la foi de calculs plus ou moins acceptables, une antiquité de cinquante siècles! La jeune Amérique serait donc bien vieille!

On voit, par cet exemple, de combien d'incertitudes est entourée l'histoire de l'homme primitif en Amérique, et l'on comprend que nous ayons cru devoir nous renfermer, pour être fidèle à l'esprit scientifique, dans l'étude des faits propres à l'Europe. Appliquer au monde entier des résultats parfaitement constatés en Europe, est encore plus sûr que de décrire des phénomènes locaux imparfaitement étudiés, et prêtant à des différences d'interprétation qui varient de trois mille à cinquante mille années!

ÉPILOGUE

D

ÉPILOGUE.

Qu'il nous soit permis, en terminant, de jeter un regard en arrière, et d'embrasser, d'un coup d'œil rapide, l immense chemin que nous avons parcouru.

Nous sommes bien loin de l'homme des cavernes, de l'homme contemporain du grand ours et du mammouth ! A peine avons-nous gardé le souvenir de ces puissants quadrupèdes, dont les ombres s'agitent confusément dans les ténèbres des temps quaternaires. A côté de ces grands animaux, disparus sans retour de la surface du globe, nous avons vu des êtres à face humaine, qui habitaient des cavernes, se vêtissaient de peaux de bêtes et taillaient la pierre en éclats, pour s'en faire des armes et des outils. Nous les avons suivis avec intérêt, avec sympathie, car malgré leur aspect inculte, malgré leurs coutumes grossières et leur rude existence, ils étaient nos frères, nos ancêtres, les précurseurs de la civilisation moderne.

Nous avons applaudi à leurs efforts, à leurs progrès. Nous les avons vus, après avoir fait usage d'armes de silex simplement taillé, employer des armes et des instruments en pierre polie, c'est-à-dire ayant subi une préparation matérielle qui est le germe de l'industrie primitive des nations.

Nous les avons vus, grâce à l'emploi des instruments en pierre polie, et des outils en os et en bois de renne ou en bois de cerf, entreprendre une lutte, avec un succès plus prononcé de jour en jour, contre les forces qui les menaçaient. Nous les avons vus asservir certains animaux, faire du chien et du cheval des auxiliaires du travail, des compagnons du logis ; avec le mouton, le bœuf et divers ruminants, se procurer un bétail capable d'assurer leur nourriture.

Enfin les métaux apparaissent! Les métaux, conquête précieuse entre toutes, gage d'une ère toute nouvelle de puissance et d'activité pour les populations primitives! Aux instruments de pierre, d'os et de bois de renne ou de cerf, succèdent les instruments métalliques. La civilisation entre avec les métaux dans les sociétés humaines. Si le bronze sert à forger des glaives et des lances, il fournit aussi les instruments du travail pacifique. Grâce aux progrès d'un labeur continu, grâce au développement de l'intelligence, qui en a été la conséquence, l'empire de l'homme sur la nature s'agrandit encore, et son perfectionnement moral suit la même progression. Mais combien de siècles n'a-t-il pas fallu pour réaliser ces conquêtes!

Cependant ta tâche n'est pas encore terminée. Marche encore, marche toujours, vaillant pionnier! La route est longue et le but n'est pas encore atteint! Tu avais le bronze, tu as maintenant le fer. Le fer, puissance terrible, qui déchire et qui tue, qui coûte du sang et des larmes, mais aussi qui féconde et vivifie, qui donne le pain du corps et celui de l'esprit! Les Romains appelèrent l'épée *ferrum;* mais plus tard *ferrum* fut aussi le soc de la charrue paisible. Le métal qui avait porté la terreur, la dévastation et la mort, porta bientôt chez les peuples la paix, la richesse et la sérénité.

Et maintenant ton œuvre est achevée! Les grandes luttes contre la nature sont accomplies, et ton empire est à jamais assuré. Tu as soumis les animaux à ta volonté, comme à tes caprices. Tu as appris à retirer du sein de la terre obéissante les richesses de toutes sortes qu'elle renfermait. Tu as détourné le cours des fleuves, déboisé les montagnes, cultivé les plaines et les vallées. Tu as fait de la terre un jardin verdoyant et fructueux. Tu as changé l'aspect du globe. Tu es bien le roi de la création!

Là cependant ne s'arrêtera pas sans doute le cercle de tes conquêtes pacifiques, et nul ne peut dire où s'étendra ta domination. Marche donc, libre et fier dans ta vigilance et ton activité, vers des destinées nouvelles et inconnues!

Prends garde, toutefois, que ton orgueil ne t'entraîne à oublier ton origine. Quelle que soit ta grandeur morale et ton empire sur la nature docile, confesse et reconnais, à chaque heure de ta vie, la toute-puissance du Créateur. Incline-toi devant ton maître suprême, le Dieu de bonté et d'amour de qui tu as tiré ton existence, et qui te réserve dans une autre vie des destinées supérieures encore. Sache te montrer digne du bien suprême de l'immortalité bienheureuse qui t'attend dans un monde nouveau, si tu l'as méritée par le culte constant de ton âme, et par l'accomplissement de tes devoirs envers tes semblables et envers la Divinité!

FIN DE L'HOMME PRIMITIF.

TABLE DES CHAPITRES.

FIN DE LA TABLE DES CHAPITRES.

INDEX ALPHABÉTIQUE

DES

NOMS D'AUTEURS CITÉS DANS CET OUVRAGE.

FIN DE L'INDEX ALPHABÉTIQUE.

TABLE DES GRAVURES.

FIN DE LA TABLE DES GRAVURES.

10813. — IMPRIMERIE GÉNÉRALE DE CH. LAHURE
Rue de Fleurus, 9, à Paris

Imprimé en France
FROC032305040320
23614FR00007B/72

9 782012 583009